기독교학교 리더를 만나다

모든 인간은 하나님의 형상을 닮은 존엄한 존재입니다. 전 세계의 모든 사람들은 인종, 민족, 피부색, 문화, 언어에 관계없이 존귀합니다. 예영커뮤니케이션은 이러한 정신에 근거해 모든 인간이 존귀한 삶을 사는 데 필요한 지식과 문화를 예수 그리스도의 사랑으로 보급함으로써 우리가 속한 사회에 기여하고자 합니다.

기독교학교 리더를 만나다

초판 1쇄 찍은 날 · 2013년 1월 30일 | **초판 1쇄 펴낸 날** · 2013년 2월 5일
지은이 · 기독교학교교육연구소 | **펴낸이** · 김승태
등록번호 · 제2-1349호(1992. 3. 31) | **펴낸 곳** · 예영커뮤니케이션
주소 · (136-825) 서울시 성북구 성북1동 179-56 | **홈페이지** www.jeyoung.com
출판사업부 · T. (02)766-8931 F. (02)766-8934 e-mail: jeyoungedit@chol.com
출판유통사업부 · T. (02)766-7912 F. (02)766-8934 e-mail: jeyoung@chol.com

ISBN 978-89-8350-828-7 (04230)
　　　978-89-8350-572-9 (세트)

값 14,000원

* 신 저작권법에 의하여 한국 내에서 보호받는 저작물이므로 무단 전재와 무단 복제를 금합니다.
* 잘못 만들어진 책은 교환해 드립니다.

기독교학교교육연구신서 ⑨

기독교학교 리더를 만나다

기독교학교 설립매뉴얼

기독교학교교육연구소 편

예영커뮤니케이션

서문

　한국교회의 역사는 기독교학교의 설립으로 시작된다. 1885년 이 땅에 온 선교사 언더우드와 아펜젤러가 기독교학교를 세움으로써 복음전파가 이루어졌다. 한국교회 초기 선교사들은 물론 토착교인들도 학교를 세워 기독교교육을 실천하였다. 오늘날에도 여전히 기독교학교는 필요하다. 그렇기에 기독교교육의 의지를 지닌 사람들이 학교를 세우고 다음세대를 양육하는 일은 목회만큼이나 중요하다. 그러나 오늘날 교육의지가 없는 사람들에 의해 학교가 운영되고 교육이 이루어지기 때문에 공교육이 무기력한 곳으로 전락하고 있다. 기독교적 가치관으로 다음세대를 교육하기 원하는 사람들이 기독교학교를 세우고 하나님 나라의 일꾼을 양성해야 한다. 그렇다면 기독교학교의 설립은 어떻게 할 수 있는가? 이 책은 이 질문에 명쾌한 답을 제공하기 위해 기획되었다.

　이 책은 기독교학교를 설립해서 운영하고 있는 기독교학교 리더 9명을 만나 그들의 지혜를 집대성한 것이다. 기독교학교의 법적 인가 문제, 재정운영 문제, 운영과 시설, 교사, 교육과정, 학교운영의 실제(1,

2) 등의 7가지 주제에 대한 궁금증을 속 시원히 밝히고 있다. 이 책은 이론서가 아니다. 현장에서 경험한 살아 있는 원리를 소개한다. 기독교학교 리더 9명과 마치 이야기를 나누듯 기독교학교를 세워 나가는 과정을 소상히 알 수 있도록 구성하였다. 이 책에는 각 장별로 구체적인 도움이 되는 팁이 있고, 여러 사람이 함께 읽고 이야기를 나눌 수 있는 문제가 제시되어 있다. 이 책을 읽고 있노라면 어느새인가 기독교학교의 모습이 그려지고, 기독교학교를 향한 비전과 열정을 갖게 되며, 기독교학교 설립을 향한 로드맵을 얻을 수 있을 것이다.

이 책은 기독교학교를 설립하기 원하는 분들과 기독교학교가 어떤 학교인지를 알고 싶어 하는 모든 분에게 도움이 될 것이다. 그리고 기독교사들과 기독학부모들, 기독교교육학도들, 더 나아가 목회자들에게 일독을 권하고 싶다. 이 책을 내기까지 수고한 많은 분들이 있다. 기독교학교교육연구소의 이종철 팀장을 비롯해 도혜연, 김지현 연구원과 모든 연구원에게 감사를 드리며, 무엇보다 귀한 시간을 내어 지혜를 나누어 주신 기독교학교 리더 9명과 부록으로 귀한 글을 써 주신 분들께 깊은 감사를 드린다. 이 책을 통해 이 땅에 건강한 기독교학교들이 아름답게 세워지기를 기도한다.

2013년 1월
기독교학교교육연구소
소장 **박상진**

목차

서문 • 5
프롤로그 • 11
기독교학교 리더 9인 소개 • 14

1장 학교의 법적 인가 문제 • 19

생각할 문제 • 48
이것만은 꼭~! • 49

2장 학교의 재정운영 문제 • 51

생각할 문제 • 79
이것만은 꼭~! • 80

3장 학교의 운영과 시설 • 81

생각할 문제 • 114
이것만은 꼭~! • 115

4장 학교의 교사 • 117

생각할 문제 • 141
이것만은 꼭~! • 142

5장 학교의 교육과정 • 145

생각할 문제 • 173
이것만은 꼭~! • 174

6장 학교운영의 실제 1 • 179

생각할 문제 • 197
이것만은 꼭~! • 198

7장 학교운영의 실제 2 • 201

생각할 문제 • 229
이것만은 꼭~! • 231

부록 1 기독교학교 설립 관련 글 모음 • 235

_ 한국교회가 기독교학교를 설립해야 하는 이유 • 237
(박상진 | 기독교학교교육연구소 소장, 장신대 기독교교육과 교수)

_ 기독교학교를 설립할 때 알아야 할 것들 • 249
(유영업 | 샘물기독초등학교 교장, 전 독수리기독학교 교감)

_ 학교법인 설립의 ABC • 279
(김상희 | 등대국제학교 행정실장, 전 학교법인 중앙학원 기획국장)

_ 교회 내 〈학교설립준비위원회〉를 만들 때 고려할 점들 • 289
(이종철 | 기독교학교교육연구소 연구원, 전 높은뜻숭의교회 기독교학교 준비부 총무)

부록 2 대안학교 관련 법 ● 315

　　_ 『초·중등 교육법』 제60조 3 ● 317
　　_ 대안학교의 설립·운영에 관한 규정 ● 318
　　_ 시·도 교육청별 세부기준 예시 - 서울시 교육청 ● 338

Tip

Tip 1-1. 특성화 고등학교 ● 24
Tip 1-2. 자율학교 ● 25
Tip 1-3. 미인가 대안학교는 공식적으로 학교라는 명칭을 쓸 수 없다? ● 30
Tip 1-4. 대안학교 인가를 위한 절차 ● 31
Tip 1-5. 인가, 미인가의 장단점 표 ● 40
Tip 1-6. BWI(Biblical Worldview Integration) ● 42
Tip 1-7. 자립형 사립고와 자율형 사립고 ● 45
Tip 2-1. 전공부 ● 55
Tip 2-2. 재정결함보조금 ● 57
Tip 3-1. 교장 선임에 관한 법(초중등교육법 제21조 ①항 참조) ● 89
Tip 3-2. 학교운영위원회에 대한 법(학운위 규정집, 매뉴얼) ● 94
Tip 3-3. 사립학교법에 제시된 이사 구성에 대한 법 ● 98
Tip 3-4. 사립학교법 제54조 3(임명의 제한) ③ ● 104
Tip 3-5. 법적 기준 ● 106
Tip 3-6. 대안학교 설립·운영에 관한 규정 제3조의2 ③,④항 ● 110
Tip 4-1. 좋은 교사를 구하는 방법 ● 122
Tip 4-2. 샘물 기독교사 아카데미 ● 126
Tip 4-3. 좋은 교사 선발기준 총정리 ● 128
Tip 4-4. Think Again workshop 프로그램 ● 133
Tip 4-5. 기독교사세움터(cafe.daum.net/acedb) ● 134
Tip 4-6. 교사교육원 ● 137
Tip 4-7. 폴 팽(Paul Pang) 박사에 대하여 ● 139
Tip 5-1. 숭덕여고 예지관 교육 ● 148
Tip 5-2. 염광고등학교 비전스쿨 프로그램 ● 151
Tip 5-3. 샘물학교 교육과정 소개 책 출간 ● 158
Tip 5-4. ACSI 소개 ● 167

프롤로그

기독교학교 설립을 꿈꾸는 이들이 꼭 알아야 할 이야기

이종철(기독교학교교육연구소 연구원, 기독교학교 리더 9인 인터뷰 책임자)

전에 있던 교회에서 수년간 '기독교학교 설립준비위원회(기학준)' 총무 역할을 맡을 기회가 있었다. 그때 우리 팀은 하나님이 기뻐하실 기독교학교 설립을 꿈꾸면서 여러 학교들을 탐방하고 각 학교의 리더들을 만났었다. 깊은 대화를 나누기에는 한계가 있었지만, 나름 참 의미 있는 배움의 시간이었다.

이후 기독교학교교육연구소의 연구원으로 일하면서, 다른 모든 학교 준비팀들도 우리와 비슷한 과정을 거치고 있다는 것을 알게 되었다. 기독교학교 현장에 계신 분들과 대화를 나눠 보면 우리처럼 학교를 방문하는 사람이 매년 계속 있음을 알 수 있다.

그 이야기를 들으면서 '과연 모든 학교 준비팀이 매번 모든 학교를 방문할 필요가 있을까?' 하는 의문이 들었다. 또 '누군가 기독교학교의 설립과 운영에 관한 기본적인 것들을 좀 정리해 주면 새롭게 시작하는 팀들에게 시행착오를 줄여 줘서 큰 도움이 되지 않을까?' 하는 생각이 들었다.

이 책은 이런 배경에서 쓰였다. 다양한 기독교학교들의 리더 9명을 만나서 인터뷰하고, 그들이 지닌 기독교학교에 대한 생각들과 노하우들을 종합하는 작업을 거쳤다. 사실 인터뷰는 같은 질문으로 각각 진행했지만, 책 구성은 마치 리더 9명이 한 자리에서 이야기한 것처럼 주제별로 재구성했다.

내용을 정리하고 보니, 이것은 처음 기독교학교를 꿈꾸는 이들에게도 필요하지만, 이미 기독교학교를 시작한 분들에게도 매우 유익한 자료가 될 수 있겠다는 생각이 들었다. 이 책을 읽으면 실제로 기독교학교 아홉 군데를 탐방하여 그들을 만난 효과를 얻을 수 있다. 이 책이 진작 나왔었더라면 기독교학교 설립도 훨씬 쉬웠을 것이다. 전국에 흩어진 학교들의 탐방 비용을 생각하면 이 책은 아주 저렴하고 효과적이다.

그러나 연구진의 불성실함 때문에 인터뷰가 끝난 지 몇 년이 흐른 이제야 이 책을 세상에 내놓게 되었다. 그 사이에 인터뷰했던 리더들의 신상 변화도 꽤 있었고, 독자들은 몇 년 전 인터뷰를 읽어야 하는 상황에 놓이게 되었다. 이 점에 대해서는 깊이 사과드린다. 하지만 다시 읽어 봐도 그때나 지금이나 기독교학교 설립과 운영에 관한 노하우는 크게 달라지지 않았음을 느낄 수 있었다. 그것이 이 책을 늦게나마 낼 수 있었던 힘의 원동력이었다. 미리 이 책을 읽어봐 주셨던 몇 분들의 피드백도 "이 책이 빨리 나오면 좋겠다."였다.

이 책을 내면서 3가지 소원이 생겼다. 첫째, 독자들에게 이 책이 재미있었으면 좋겠다. 인터뷰를 재구성한 형식이 재미를 더해 주길 기대한다. 둘째, 독자들에게 이 책이 유익했으면 좋겠다. 실제로 기독교학교 설립을 고민하는 그룹들에게는 좋은 토론의 토대가 되면 좋겠다.

개인적인 관심으로 사서 읽으시는 분들도 이 책을 통해 기독교학교의 꿈을 키우셨으면 좋겠다. 그리고 마지막으로 이 책 때문에 기독교학교에 대한 꿈을 접는 사람도 있었으면 좋겠다. 실제로 기독교학교의 설립과 운영은 장밋빛 꿈과 같이 환상적이지만은 않다. 책을 읽어 보면 알겠지만 현실은 녹록지 않다. 그래서 어떤 분들에게는 '아, 나는 기독교학교를 설립하려는 동기가 잘못되었구나!'라든지, '아, 우리는 아직 준비가 덜 됐구나!' 등의 깨달음을 얻기를 기대한다. 오늘날 한국 사회에서는 더 이상 기독교 대안학교의 증가가 마냥 반가운 소식만은 아니다. 그래서 좀 더 내실 있고 좋은 기독교학교들이 만들어지는 데 일조하길 기대한다. 이 3가지 소원이 이뤄지길 바라며, 이제 기독교학교 리더 9인을 소개한다.

기독교학교 리더 9인 소개

김선봉 교장(거창고)

현 거창고등학교 교장. 거창고 교사, 교감을 거쳐 교장의 자리까지 이르렀다. 오랜 시간 거창에 재직하면서 한국교육의 문제점과 대비되는 거창 교육의 정신을 강조하면서도, 하나님 앞에서 교육자로서의 책임을 강조한다, "늘 말뿐인 건 아닌가?" 하고 걱정하면서 겸손한 자세를 잃지 않는다. 몸에 밴 겸손함이 자연스럽게 듣는 이들에게도 전달되어 교육에 대한 겸손함을 갖게 한다.

김요셉 목사(원천침례교회)

현 원천침례교회 대표 목사. 중앙기독초등학교, 중앙기독중학교 설립을 주도하였고, 학교 교목도 겸하고 있는 실질적 리더이다. 학교 이야기를 중심으로 써 내려간 『삶으로 가르치는 것만 남는다』의 저자로 유명하다. 국제기독교학교협회 ACSI 이사로, 현재는 ACSI KOREA를 주도하고 있다. 리더 교사들을 개발하여 훈련된 리더 교사들을 새롭게 시작하는 학교들에 파송하고자 하는 꿈을 갖고 있다.

김의환 교장(꿈의학교)

꿈의학교 교장이자, 기독교대안학교연맹 대표. KBS PD 출신으로, 꿈의학교의 전신인 학교의 학부모로 시작했다가 교장까지 맡게 되었다. 독서를 강점으로 하는 학교의 교장 선생님답게 그때부터 기독교교육 관련 책들을 섭렵하기 시작했다. '꿈의학교 교사로 있다가 나가면 어디가도 스카우트될 정도로 전문가가 되어야 한다.'라는 목표로 교사교육에 아주 열정을 갖고 있다.

김혜선 교장(염광메디텍고)

전 염광고등학교 교장(인터뷰 당시), 현재는 염광메디텍고등학교 교장. 공교육 안에서 이루어지는 사립학교지만, '영성', '지성', '감성', '체력' 4가지 면에서 고른 성장이 있는 기독교교육을 학교 목표로 분명하게 제시한다. 겉은 굉장히 쿨해 보이지만, 학교가 정한 그 달의 성품에 가장 모범적인 학생을 선정해 사과를 선물로 주는 '애플 위너(Apple Winner)' 프로그램에 대해 말할 때는 '참 따뜻한 분이다!'라는 인상을 준다.

박은조 목사(은혜샘물교회)

전 샘물교회 담임목사(인터뷰 당시), 현재 은혜샘물교회 담임목사. 샘물교회 담임목사 당시 샘물기독유치원, 샘물기독학교(초등), 샘물기독중학교까지 설립하여, 이사장으로서 학교의 든든한 버팀목이 되었다. 주변 목회자들에게 기독교학교 설립을 전도할 만큼 기독교학교에 애정이 많다. 자녀가 외국에서 크리스천 스쿨을 다녔던 때 느꼈던 감동 때문에, 한국에도 그런 학교가 많았으면 좋겠다는 생각을 갖게 되었다고 한다.

신기영 교장(지구촌고)

대안교육 특성화학교인 부산 지구촌고등학교 교장이자, 학교법인 복음학원(이사벨중고등학교와 지구촌고등학교)의 학원장. 전 기독교대안학교연맹 대표, 현재 기독교사들을 위한 훈련 프로그램 등을 제공하는 '기독교사세움터' 대표로, 지구촌학교와 이사벨학교 외에도 전체 기독교학교와 교사들에게 영향력을 끼치고 있다. 기독교적 가르침에 대한 깊은 통찰을 갖고 있다.

정기원 교장(밀알두레학교)

전 두레학교 교장(인터뷰 당시). 학교 설립을 위해 기독교사 모임을 수년간 가진 뒤, 그들과 함께 두레교회 부설 두레학교를 섬겼다. 최근에는 새롭게 예수길벗교회와 함께 밀알두레학교를 시작해 교장으로 섬기고 있다. 공교육에 있을 때부터 자생적 교사 연구모임인 '초등학급경영연구회' 대표로 활동했고, 공교육 안에서의 교육에 한계가 있음을 느끼고, 기독교 대안학교에 헌신하게 되었다.

정승관 교장(풀무학교)

전 풀무학교 교장(인터뷰 당시). 1977년부터 풀무학교 교사였고, 평생 평교사를 원했지만, 결국 교장직을 맡게 되었다. '더불어 사는 평민'이라는 목표를 가진 풀무학교는 고등기술학교로 국민생활에 직접 필요한 직업기술을 연마하기 위해 세워졌다. 학교와 지역사회(홍동면)의 깊은 연계로 많은 학교에 시사점을 주고 있는데, "학교는 지역사회의 섬이 되어서는 안 된다."라고 말한다.

홍배식 교장(숭덕여고)

현 인천 숭덕여자중고등학교 교장. 공교육 제도권 안에서 기독 사학이 나아가야 할 방향을 제시한다. '성경적 세계관으로 가르치는 학교', '누구나 오고 싶어 하는 학교', '한국 기독교학교의 모델이 되는 학교'의 3대 비전을 모토로, 숭덕교육을 이끌고 있다. 한국의 기독교학교는 해외의 기독교학교와는 달라서, 입시 위주교육 현실을 부정하지 말고, 신앙과 학업에서 모두 성공해야 한다고 말한다.

궁금이(가상 캐릭터)

기독교학교 설립에 비전을 품은 학생. 이미 기독교학교를 하는 분들에게 궁금한 점이 참 많다

1장
학교의 법적 인가 문제

☞ 이 과의 질문 포인트

1. 학교의 법적 지위는 어떠한가요?
2. 학교 설립을 위한 절차가 까다롭나요?
3. 인가 학교와 미인가 학교, 각각의 장단점은 무엇인가요?

거창고등학교 도서관

1장 학교의 법적 인가 문제

 반갑습니다. 학교에 대해 궁금한 것들이 많습니다. 좋은 답변 부탁드립니다. 제일 먼저 궁금한 것은 학교의 법적 인가에 대한 문제인데요. 지금 각 학교의 법적 지위는 어떠한가요?

김의환 : 저희 '꿈의학교'는 법적으로 학교형태의 평생교육시설입니다. 즉 학력이 인정되지 않는 미인가 학교인 것이죠. 원래는 꿈의학교의 운영 주체가 외교통상부 산하의 비영리 사단법인인 '국제사랑의봉사단'이었습니다. '사랑의봉사단'은 주요하게 3가지 역할을 했는데, 첫째는 순수한 선교단체로서의 역할, 둘째는 '사랑의 클리닉'이라는 선교에 초점을 둔 병원으로서의 역할, 셋째는 '꿈의학교'라는 학교로서의 역할이었죠. 그런데 이 3가지를 '국제사랑의봉사단'에서 같이 운영하다 보니 학교 재정이 서로 얽힐 때가 있어서 분명하게 구분되지 않는 문제가 생겼어요. 그래서 학부모들이 꿈의학교 분리를 지속적으로 요구했고, 결국은 사단법인 '글로벌드림선교회'를 설립해서 독립시켰습니다. 지금은 충청남도의 지방차치단체 비영리 사단법인으로 등록되어 있습니다.

홍배식 : 숭덕여자고등학교는 법적으로 인가된 학교입니다. 기독교교육을 설립목적으로 해서 인가를 받았지요. 저희는 기독교교육을 건학정신으로 하겠다는 것을 서류에 명시했습니다.

김요셉 : 수원중앙기독초등학교는 1994년에 인가받은 사립 초등학교입니다. 그 당시 인가받은 기독교학교는 거의 없었고, 대체로 미션스쿨이 있었습니다. 당시 저는 기독교학교에 대한 비전을 지니고 있었습니다. 저는 교과과정, 교사, 학교운영의 모든 것을 성경적인 세계관 즉 기독교적인 세계관을 바탕으로 세우는 것이 기독교학교라고 생각합니다. 보통 미션스쿨은 학생들을 복음화하기 위해서 공립이나 일반 사립과 별 차이 없이 채플을 복음전도의 도구로 사용합니다. 물론 둘 다 공존할 존재의 목적은 충분히 있습니다. 그래도 저희는 미션스쿨보다는 기독교학교를 세우기 원했습니다.

인가의 문제에 있어서 학교 설립 당시에도 그랬지만, 앞으로도 사회의 제도권 안에서 기독교학교들이 세워지면 좋겠다고 생각합니다. 저변에 깔고 있는 제도권 규정에서의 인가 가치가 무엇인가 하면, '여러 가지 사회적 기준에 적합한 학교'입니다. 예를 들어, 건축기준, 교육령, 우리나라 법인, 교육법전에 의거하여 그 존재가 인정되는, 사회적으로 법적인 것이 충분히 갖춰져 있는 상태라는 것이지요. 그러니까 우리는 사회법을 존중한다는 뜻이에요. 악법도 법이라고 소크라테스가 말했고, 바울은 로마서 13장에서 모든 권세와 권위를 지키라고 했잖아요. 처음부터 무조건 미인가로 시작하기보다는 우리가 세상 법에 저촉되지 않으면서도, 기독교적 가치를 손상시키지 않는 학교를 세워야 한다고 생각합니다. 저희들이 인가받던 당시부터 지금까지 그런 생각에는 변함이 없습니다.

또 기독교학교를 운영하는 데 있어서 유치원부터 고등학교까지의 모든 과정이 필요합니다. 그런데 유치원에서 고등학교까지의 과정을 보면 우리나라의 상황에서는 기독교적인 학교교육, 그러니까 교과과정,

교사, 학생 선발 등의 부분에서 기독교적인 가치를 법적인 범위 안에서 실현하기가 점점 어렵습니다. 무슨 말인가 하면 유치원에서는 거의 마음대로 할 수 있습니다. 교과과정의 자유도 많고, 학생 선발권 위임도 많이 되어 있습니다. 그런데 초등학교, 중학교, 고등학교로 올라갈수록 법적인 것뿐 아니라 사회적 의식에서도 기독교교육을 실현할 수 있는 가능성들이 점점 사라집니다. 그래서 인가를 받되, 기독교학교는 처음 단계가 더 중요합니다. 그러니까 유치원이 제일 중요하고 그 다음은 초등학교, 중학교, 고등학교입니다. 저는 이런 피라미드 형태로 기독교학교를 바라보았고, 이미 인가된 유치원에서 우리가 그것을 실현하고 있었기 때문에 94년도에 초등학교 인가를 시도한 것입니다.

김선봉 : 거창고등학교는 일반 인문계 사립 고등학교로 인가를 받아 시작했어요. 4년 전부터는 '농어촌 자율학교'라고 해서 자율학교로 운영하고 있지요.

신기영 : 지구촌고등학교는 인가된 대안학교입니다. 지구촌은 2001년도에 개교했는데, 그 시작부터 지위가 특성화 고등학교였습니다. 지금 우리나라 같은 경우는 실업계 고등학교가 이에 해당한다고 볼 수 있습니다. 대안학교가 법적 기준이나 자격이 있는 경우에는 특성화 고등

학교 범주에 들어갑니다. 지금은 미인가 대안학교들이 많은데, 인가가 가능한 대안학교의 숫자가 많아지면 대안학교의 법적 지위에 대해서 교육부도 다시 고민을 하게 될 것입니다.

> **Tip 1-1. 특성화 고등학교**[1]
>
> 특성화 고등학교란 1998년 3월 개정·공포된 초·중등교육법시행령 제91조에 따라 운영되는 대한민국의 고등학교의 한 형태로 특정 분야 인재 및 전문 직업인 양성을 위한 특성화 교육과정을 운영하는 학교를 말한다. '특정 분야의 전문 고등학교'와 '대안학교'의 형태로 운영된다. [위키백과]
>
> **대안교육 특성화 학교 명단**
> _대안교육 특성화 고등학교(24개) [2012년 교육과학기술부 자료]
> 지구촌고, 달구벌고, 산마을고, 동명고, 두레자연고, 경기대명고, 이우고, 한겨레고, 전인고, 팔렬고 양업고, 한마음고, 공동체비전고, 세인고, 푸른꿈고, 지평선고, 영산성지고, 한빛고, 경주화랑고, 간디학교, 원경고, 지리산고, 태봉고, 한올고
>
> _대안교육 특성화 중학교 명단(10개) [2012년 교육과학기술부 자료]
> 헌산중, 두레자연중, 이우중, 한겨레중, 중앙기독중, 지평선중, 전북동화중, 성지송학중, 용정중, 팔렬중

지구촌고등학교의 또 다른 법적 지위는 5년 전부터 거창고등학교와 같이 자율학교입니다. 자율학교 신청은 3년에 한 번씩 합니다.

---

1) 대안교육 특성화 고등학교가 '자율형 대안고등학교'로 개편될 예정(12.08.27 제11차 교육개혁협의회 발표).

 교장 선생님 두 분께서는 자율학교라는 단어를 사용하셨는데, '자율학교'는 어떤 학교인가요? 교육과정뿐 아니라 더 많은 것에서 여러 가지 자율권이 주어지는 학교인가요?

신기영 : 자율학교로 지정되기 위해서는 교육청에 자율학교 신청서를 제출해야 합니다. 또한 '우리는 어느 정도 자율이 확보되면 기독교 교육을 할 수 있겠는가?'를 고민해서 자율권 영역도 고려해야 합니다. 물론 정해진 자율의 경계는 어느 정도 있습니다.

현재 지구촌고등학교는 몇 가지 자율권이 있습니다. 첫째, 교과서 자율권이 있습니다. 그래서 국정교과서를 쓰지 않아도 됩니다. 둘째, 교장 자격 자율권이 있습니다. 그래서 자격증이 없어도 교장을 할 수 있습니다. 셋째, 무학년제도로 특정 수업을 무학년으로 할 수 있습니다. 가령 언어나 수학 같은 경우는 무학년으로 할 수 있습니다. 지구촌고등학교와 같은 작은 학교는 어떤 과목을 무학년으로 할 것인가에 대해 고민하면서, 학년별 특징과 상황에 따라 민감하게 움직입니다. 이를 위해 아이들의 언어 능력 테스트를 계속해야 하고, 그것을 토대로 어떤 학년을 묶을 것인가를 결정해야 합니다. 따라서 아이들의 현 상태에 대한 민감한 점검이 필수입니다.

Tip 1-2. 자율학교

자율학교란 초·중등교육법 시행령 제105조 제1항에 의해 교육인적자원부 장관이 지정하거나 제3항에 의해 교육감이 지정한 학교를 가리킨다. 1996년 탈규제학교 제도가 도입되면서 제안되었고, 1997년 '초·중등교육법'이 제정되어 법제화되었으며, '초·중등교육법시행령' 제105조에 의하여 자율학교로 불리게 되었다.

    자율학교 운영자는 자격증이 없어도 임용할 수 있으며, 학사운영에 있어 학년도나 학제에 제한받지 않는다. 진급과 조기졸업도 제한이 없다. 교육과정 운영도 일반 학교보다 더 많은 자율성이 있고, 교과서는 검·인정 교과서를 사용하지 않아도 된다. 학생 모집도 학교 자율로 하며, 학교운영위원회 설치도 자유로워서 1999년 사립학교에도 학교운영위원회 설치를 의무화한 것에 비해 획기적인 자율권을 누릴 수 있다. 자율학교는 교장임용, 학생선발 방법, 교사정원 구성, 재정확보 등 학교운영 전반에 있어서 자율성을 누리게 되므로 일반학교에 비해 특성이 드러나는 학교운영을 할 수 있다.

    2005년 통계자료를 통해 보면 우리나라는 전국의 고등학교 2,080개 중에서 약 4%에 해당하는 99개 학교가 자율학교로 지정되어 운영되고 있다. 이들은 거의 모두 기존 학교의 체제를 변형해서 자율학교로 전환한 학교이며, '자율학교'로 신설된 것이라기보다 특성화 학교로 시작한 뒤 '자율학교'로 지정받았다고 볼 수 있다. 따라서 자율학교를 특성화된 영역별로 분류할 수 있겠지만, 학교운영 면에서 유형화·정형화된 자율학교의 특성은 없으며, 각 학교는 실제로 매우 다양하게 자율적으로 운영되고 있다.

    1999년에는 예술 고등학교와 대안학교 중심으로 13개, 2000년에는 1개 학교가 자율학교로 지정되어 3년간 시범운영 기간을 거치면서 자율학교 정책이 학교교육에서 실현되기 시작했다. 시범운영 도중 교육인적자원부에서는 자율권 축소조정 결정을 내렸지만, 대안학교 관계자는 대안학교운영의 핵심사항인 자유로운 교육과정 운영방식을 정규학교가 된 이후에도 지속적으로 시행할 수 있었다는 점에서 중요한 의미가 있다고 주장했다.

    그러나 예체능계와 직업 분야 자율학교 시범운영 평가에서 자율학교 교육활동은 해당 학교 교사들의 헌신적인 노력으로 이루어지고 있으며, 대학

진학을 희망하는 학생과 학부모와 자율학교의 이상 사이에서 명확한 목적을 설정하지 못하고 있는 것으로 나타났다(한국교육개발원, 2002:90).

2002년에는 자율학교 제도 개선방안으로 시·도교육감에게 자율학교 지정권이 위임되면서 80개 자율학교가 추가로 지정되어 자율학교 체제는 더 다양해졌다. 초기에는 예술고와 체육고, 대안교육 특성화고교, 직업교육 특성화 고교 등이 자율학교로 지정되었으나, 현재는 통합형고교와 농어촌 소재 고교로까지 그 지정대상이 확대되었다. 자율학교 지정 등에 관한 업무는 시도에 이관되어 시도별로 지침이 마련되어 있으며, 세부사항은 시·도교육청 중등교육과에서 처리하고 있다.

교육감 인정 자율학교가 50%가 넘고, 특성화 학교와 농어촌 소재 학교의 지정비율이 전체의 59%를 차지할 정도로 높은 이유는 '5·31 교육개혁방안'에서 특성화 고등학교의 자율운영 권한을 확대하는 방침으로 정책을 집행했고, 농어촌 지역의 열악한 교육여건을 획기적으로 개선하여 교육복지를 실현하려 했기 때문이다.

박은조 : 샘물학교는 현재 미인가 대안학교로 학교로서는 전혀 법적 지위가 없습니다. 그 대신 최소한의 법적 보호를 받기 위해 '한국독립교회선교연합회(한독선연)'라는 교단에 교육선교회라는 이름으로 가입되어 있습니다. 이는 독수리학교 모델을 따라한 것인데, 한독선연에 가입함으로써 그 법인 자격으로 학교를 운영하게 됩니다. 그래서 가령 우리 학교에 누가 돈을 기부하면, 그 자격으로 기부금 증명서도 발급해 줄 수 있습니다.

하지만 우리 학교는 인가를 받을 생각이 아직 없습니다. 정부가 재정 보조를 하나도 해 주지 않아도 자율권만 허락해 주면 할 수 있는데,

그 문제가 해결되지 않아서 지금은 좀 어렵다고 보고 있습니다. 그래서 기다리는 중입니다.

정기원 : 우리 학교는 교회 설립 대안학교로 미인가 학교입니다. 그래서 인가 문제로 모 국회의원에게 전화한 적이 있었습니다. 저는 기독교대안학교연맹의 사무총장과 함께 그 의원을 만나서 그 문제에 대해 의논한 적이 있었습니다. 그 의원은 개인적으로 우리 의견에 공감해 주면서도 현실적인 부분을 언급하면서 만만치 않은 문제라고 말하더군요. 본인도 해 보고 싶은 부분인데, 그 문제가 정치권과 맞물려 있어서 쉽지 않다고요. 그래서 생각했죠. 지금 입장에서는 우리가 현재 정부의 요건을 갖추는 게 인가를 위해서는 가장 빠른 방법이 아닐까 하고요. 그 요건을 갖추는 것이나 대안학교법 시행령을 조금 더 조정하는 것이나 시간이 똑같이 걸릴 것 같아요.[2]

그래서 인가 문제는 한 대안학교의 노력으로 접근하기보다는 대안학교 전체가 협력해야 하는 부분이라고 생각합니다. 기독교학교교육연구소, 기독교대안학교연맹이 같이 힘을 모으되, 일반 대안교육 진영의 대안교육연대의 학교들과도 함께 협력해서 이 문제를 풀어 나가야 합니다. 사실 그렇게 다 모아도 대안학교는 200여 개밖에 안 되는데, 그 정도로 정부를 상대한다는 것이 쉽지는 않습니다. 제가 아주 작은 학교 대표로서 개인적으로 한번 국회의원도 만나봤지만, 이 일은 아주 강력한 힘을 가진 곳에서 로비를 하거나, 힘을 모아서 함께 풀어가지 않으면 어렵겠다는 생각이 들었습니다.

---

2) 인터뷰 이후 대안학교 법이 개정되었다. 위의 인터뷰는 대안학교 법 개정 이전의 정기원 선생님의 의견이다. (편집자 주)

 그렇다면 학교를 설립하기 위해서 정부의 누구를 찾아가야 하나요? 인가 학교가 되기 위한 절차가 까다롭나요?

김의환 : 우리는 "꿈의학교 신입생을 모집합니다." 혹은 "입학을 축하합니다."라는 플래카드를 걸었는데, 그걸 보고 교육청에서 찾아왔어요. 학교도 아니면서 신입생을 모집한다고 교육청에서 우리 학교를 검찰에 고발했더라고요. 그래서 검찰에 몇 차례 끌려 다녔지요. 지루하게 조사받고, "학생들을 돌려보내라. 학교로 인정할 수 없다. 그렇게 안하면 당신을 구속시키겠다."라고 해서 초창기에는 어려움이 조금 있었습니다. 그래서 실제로 학생들을 집으로 돌려보낸 적도 있고요.

그래서 도교육청에 우리가 평생교육시설로 인가를 받겠다고 신청서를 냈습니다. 신청서를 내고 나서도 관계자들이 학교에 와서 교실 크기, 학생 수, 등록금 등 여러 요건들을 다 조사한 후에야 허가를 내 주었습니다. 그러니까 '학교 형태의 평생 교육시설'로 인가받는 것이 그 당시에는 결코 쉬운 일이 아니었습니다. 그 당시와 비교하면 지금은 쉬운 일인데, 그때는 '학교'라는 이름 대신 '학원'이라는 이름을 사용하라고 했으니까요. 교육청에서는 "꿈의학원이라고 하면 아무 말도 안 하겠다. 너희들이 학교라고 부르기 때문에 당신을 구속하려는 거다."라고 말했습니다. 그래서 뭐 검찰에도 가고 여러 군데 왔다갔다 했어요. 그곳에서 우리 학교 교장에 대해 이래저래 조사하다가, "이 사람은 이상한 사람이 아니다. 그러니까 선처해 주자."라고 해서 풀려났습니다.

> **Tip 1-3. 미인가 대안학교는 공식적으로 학교라는 명칭을 쓸 수 없다?**
>
> 교육청에서는 미인가 대안학교를 '미인가 대안학교 교육시설'로 규정하면서 학교라는 명칭을 못 쓰게 하는 사례가 종종 있었다. 그래서 몇몇 학교들은 'OOO 학교'라는 이름 대신 'OOO 교육공동체' 등의 용어를 사용하기도 한다. 인가받은 대안학교의 경우는 각종 '학교'로서 학교의 명칭을 쓸 수 있다.

신기영 : 대안학교 설립 허가는 시·도 교육감의 권한입니다. 따라서 우리를 관할하는 시·도 교육청이 이런 학교를 설립하고자 하는 마음이 있는지 없는지가 관건입니다. 지구촌은 생각지도 못한 기회를 많이 만났습니다. 2000년도에 대안학교 설립 신청을 했을 때, 당시 교육관은 대안학교에 전혀 관심이 없었습니다. 하지만 그분이 갑자기 청와대 교육수석으로 가면서 새로운 분이 오셨는데, 그분은 대안학교에 관심이 많이 있으셨습니다. 그래서 우리 학교는 인가를 받을 수 있었습니다. 이것은 여러 환경이 열려야 가능한 일입니다. 행정적으로 지혜롭게 해야 할 부분도 많고요.

정승관 : 특성화 고등학교나 인가받은 대안학교 형태라면, 도교육청에서 이와 관련한 협의가 가능합니다. 학교 설립을 맡은 담당자가 있으니까, 거기서 할 수 있을 것 같고요.

Tip 1-4. 대안학교 인가를 위한 절차

시·도 교육청마다 약간의 차이가 있지만, 인가를 위한 절차는 대체로 다음과 같다.

학교설립계획서 제출 학교법인 설립 허가 신청	⇒ 설립요건 및 구비서류 교부 ⇒ 학교의 종별, 명칭, 위치, 교지 및 교사 확보 및 소요경비 조달계획서 등
▼ 계획서 검토	⇒ 학교 입지 적합성 및 계획의 타당성 등 관련 부서 의견수렴 및 보완지시, 조치
▼ 현지조사	⇒ 현지 출장하여 학교입지의 적합성 등을 확인 (관련과 협조)
▼ 대안학교설립·운영위원회 심의	⇒ 신청서에 대한 심의
▼ 설립계획 협의완료 통지 (신청일로부터 3월 이내)	⇒ 설립계획 심의 결과 통지 ⇒ 학교설립인가 신청 구비서류 참조
▼ 학교설립 요건 추진상황 점검	⇒ 세부 추진상황 수시 점검 확인
▼ 학교설립인가 신청서 접수 (학교법인 → 도교육청)	⇒ 학교의 종별, 명칭, 위치, 시설 설비 현황, 재산 현황, 부족시설 연차별 계획서 등
▼ 학교설립 인가신청 검토	⇒ 이행 여부 상황 및 구비서류 등 미비사항 보완
▼ 이행상황 확인	⇒ 계획된 시설 설비의 이행 상황 현지 확인 (관련과 협조)

```
학교설립 인가 검토조서 작성    ⇒ 계획 대비 이행사항 검토 및 인가
                              여부 판단
           ▼
    대안학교설립-운영위원회      ⇒ 신청서에 대한 심의
           심의
           ▼
       학교설립 인가            ⇒ 통보
 (개교예정일 3개월 전까지 : 11월말)
           ▼
        개교 점검              ⇒ 시설·설비 확보 및 수업준비 사항
 (당해연도 12월-개교연도 1월말)    ⇒ 교직원 조직 및 입학안내 준비
```

이야기를 들어보니 기독교학교는 학교의 형태를 크게 몇 가지 유형으로 분류할 수 있겠네요.

유형1. 인가 학교

① 일반 사립학교(자립형, 자율형 사립고 포함) ② 대안교육 특성화 학교(자율학교 지정 가능) ③ 인가 대안학교(대안학교법 인가)

유형2. 미인가 대안학교

① 개인 및 기관 설립(평생교육시설 등록 등 가능) ② 교회 설립(교회부속 등록, 독립교단 등록 등)

그렇다면 기독교학교를 설립할 때 인가를 받는 게 좋을까요, 아니면 미인가로 시작하는 게 좋을까요? 각각의 장단점이 있을 것 같은데요.

김의환 : 미인가 학교의 장점은 교육과정을 마음대로 바꿀 수 있고, 교사 선발이 자유롭다는 것입니다. 그러나 인가를 받으면 아마도 교사 자격에 대한 통제가 있을 것입니다. 미인가 학교인 경우 교사 자격증이 없어도 채용이 가능합니다.

또한 미인가 학교이기 때문에 우리는 학교가 지니고 있는 자산을 담보로 해서 금융권으로부터 융자를 받아 학교를 운영할 수 있습니다. 그런데 만약 인가된 학교라면 불가능했을 것입니다.

대부분의 대안학교들이 취약한 재무구조 때문에 인가받는 데 지장이 있지 않을까 생각합니다. 우리 학교는 외관상으로 보면 땅덩어리도 넓고, 또 그럴듯한 건물도 있고, 운동장도 있고, 교사도 충분히 확보하고 있어서 인가를 받을 수 있는 여러 요건을 갖추고 있는 것처럼 보이지만, 학교의 부채 때문에 인가받기는 어려울 겁니다. 그래서 신청을 하지 않았습니다.

미인가의 장점 중의 다른 하나는, 우리 학교가 교육과정으로 진행하는 해외 이동 수업이 있다는 것입니다. 우리는 중학교 2학년 때 캐나다에 가서 6개월씩 해외 이동 수업을 합니다. 또 고등학교 1학년 때는 중국에 가서 3-4개월씩 공부합니다. 뿐만 아니라 겨울방학 때는 약 2주 정도 단기 선교를 다녀오도록 권면하고 있습니다. 그런데 이런 프로그램들은 인가를 받으면 아마 할 수 없게 될 거예요. 앞으로는 어느 정도 유연성이 인정될지 모르겠지만, 인가를 받으면 교육과정의 자율성을 많이 제한당하지 않을까 하는 염려가 있습니다.

미인가 학교를 하다 보면 학력인정 문제가 가장 큰 어려움으로 다가옵니다. 우리는 학력인정을 못 받으니까 검정고시를 봐야 합니다. 검정고시를 보는 것이 힘들다는 것이 아니라 검정고시를 보고 나서도 내신 성적으로는 갈 곳이 없으니까 수능을 봐서 비교 내신으로 대학을 가야 한다는 것입니다. 그러니까 여기에서 오는 어려움이 가장 큰 문제라는 생각이 들어요.

둘째는 인가를 받으면 학생 1인당 교육비를 정부로부터 지원받을 수 있는데, 우리는 그런 재정적 보조를 받지 못한다는 어려움이 있습니다.

셋째는 이번 달 우리 학교 전기세가 1,500만 원 정도 나왔어요. 그런데 아마 인가를 받으면 제 생각에는 300-400만 원 정도에서 해결되지 않을까 싶어요. 그렇게 보면 우리는 매달 1,000만 원 이상의 전기세를 더 내고 있는 거죠. 아마 전기세뿐만 아니라 인터넷, 수도 등 여러 면에서 지원받지 못해서 아쉬운 부분이 있습니다.

하지만 재정이 굉장히 어려운데도 불구하고 끝까지 미인가를 고집하고 있는 이유는 학교의 설립이념과 존재목적을 지켜야 한다는 생각이 강하게 자리 잡고 있기 때문입니다. 우리 학교만의 교육과정을 통제받는 일이 있어서는 안 됩니다. 만약 정부가 이런 부분을 좀 풀어 줘서 교육과정이나 교사 자격을 통제하지 않고 어느 정도라도 재정을 지원해 주겠다고 하면 그보다 더 감사한 일은 없을 것입니다. 그것이 우리의 기도제목입니다. 또한 학생선발 문제도 인가와 관련이 깊다고 봐야 합니다. 우리 학교가 나름대로 학생을 선발하는 기준이 있는데 인가를 받으면 아마 그렇게 할 수 없을 것입니다. 전학을 원하는 학생이 있으면 받아야 하지만, 우리 학교의 특성상 학생과 학부모가 원한다고 전학을 올 수 있는 것은 아니거든요. 저는 그렇게 운영하기는 참 어려울 것 같다는 생각이 듭니다.

김요셉 : 인가받은 학교의 장점은 미인가 대안학교보다 시설적인 면에서 더 많은 기준이 요구되기 때문에 학생들에게 더 좋은 환경을 제공해 줄 수 있다는 것에 있습니다. 예를 들어, 대안학교 같은 경우에는 교회 건물에 조그맣게 할 수 있지만, 인가받은 학교 같은 경우는 교실뿐만 아니라 급식소, 운동장과 같은 것들이 필수로 있어야 하기 때문에 더 좋은 환경에서 공부할 수 있는 여건이 마련됩니다.

인가받은 학교의 경우 또 한 가지 장점이 있다면 사회적 혜택을 받을 수 있다는 것입니다. 인가받은 학교는 부지 매입을 할 때도 세금 부분에서 감면을 받을 수 있습니다. 또 해마다 컴퓨터나 과학기자재와 같은 것들을 지원받을 수 있습니다.

하지만 저희는 그런 지원은 포기했습니다. 인건비를 지원받지 않는 대신 학생 선발권을 얻기로 했습니다. 수업료를 학생들에게 다 내게 하는 대신 정부로부터의 인건비 보조는 받지 않습니다. 그래서 정부의 간섭이 적습니다. 그렇지만 컴퓨터나 과학 실기자재의 현대화를 위해서 일부 지원을 받기도 합니다.

또 우리 학교가 법적으로 인가받은 학교이면서 특수아동을 교육하는 학교이기 때문에 통합교육 지원금을 받습니다. 예산지원이 없거나 특수교육진흥법에 의해 특수아동이 15명 있으면 교사 1명의 인건비를 지원받을 수 있습니다. 우리 학교는 인가받은 학교로서 이런 부분들에 대한 혜택이 있습니다.

학생 선발권을 얻고자 인건비 지원을 포기했다고요? 그러면 학교가 인건비는 받지 않고 학생 선발권이나 교육과정에 대한 조율을 교육청을 대상으로 할 수 있는 건가요? 다른 학교가 만약 같은 조건으로 한다고 할 때 그게 법적으로 어느 정도 조정할 수 있는 여지가 있는 건가요?

김요셉 : 그건 학교 단위마다 달라요. 유치원은 공립이 있긴 하지만 거의 사립에 의존하기 때문에 사립유치원은 정부의 지원을 받지 않는 것이 아예 기정사실화되어 있습니다. 그래서 정부지원 인건비는 없습니다. 인가를 받은 사립 초등학교의 경우에도 정부지원 인건비는 없습니다. 중·고등학교 같은 경우는 특성화 중학교나 자율형 사립고 같은 형태들이 자율권에 대한 협의가 가능합니다. 지역 교육청에 "우리는 재정 지원을 받지 않을 테니 그 대신 다른 자율권을 주십시오. 선발권이나 학교 프로그램 운영 자율권을 주십시오."라고 하면 좀 까다롭긴 하지만 조정이 가능합니다. 그런데 만약 일반 중·고등학교로 인가를 받게 되면 이런 협의는 불가능하게 될 것입니다. 이 경우는 의무교육이기 때문에 인건비 100%를 다 지원받을 수 있습니다. 따라서 학부모들은 1달에 약 1만 4천 원 정도만 학교에 내면 됩니다.

신기영 : 제가 생각할 때 인가 학교의 장점은 교육의 질을 계속 감사받는다는 데 있습니다. 국가에서 직접 평가하기 때문에 교육의 질이 적어도 한국교육의 수준에 머물 수 있습니다. 그런데 미인가 학교는 그런 점에서 미숙합니다. 제3의 기관에서 이런 것을 해 주면 좋은데 아직은 불가능하니까 전문성 있는 공동체들이 교육의 질을 챙겨 주고 개선할 수 있게 도움을 주어야 합니다. 처음은 포부를 가지고 시작하지만, 5년을 지속하는 게 어렵습니다. 그 외에도 다른 일들이 많이 발생하기 때문에 교육의 질을 유지하기 위해서는 매학기 교육 시스템을 구조화

하는 게 필요합니다. 가만히 있는 학교는 퇴보하니까요. 공동체가 미래 지향적으로 비전 있게 구조를 바꾸면 발전합니다.

인가 학교는 학교운영의 질이 높습니다. 행정을 주먹구구식으로 하는 것이 아니라 서류, 학적부, 생활기록부라든지 선생님들의 월급, 학교 평가 등 여러 가지 면에서 적어도 교육계와 제도권에서 갖는 행정적인 부분들의 체계가 잡혀 있으니까요.

우리 학교도 3년에 한 번씩 학교평가를 받습니다. 학교평가를 받을 때 어마어마한 힘이 들어가죠. 준비하는 사람들의 입장에서는 불평스럽고 부담되지만 선생님들이 한두 번 하다 보면 오히려 학교가 학교다운 면모를 갖춘다고 좋아합니다. 미인가 학교들은 좋은 교육은 많이 하지만 교육계에서 서류를 보자고 하면 행사 때 찍은 사진만 있지 서류가 없어요. 해를 거듭할수록 공동체 속에서의 내용들이 문서화되면 서로 점검·평가하면서 질을 높일 수 있는데, 대안학교는 하루하루 사는 것이 분주하고 힘들다 보니 이런 부분을 생략하기 쉽죠. 그래서 오히려 인가 학교가 이런 면에서는 나을 수밖에 없는 조건을 지니고 있어요. 타의에 의해서라고 해도 모든 내용이 자료화되어 있기 때문이죠.

한편 인가 학교의 단점은 불필요한 공문이 많이 온다는 것입니다. 미인가 학교는 교육과 직결되지 않는 불필요한 보고를 하지 않아도 되지만, 그 자율이 질을 떨어뜨릴 가능성이 있습니다.

 그러면 교장 선생님께서는 가능하면 인가 학교를 하는 것이 좋다고 생각하시는 것인가요?

신기영 : 아니요. 우리 학교가 인가 학교라서 그렇게 말한 것이지,

각 학교의 장·단점이 있습니다. 여기서 중요한 것은 비전의 3대 요소, '섬김의 대상이 누구인가?', '미래의 기대가 무엇인가?', '어떤 방법으로 양육할 것인가?'가 분명히 있고, 그 비전을 이루기 위해 우리 학교가 어떤 법적 위치에 있는 것이 좋을지를 생각해서 결정해야 한다는 점입니다. 절대로 인가, 비인가 학교의 장·단점을 보고 판단해서는 안 됩니다. 그것은 다른 말로 하면 조건을 중심으로 결정한다는 것이기 때문입니다. 비전은 그 공동체에 주시는 하나님의 특별한 말씀입니다. 공동체의 기도 가운데 하나님의 말씀을 들어야지 조건으로 결정하면 그것이 공동체이겠습니까? 처음부터 성령이 하시는 말씀에 귀 기울여야 합니다. 기도하는 훈련을 받은 리더의 공동체가 어떤 결정 앞에서도 하나님께 순종하는 영성으로 자리 잡습니다.

정기원 : 저는 미인가 학교이기 때문에 갖는 장점도 많다고 봅니다. 일단 저희 교사들이 일반 학교에 근무해 본 경험에 따르면, 15년 동안 교사들에게 제일 힘들었던 것이 공문을 처리하는 일이었습니다. 수업을 하다가도 불려 내려가서 공문을 확인해야 할 정도였으니까요. 우리 학교는 지금 공문 작성을 하는 게 없습니다. 제가 교회 당회에 보고서를 제출하는 것만 제외하면요. 지난번에 어떤 선생님이 그러시더라고요. "공문 쓰는 걸 잊어버릴까 봐 고민된다고…"

하지만 이렇게 문서화하는 부분에 대하여 자유로워지니까 생기는 또 하나의 문제는 대안학교가 문서 처리를 너무 안한다는 점입니다. 지나친 행정업무에서 탈피하는 것은 좋은데, 문서를 작성하지 않다 보니 자료화가 되지 않고 있습니다. 저희는 '우리가 이것부터 재정리하자. 공립이 너무 극단적으로 가는 것이 문제이지 무조건 안 좋은 것은 아니니까 문서화·자료화하는 것을 되살려 보자.'라는 생각으로 점차 문서화를 정착시킬 예정입니다.

　어쨌든 교회가 설립한 미인가 학교는 교회와 협의만 잘하면 학교가 꿈꾸고 있는 모든 교육과정을 다 원활히 펼칠 수 있으니까 좋은 점이 많습니다. 그런 부분들이 강점인 것 같아요.

　반면에, 단점은 학교의 지위가 보장되지 않으니까 어려움이 있는 것 같아요. 첫째는 학교 자체가 후원금 요청을 못한다는 거예요. 제가 몇 번 기업을 찾아가서 도움을 요청했는데 우리가 미인가 학교라서 도와줄 법적 장치가 없다는 거예요. 그래서 그냥 돌아왔어요. 그쪽에서는 우리가 후원해 줄 테니 먼저 학교가 법적 지위를 갖추라는 거예요. 그러려면 우리가 돈이 있어야 하는데…. 이게 참 아이러니하죠. 돈이 필요해서 찾아갔더니 후원을 위해서 그걸 갖추려면 돈을 갖고 있어야 한다는 거예요. 돈이 있으면 굳이 후원금 요청도 안 할 텐데 말이에요.

　둘째로는 부모님들이 학자금 지원을 못 받는다는 거예요. 부모님이 공공기업체에서 근무하는 경우, 자녀가 사립학교에 다니면 학자금을 지원받을 수 있는데, 우리 학교는 미인가라서 그런 부분에서 지원을 받지 못해요. 또 아이들은 학력 검정고시를 봐야 하는 어려움도 있고요. 교사들도 그래요. 은행에 가도 신용거래가 불가능해요. 교사들도 현재 법적으로는 다 실직자로 되어 있으니까…. 그런 부분에서 불합리한 경우가 있죠.

　제가 봤을 땐 삶에서 가장 중요한 것을 이루려면 그 다음 중요한 것은 포기하고 가야 하는 게 아닌가 싶기도 해요. 전부 얻을 수는 없으니까요. 일단 전 현 상태에 만족합니다.

Tip 1-5. 인가, 미인가의 장단점 표

	장점	단점
인가	상대적으로 좋은 교육환경을 갖출 수 있다.	국가 통제로 교육과정, 교사 등에서 자유롭지 못하다.
	인건비 등의 국가 재정지원을 받을 수 있다.	학생선발을 자유롭게 할 수 없다.
	교육의 질이 통제된다.	학부모의 교육적 수요에 능동적으로 대응하기 어렵다.
미인가	교육과정 운영에 대한 자율성을 가진다.	법적 지위가 없어서 학생은 학력을 인정받을 수 없고, 교사들은 법적 지위가 없으며, 학부모는 회사에서 학자지원을 받을 수 없고, 학교는 세금 감면 등의 다양한 혜택을 누릴 수 없다.
	학생선발의 자율성이 있다.	인건비 등 정부 재정지원을 받을 수 없어서 학부모의 재정 부담이 커진다.
	공문처리 등 국가 행정규제로부터 자유롭다.	어떤 면에서는 위법을 하는 셈이 된다.

정기원 : 다른 대안학교들은 정부의 재정지원을 기대하면서 인가를 목표로 하는데, 저희는 재정지원까지는 기대하지 않아요. 앞에서 말씀 드린 것처럼, 부모님들의 학비 지원, 아이들이 별도로 검정고시를 보는 문제 해결, 교사들이 본인의 필요로 은행에 갔을 때 거래할 수 있는 신용 등의 부분에서 법적으로 지위 보장만 해 줘도 좋겠다는 생각이 들어요. 그게 안 돼서 좀 미안할 때가 있어요. 그럴 때는 인가를 받으면 좋겠다는 생각이 들죠.

하지만 저희는 처음 학교를 설립할 때 인가를 받으면 교육청 간섭이 심해질 것이라고 예상했기 때문에 인가를 받지 않기로 합의해 놓은 상태입니다. 우리가 아직 시설요건이 미비해서 그런 말을 할 수 없는 상황이지만, 만약 시설 요건이 다 갖춰져서 인가받을 수 있는 여건이 된다면, 그래도 우리는 그 문제를 신중하게 검토해 볼 생각입니다. 교육청이 학교에 어느 정도의 자율성을 반영할지를 고려해야 하기 때문이죠. 교육청의 간섭이 어느 정도 미비하게 이루어지는 것이라면 우리가 감수하고 가겠지만, 일반학교에서 하듯 일일이 그대로 다 관여한다면 우리는 인가받지 않을 생각입니다.

제가 공교육 부적응 교사입니다. 그래서 그 부분에 대해서는 확신할 수 있습니다. 마지막으로 생각하고 갔던 미션스쿨에서 4년 동안 근무하면서 그곳에서도 학교의 교육철학을 고수하는 것이 어렵겠다는 생각이 들었습니다. 그 이유는 교육청의 간섭이 너무 심하고 정부가 제시해 준 교육과정을 그대로 준수해야 하기 때문이죠. 그래서 정부가 만들어 준 7차 교육과정이 물론 훌륭하긴 하지만 '꼭 그 교육과정들로 아이들을 교육해야 하는가?' 하는 문제에 대해 이의제기를 했던 것입니다. 그리고 '우리가 새로운 교육과정으로 아이들을 교육할 수 있지 않을까?' 하는 생각에서 대안학교를 시작한 것입니다.

 기독교학교가 인가를 받으면 자율성에 있어 제한을 받을 수도 있다는 거군요. 그렇다면, 진정한 기독교학교가 공교육 체제 내에서 가능할까요?

홍배식 : 대부분 많은 사람들이 '기독교학교를 인가 학교로 내는 데

어려움이 있지 않을까?' 하는 생각을 많이 하는데, 저는 우리나라 교육의 기본 골격이 공교육 체제이기 때문에 우리가 이 체제에서도 기독교학교를 이룰 수 있다는 것을 보여 줄 필요가 있다고 생각합니다. 일단 재정지원이나 학생모집과 같은 부분에 있어서는 인가 학교이기 때문에 상당한 장점이 있습니다. 우리는 지금도 여러 방면에서 재정지원을 받을 수 있습니다. 그런데 미인가 학교는 교육청으로부터 시설 지원을 받기가 어렵기 때문에 경영의 어려움이 있을 것이라고 생각합니다.

그 대신 인가 학교는 커리큘럼에서 어려움을 겪고 있습니다. 하지만 교장 선생님과 교사들이 한마음으로 기독교교육에 소망을 지닌다면, 이를 충분히 극복할 수 있다고 생각합니다. 우리는 지금 BWI의 수업방법을 도입해서 성경적 세계관으로 수업하려고 노력하고 있습니다. 채플과 부흥회를 통해서도 기독교교육을 하고 있는데, 학생들의 호응이 생각보다 좋습니다. 새벽기도회(아침기도회)에는 학생들 700-800명이 자발적으로 참여하기도 합니다. 전체적으로, 학교 학생들 중 40-50%가 기독교 신자라면, 학교의 전체 분위기는 예배에 적극적으로 참여하는 분위기가 될 수 있다고 생각합니다.

Tip 1-6. BWI (Biblical Worldview Integration)
Overman & Johnson의 *Making the connections : how to put biblical worldview integration*, 『진리와 하나된 교육』(예영커뮤니케이션, 2007)에서 제시된 '성경적 세계관 통합 방법', 모든 교과교육 내용에 성경적 세계관 5가지 요소 중 1개를 연결시켜 수업에 성경적 세계관을 접목시켜 가르치는 수업설계방법이다.

김혜선 : 우리 학교는 정부지원을 받고 있습니다. 그러나 정부로부터 지원을 받기 때문에 정부가 시키는 대로 해야 한다는 생각에 대해서는 동의하지 않습니다. 왜냐하면 정부지원은 마땅한 것이기 때문입니다. 학교는 수업료로 운영되어야 하는데, 정부에서 일괄적으로 수업료 인상을 관리하면 학교가 정부지원을 받는 것은 불가피합니다. 하지만 저는 정부지원 때문에 자율성이 없어진다고는 생각하지 않습니다.

사실 교육과정도 정해진 틀 속에서 나름대로 융통성 있게 운영할 수 있습니다. 그러니까 우리가 돈 때문에 기독교교육을 제대로 못한다는 것은 사실 1부터 100까지의 이유 중 단지 한 가지 이유에 해당할 것입니다. 돈 때문에 기독교교육을 잘하지 못한다는 것은 변명입니다. 진짜로 기독교교육을 잘하지 못하는 이유는 따로 있습니다.

그것은 바로 기독교교육의 리더들이 기독교교육에 대해 잘 모르기 때문입니다. 저도 몰랐습니다. 기독교교육에 대해 막연하게만 알고 있었지, 우리가 가야할 방향은 어디인지, 어떤 일을 판단할 때 무엇에 기준을 두어야 하는지, 또 기독교 교사 훈련이 왜 중요하고 성경을 중심에 두는 것이 왜 소중한지, 전체적으로 기독교적 분위기를 만들기 위해 어떤 노력을 해야 하는지와 같은 것에는 깨어 있지 못했습니다. 그냥 우리 학교는 예배를 드리고 있고, 성경을 가르치고 있고, 선교를 위해 설립되었다는 것만 생각했습니다. 그런데 그게 아니라는 겁니다. '기독교교육을 잘 할 수 있다, 없다.'는 '돈이 어디서 오느냐?'가 아니라 '리더가 어떤 생각을 하느냐?'에 달려 있습니다. 기독교 공동체 선생님들이 하나님의 말씀을 얼마나 체험적으로 받아들이고 순종하며 그것을 아이들에게 가르치느냐가 중요한 것이지 돈이 좌우하는 것은 아닙니다.

인가 학교에서는 '종교의 자유'와 '종교교육의 자유'가 서로 갈등을 일으킬 수 있지 않을까요?

정승관 : 기독교학교에서도 특히 종교교육에 대한 문제들이 불거지긴 하는데, 학생들이 선택할 수 있는 학교인 경우에는 종교교육이 가능하다고 생각합니다. 왜냐하면 사립학교는 그 학교가 세워지는 건학이념이 분명히 있거든요. 그리고 '각 학교가 지니고 있는 건학이념이 아주 충실하게 살아나면 그 나라의 정신과 철학이 살아난다.'라고 볼 수 있습니다. 그런데 강의석 군 같은 경우는 학생이 전혀 선택할 수 없는 상황에서 종교교육이 이루어졌다는 점에서 문제가 있습니다. 그러니까 '일괄적으로 종교교육을 하는 게 옳은가, 안 하는 게 옳은가?'와 같이 판단해서는 안 됩니다. 물론 국가차원의 공립학교에서는 그것을 공평하게 할 필요가 있습니다. 하지만 사립학교 중에서 종교를 기본이념으로 하는 학교에 대해서는 그 교육을 할 수 있는 권한을 주는 게 맞다고 생각합니다. 단, 그것에 대해서는 충분히 공개가 되어야 하고요. 그죠? 학생들이 선택할 수 있도록 하면 좋겠어요.

기독교학교가 공교육 안에서 제대로 교육하려면 재정적으로 자립해야 한다는 의견이 많던데요. '자립형(혹은 자율형) 사립고'로의 전환의사가 있나요?

신기영 : 자립형 사립 고등학교(이하 자사고)는 전체 운영비의 20%를 재단이 부담해야 하기 때문에 국내에는 자사고가 몇 개밖에 되지 않습니다. 재정의 20%에 해당하는 돈은 어마어마합니다. 현재 사학들 중

에서 재정의 20%를 낼 수 있는 재단은 거의 없습니다. 우리는 이번 정부[3]가 이를 완화해서 자율형 사립고를 제안하고 있는 것에 관심을 갖고 있습니다. 자율형 사립고 재단 부담금이 3% 정도 떨어졌기 때문에 지구촌 학교와 같은 재단으로 있는 일반 사립 학교인 이사벨 학교 쪽에서도 자율형 사립고를 생각하고 있습니다. 1년 재정의 3%는 약 1억 5천 정도 됩니다.

정승관: 자사고를 문자적 의미로만 보면 우리나라에서는 오해가 심하다고 생각합니다. 저는 '자사고'라는 말이 나오기 오래 전부터 "우리 학교는 자사고를 하자."라고 했습니다. 학교가 경제적인 자립을 해서 국가에서 인정은 해 주지만, 학교의 교육철학을 살려가는 실질적인 자사고로 만들고 싶었기 때문입니다. 하지만 제가 생각했던 자사고와 지금 우리 사회에서 말하는 자사고는 그 의미가 조금 다른 거 같습니다. 그래서 지금은 자사고가 크게 의미가 없지 않나 하는 생각이 듭니다. 또 기독교 정신과도 상당히 맞지 않는 것 같고요.

> **Tip 1-7. 자립형 사립고와 자율형 사립고**
> '자립형 사립 고등학교'(自立形 私立高等學校, 또는 약칭하여 자립형 사립고/자사고/자립고)는 대한민국 고등학교의 한 형태로, 정부지원금 없이 독립된 재정과 독립된 교과과정으로 운영되는 학교이다. 이는 고등학교 평준화 이후 발생한 문제점을 해결하기 위해 도입되었으며, 학교 재정은 대부분 학생 등록금에 의지하고 있다. 교육과학기술부의 영향을 받지 않는 교육은 가능하지만, 재정을 충당하기 위해 학생의 부담이 큰 편이기 때문에 귀족 학교로 비

---
3) 여기서 이번 정부는 이명박 정부를 말한다. 실제 이명박 정부에서 자립형 사립고보다 조건이 완화된 자율형 사립고 제도가 도입되었다.

판받고 있다. 하지만 일부에서는 등록금에 비해 높은 수준의 교육을 받기 때문에, 적절하다고 보는 시각도 있다.

현재 대한민국에는 6개의 자립형 사립 고등학교가 있는데, 그 학교로는 민족사관고등학교, 상산고등학교, 해운대고등학교, 현대청운고등학교, 광양제철고등학교, 포항제철고등학교이다.

'자율형 사립 고등학교'란, 기숙형 고등학교, 마이스터 고등학교와 함께 학교의 다양성과 자율성을 확대하기 위하여 추진 중인 '고교 다양화 프로젝트'이다. 이는 다양하고 좋은 학교 더 만들기의 일환으로, 학생의 학교 선택권과 사립 학교 본연의 자율성을 확대하기 위하여 건학이념에 따른 교육과정 운영, 능력에 따른 무학년제 수업, 수업일수 증감 등 학사운영의 자율성을 확대하는 고등학교로 기존에 전국 6개의 자립형 사립고 시범운영 과정에서 나타난 학생선택권 확대, 학생·학부모 만족도 증가 등 성과는 확대시키고, 높은 전입금부담(학생 납입금 총액의 25%), 사교육비 유발 등 문제점은 최소화하는 모델이다.

자율형 사립 고등학교의 지정은 시·도교육감이 일반계 사립학교를 대상으로 한다(시행령 안 제106조 제1항). - 평준화 지역에서 교육감이 자율형 사립 고등학교를 지정하기 위해서는 교육과학기술부 장관과 사전협의를 해야 한다(시행령 안 제106조 제7항).

비평준화 지역의 입학전형은 지필고사 외의 방법으로 학교 자율적으로 선발하고, 평준화 지역의 입학전형은 시·도교육감이 결정한다(시행령 안 제82조 제7항, 규칙안 제3조) - 학생 모집은 전기에 일반계 고등학교에 앞서 실시하며(시행령 안 제80조 제1항), 광역 시·도 단위에서 모집한다(시행령 안 제81조 제3항) - 국민기초생활보장수급권자, 차상위계층 등 사회적 배려대상자는 정원의 20% 선발을 의무화할 계획이다(시행령 안 제82조 제8항).

자율형 사립고등학교로 지정되기 위한 법인전입금 최소부담 기준은 특별시·광역시 소재 학교의 경우 학생 납입금 총액의 5% 이상, 도 소재 학교의 경우 3% 이상으로 하고, 구체적인 기준은 시·도 교육규칙으로 정한다(시행령 안 제106조 제5항, 규칙안 제4조) - 학생 납입금은 시·도교육청에서 자율적으로 결정하도록 하되, 재정결함보조금은 지급하지 않는 것으로 하였다.

학교의 자율성을 확대하는 방향에서 국민공통기본교육과정의 최소 이수단위는 교육과학기술부 장관이 결정·고시하고, 선택중심교육과정은 학교 자율로 편성 운영하도록 한다(시행령 안 제106조 제4항).

자율형 사립 고등학교는 교육감 소속하의 「자율형 사립 고등학교 지정·운영위원회」에서 5년 단위로 평가를 실시하고(시행령 안 제106조 제3항) - 평가결과는 공개하도록 하며, 평가결과에 따라 재지정 여부를 결정하도록 했다.

진정한 의미의 사학 등장, 학교 자율성 강화, 학교 선택권 확보 등 긍정적인 면이 많지만, 고교 서열화를 가져오게 될 것이라는 부정적인 여론도 만만치 않다.

🌸 **생각할 문제**

1. 기독교학교의 법적 지위에 대한 문제는, 그 학교의 비전과 연결되어 있습니다. 즉 '섬김의 대상을 어떻게 설정하느냐?' 하는 것과 연결됩니다. 그러나 이는 교육철학만의 문제가 아니라, 현실적인 문제이기도 합니다. 왜냐하면 이것이 설립주체의 재정규모와 국가법에 순종하는 것에 대한 문제와도 연결되기 때문입니다. 만약, 당신이 지금 기독교학교를 설립하려는 주체라면, 인가 학교와 미인가 학교 중에서 어느 쪽을 선택하겠습니까? 왜 그렇게 선택했는지 다른 사람과 함께 이야기해 봅시다.

2. 기독교학교를 하는 데 있어서, '교육과정 편성권'과 '학생 선발권'이 갖는 의미에 대해서 같이 토론해 봅시다. 이러한 자율성은 어떤 의미에서 필요하며, 어느 정도 필요하다고 생각하십니까?

★ 이것만은 꼭~!

기독교학교의 법적 인가 문제는 학교의 철학과 상황에 따라 다양하게 접근해야 합니다. 앞에서 자세하게 설명한 것처럼 인가를 받을 경우 얻을 수 있는 좋은 점과 나쁜 점 이 양자를 신중하게 고려해야 합니다.

인가문제와 관련해서 원칙적으로 기독교학교는 국가의 법적 테두리 안에서 활동하는 것이 올바른 태도입니다. 초중등교육법과 사립학교법 등에 기독교(대안) 학교를 설립·운영할 수 있는 규정이 있기 때문에 기독교학교는 이 규정에 따라야 합니다. 그러나 현재의 법 규정이 학교교육의 자율성을 확보하지 못하고 있고, 특히 신앙교육을 실시하는 데 많은 제약이 있어 종교교육의 자유를 인정하는 헌법정신에 어긋나는 부분이 있는 것이 사실입니다. 그래서 법적 인가를 받지 않은 상태에서 기독교교육을 실시하는 기독교대안학교의 형태도 현실적으로 선택 가능한 방안이라고 생각합니다. 그러나 교육시설의 미비, 교사진의 자격 미달, 교육 프로그램의 비체계성 등과 같은 교육의 질을 확보하지 못해 인가를 받지 못하는 것은 기독교학교로서 문제가 있다고 할 수 있습니다.

기독교학교가 지향해야 하는 바는 학교교육의 수준이 일반 학교에 비해 떨어지지 않으면서도 기독교교육을 제대로 실현하는 것입니다. 이를 위해서 법 규정이 요구하는 수준의 학교 여건을 갖추기 위해 노력하는 것이 기독교학교가 마땅히 해야 할 바입니다. 그리고 난 뒤 기독교교육을 실시하는 데 현재의 법과 제도가 많은 제약을 주고 있다면 한시적으로 미인가로서 학교교육을 실시할 수 있습니다. 그러나 동시에 자율적인 학교운영과 신앙교육을 할 수 있도록 법과 제도의 개선을 위한 노력을 경주해야 할 것입니다.

2장
학교의 재정운영 문제

☞ **이 과의 질문 포인트**

1. 학교운영을 위한 재정은 주로 어디서 확보하나요?
    (국가 보조금?, 학교재단?, 학부모?)
2. 학비가 얼마나 되나요?
3. 학교 1년 예산은 어느 정도 될까요?
4. 초기 학교 설립 비용은 얼마나 될까요?
5. 학교재정을 안정적으로 확보하기 위한 좋은 방안이 있나요?
    (기부금, 입학금, 예탁금, 후원의 밤 등)

중앙기독초등학교 학생들

2장 학교의 재정운영 문제

재정문제에 대해 질문하고 싶습니다. 사실 학교 설립에 있어서 가장 실제적인 부분이라 답변에 어려움이 있으실지 모르겠습니다. 하지만 상세한 답변 부탁드립니다. 학교운영비는 어디서 나오나요? (국가보조금, 학비, 재단지원금 등) 대략적인 비율이 궁금합니다.

김의환 : 우리 학교는 사실 재단이 굉장히 약합니다. 설립 초기에 학교를 위한 땅을 내놓으면서 이 땅으로 어떻게든지 학교를 설립해 보자고 해서 시작했습니다. 그리고 땅 외에도 작은 건물 몇 개가 있었습니다. 처음에는 이 건물로 학교를 시작했는데 그러다 보니 학교운영, 학교에 기본적으로 필요한 교실이나 체육관, 남녀 기숙사 등 대부분의 시설에 대한 비용을 학부모님들이 다 부담해야 했습니다. 그래서 학부모님들의 재정 부담이 굉장히 컸지요. 교육비와 운영비, 생활비를 비교해 보면, 교육비가 약 50%, 생활비가 약 25%, 운영비가 약 25%였습니다.

정승관 : 저희는 2001년까지 학교운영을 위한 국가 지원을 전혀 받지 않았습니다. 2001년까지는 우리 자체 내에서 농사지은 것, 학생들이 등록금을 낸 것, 서울에 있는 법인 건물세 등으로 1년에 몇 백만 원 정도의 수입을 내서 학교를 운영했습니다. 그렇게 할 수 있었던 결정적인 이유는 선생님들의 월급을 아주 적게 주면서 학교를 운영해 왔기 때문입니다. 그런데 2001년도에 저희가 고등 이후 과정인 '전공부'를 만들었

는데, 학생 수가 너무 적어서 도저히 운영할 수가 없었습니다. 그래서 그때까지 했던 것을 '전공부'에서 맡기로 하고 고등부는 국가의 지원을 받기로 했습니다. 그래서 재정보조금을 일반학교처럼 받게 되었습니다. 우리 학교는 정부국가보조금 중 '재정결함보조금'이라는 것을 받았습니다. 물론 등록비도 있습니다. 그리고 재단지원금은 현재 '전공부'에서 다 쓰도록 되어 있습니다.

그런데 저희가 2001년도에 국가에서 지원받을 때 선생님들은 반대했습니다. 그대로 유지하는 것이 좋겠다는 생각이 있었기 때문입니다. 그때 선생님 봉급이 한 70-80만 원 정도 받을 때였거든요. 그때도 우리가 아직은 좀 더 경제적으로 독립한 상태에서 학교를 운영하는 게 좋겠다고 했어요. 그런데 도저히 방법이 없어서 국가의 지원을 받기로 하고 몇 가지 약속을 했지요. 그것이 무엇이냐 하면 우리 학교는 머리도 없고 꼬리도 없다고 해서 '무두무미(無頭無尾)'라고 했습니다. 예를 들어 우리 학교는 교장실도 사랑방이라고 되어 있습니다. 대외적으로는 교장이라는 직함을 가지고 있지만, 여기서는 저를 아무도 그렇게 부르지 않습니다. 저도 일반 선생님처럼 수업을 하고, 모든 일은 다 교사회에서 결정합니다. 그것의 상징적인 의미가 봉급을 다 똑같이 주는 것이었습니다. 처음 오신 분이나 오래 계신 분이나 말입니다. 그 당시에 선생님들이 어떤 약속을 했냐면, 정부의 지원으로 갑자기 선생님들의 호봉 액수가 굉장히 높아지니까 "그거 다 모아 일부를 잘라서 1/n로 나누자. 그리고 나머지로는 학교 시설을 만들자."라고 했습니다. 그렇게 해서 기숙사도 짓고 했는데, 그 후에는 그것 때문에 감사에서 아주 호되게 혼이 났습니다. 우리가 잘 몰랐던 거죠. 어떤 법인인 경우에는 그런 것을 악용할 수도 있기 때문에 국가적으로는 그것을 분명히 문제시하는 것이 맞다고 생각해요. 그때 선생님들이 그랬던 이유는 '무두무미(無頭無尾)'의 의미를 살리자는 거였고, 또 한 가지는 우리가 언젠가 다시 독립할 때를 위해 이전 체제를 유지하자는 것이었습니다. 가난하게 살 수 있는 것이 굉장히 좋은 능력이거든요. 하지만 감사 제제를 받고 나서는 조금씩 각자 알아서 하는 형태로 인건비에서 인턴제를 활용한다든지, '전공부'를 좀 돕는다든지 그런 식으로 하고 있어요. 저희 학생들의 학비는 일반 학교와 거의 같습니다.

> **Tip 2-1. 전공부**
>
> - '풀무농업고등기술학교 환경농업전공부'의 줄임말. 풀무학교가 고등학교 이후 과정으로 만든 대안 대학
> - 풀무학교 홈페이지 "시작하면서" 발췌문 중(http://www.poolmoo.net/)
> "… 기본과정인 고등부만 마치고는 농촌 현장에서 일할 조건이 되지 못해 전공부 과정까지 연장해야 할 필요를 느끼게 되었습니다. 전공부는 시장경제와 경쟁에 대체할 세계관인 -다양성, 상호의존, 개체 속 전체, 순환, 조화, 자발적이라는- 생태의 보편법칙 실현에 농업이 가장 핵심 위치에 있다고 생각합니다. 또한 소농이 지역의 다양성을 살려 안전한 먹거리를 생산하고 함께 나누며, 모든 이해 당사자의 참여로 농민의 주체성을 회복하는 것이 평화 사회 실현에 중심축이 된다는 믿음을 지니고 있습니다. 이러한 믿음을 지닌, 농업과 농촌을 일으킬 농민을 기르고자 오랜 준비 끝에 새 세기가 시작하는 2001년에 전공부가 개교하였습니다. 전공부는 지역 속에 뿌리를 내리는 공동체 교육을 교육의 본질로 추구하는, 울타리 없는 풀뿌리 주민지역대학, 마을과 더불어 사는 대안대학이 되고자 합니다."

홍배식 : 학교운영비는 정부국가보조지원금이라고 말했는데, 사실 사립학교 입장에서는 이것을 국가보조금이라고 말하는 것에 동의하지 않습니다. 왜냐하면 이것은 우리가 원해서 받은 것이 아니거든요.

국가보조금이란 국가에서 사립학교를 평준화하면서 등록금을 정해 주고 재정이 모자라면 국가에서 도와주겠다고 한 것입니다. 그러니까 국가에서 의무적으로 등록금을 못 올리게 하고 지원해 주겠다고 한 돈이지 정말 우리가 원해서 받은 돈은 아닙니다. 우리가 원해서 받은 돈도 아닌데 등록금은 국가에서 일률적으로 정해 주고 운영이 안 되니까 국가가 지원해 준다는 것이지요. 사실 우리나라는 고등학교까지 거의 의무 교육이라서 국가에서 해야 할 교육을 우리가 해 주고 있는 것입니다. 따라서 이 보조금은 국가가 당연히 내야 할 돈이라고 생각합니다.

일본이나 호주, 캐나다와 같은 다른 나라의 경우를 보면 사립학교들도 학생 수에 비례해서 국가에서 돈을 지원해 주고 있습니다. 바우처 제도와 비슷하게 말입니다. 국가가 해야 할 일을 사립학교에서 대신 해 주고 있기 때문입니다. 그런데 외국의 학교들은 놀랍게도 등록금이 비쌉니다. 지금 한국의 '자립형 사립 고등학교' 같은 경우에는 등록금을 올리고 국가는 도와주지 않겠다고 하는데, 그곳은 일반 공립학교보다 등록금이 몇 배 비싸지만 국가에서 다 도와주고 있습니다. 그러니까 국가에서 사립학교를 바라보는 개념 자체가 다른 것이지요.

우리는 여기서 말한 대로 정부국가보조금이나 학부모등록비, 재단지원금으로 학교운영비가 나오고 있습니다. 비율은 매년 바뀌어서 잘 모르겠습니다. 국가에서 조금 더 줄 수도 있고, 조금 덜 줄 수도 있습니다. 국가에서 "금년에 이렇게 정했습니다. 이렇게 주겠습니다."라고 하면 끝입니다. 캐나다 같은 경우는 국가에서 한 40-50% 정도를 지원해 줍니다.

> **Tip 2-2. 재정결함보조금**
> - 사립학교에 대하여 국가가 재정적으로 부족한 부분을 보조해 준다는 의미의 기금으로 보통 교사 인건비 등을 국가가 지원해 준다.
> - 사립학교 재단들이 재정을 내고 부족한 부분을 국가가 메워 주는 형태로 되어 있기 때문에 실제로 사립학교들은 자체 재단 재정을 거의 쓰지 않는다. 즉 모든 금액을 지원받는다고 할 수 있다.

김상희[4] : 일반적으로 사립 초등학교는 정부보조가 거의 없습니다. 현재 우리 학교 같은 경우는 전체 예산의 90%를 학부모들이 부담합니다. 그 외에는 재단지원금이 1년에 10억 정도가 됩니다. 그 재단지원금은 장학금, 시설 등의 여러 명목으로 사용되는데, 모두 중앙침례교회와 원천침례교회 헌금으로 이루어지고 있습니다. 퍼센트로 따지면 전체 예산에서 재단지원금이 10%가 넘습니다. 그런데 저희의 경우, 기업 지원이 아니라 교회 헌금이기 때문에 1년에 10억이라고 하는 돈은 사실 엄청난 것입니다. 기업에서 1년에 100억 지원해 주는 것 이상으로 큰 가치가 있는 것이지요. 그래서 항상 감사해하고 있습니다. 가끔은 학교에 헌금해 주시는 분들께 아이들이 감사편지를 써서 보내기도 합니다. 생활이 어려운 아이들을 위한 장학금도 준비하고 있지만, 일반학교보다 비교적 많은 비용을 부담해야 합니다. 초등학교 아이들 같은 경우는 1

---
4) 2장 재정 부분에 대해서는 김요셉 목사님 대신 당시 학교법인 중앙학원 기획국장이셨던 김상희 기획국장님이 인터뷰를 하였습니다.

년에 수업료만 한 400만 원 정도 들어갑니다. 거기에 급식비나 스쿨버스까지 하면 600-700만 원이 되고요.

일반적으로 중학교 같은 경우는 전체 예산의 90%를 정부에서 보조받습니다. 학생들이 내는 것은 1년에 한 6-7만 원 정도됩니다. 학생들은 일반적으로 학교운영지원비만 내는 것이지요. 그런데 우리 중앙기독중학교 같은 경우는 아까 말씀드렸던 것처럼, 학생 선발권을 확보하기 위해 정부지원을 포기했습니다. 그래서 저희들은 아이들이 돈을 좀 많이 내고 있습니다. 급식비를 제외하고 수업료 명목으로 내는 것이 한 달에 한 50만 원 정도 됩니다. 부담이 적은 건 아니죠.

그럼 경제적으로 여유 있는 가정만 아이를 사립학교를 보낼 수 있는 것 아닌가요? 이런 문제를 해결하기 위한 장학금이 많이 있나요?

김상희 : 재정적인 측면에서 정부지원을 받지 않는 사립학교이기 때문에 이를 두고 귀족학교라는 이야기를 많이 합니다. 그런데 우리 학교는 귀족학교가 아닙니다. 생활보호대상자도 다니고 있으니까요. 모두가 기독교교육을 받고 싶어서 오는 학생들입니다. 장애학생들도 마찬가지고요. 기독교교육을 받고 싶어서 이 학교에 오는 아이들이 돈이 없어서 교육을 못 받으면 안 되잖아요. 그래서 그런 학생들을 위해 1년에 한 6억 정도를 장학금으로 지급합니다. 그러니까 분기마다 특수교육 장학금 예산이 정해 있어서 어려운 학생들도 우리 학교에 다닐 수 있도록 하고 있습니다. 초등학교 특히 사립에서 가정형편이 어려운 학생들에게 장학금을 주는 학교는 별로 없습니다. 물론 일반 학교도 장학금 제도

가 있지만, 우리 학교와는 다릅니다. 우리 학교에는 성적으로 1등한 사람이 받는 장학금은 없습니다. 그 대신 가정이 어려운 학생들과 부수적으로 목회자 자녀들을 위한 장학금이 있습니다.

그리고 저희는 장학금을 지원하는 방법 자체가 다릅니다. 선생님들이 아이들의 가정을 심방해서 형편을 확인한 후 아이들을 추천합니다. 추천서가 올라온 후에는 또 교목실에서 한 사람을 선정해서 다시 한 번 검토합니다. 그 후 장학위원들이 15명 정도 모여 선발합니다. 선생님들은 정말 가정형편이 어려운 학생들을 추천하기 때문에 웬만하면 다 장학금을 지원해 드립니다. 간혹 1년에 1-2명 정도는 심사에서 탈락하기도 하는데, 그런 부분들을 결정할 때도 정확한 기준이 있습니다. 예를 들어 빚보증을 선 경우입니다. 성경에 보증을 서지 말라고 되어 있거든요. 그런데 그것 때문에 빚 갚느라고 가정이 어렵다면 장학생으로 선발되기 어렵습니다. 또 그냥 단순하게 어떤 사람들은 "한 달에 300만 원을 버는데 아이들 수업료를 얼마 내야 하고, 집 대출이자를 150만 원씩 내야 해서 힘들어요."라고 말합니다. 이런 경우도 저희가 제외합니다. 대출이자는 나중에 자기 재산이 되기 때문이죠. 그런데 대출이자 이외의 것으로 일상생활을 하는 것이 어려울 수 있습니다. 예를 들어 평범한 회사원의 경우 우리 학교에 자녀를 3명 보내는 게 어렵거든요. 1달 수업료만 해도 50-60만 원이 넘는데, 3명이면 150만 원이 되잖아요. 보통의 경우는 수입 기준이 월 200만 원 미만인데, 이와 같은 경우는 300만 원이라고 하더라도 우리 학교에 자녀가 3명 다니면 장학금을 지원받을 수 있습니다. 장학금을 받을 수 있는 여러 조건들이 있는데, 그것을 통해 정확한 기준을 적용합니다. 기독교학교가 기독교 공동체니까 두루뭉술하게 많이 봐 준다고 생각하는데, 저희들은 범위는 넓게 잡아놓지만 선을 자를 때는 정확하게 자릅니다.

신기영 : 우리 학교에 국한해서 말하자면, 인가받은 학교임에도 불구하고 정부지원은 받지 않고 있습니다. 기독교적이고 선교사 자녀교육을 한다는 이유로 정부가 지원을 어려워해서 그냥 받지 않기로 했습니다. 지구촌고등학교는 현재 재정을 세 군데서 받는데 재단에서 매년 1억 5천, 학생 등록비에서 1억 5천, 일반 헌금에서 1억 5천을 받습니다.

그렇게 정부지원을 안 받으면 교사복지에 어려움이 있지 않나요?

신기영 : 네, 그렇죠. 하지만 그럼에도 참 놀라운 것은 하나님께서 우리를 먹이시고 살리시고 계신다는 점입니다. 그러기 위해서는 공동체가 먼저 그의 나라와 그의 의를 구해야(마 6:33) 합니다.

따라서 재정적인 안정을 위해 무엇을 해야 할지에 대해 고민하기보다 재정적으로 불안정하더라도 말씀에 순종할 때 하나님께서 필요한 모든 것을 공급해 주신다는 것을 깨달아야 합니다. 공동체 가운데 재정을 공급하시는 하나님을 경험해야 합니다. 그것이 되지 않으면 힘이 듭니다. 하지만 자본주의 사회에서 그런 결단과 생각으로 재정을 하나님께 의탁한다는 것이 쉽지는 않습니다.

그러나 그 의탁을 통해 하나님께서 공급하시는 것을 체험하는 그 공동체는 어떻겠습니까? 안정적인 재정에서 월급이 들어오는 공동체와 불안정한 재정이지만 그것을 하나님께서 채워 주시는 공동체 중 어떤 곳이 건강하겠습니까? 재정적으로 안정된 공동체가 건강한 공동체인 경우는 거의 없다고 생각합니다. 재정적으로 안정된 공동체는 하나님께서 역사하시는 데 한계가 있습니다. 오히려 우리는 하나님께서 헌신된 자들을 뭉치게 하는 공동체를 부러워해야 합니다. 저는 하나님의 공급을 채움 받는 교사들이 훨씬 더 주님을 사랑하다는 사실을 배웠습니다.

정기원 : 저희는 학부모들이 전체 재정의 80-90% 정도를 부담합니다. 교회에서 학교를 설립했으니까 교회에서 많은 부분 재정을 지원해 줄 것이라고 알고 있는 분들이 많은데, 꼭 그렇지는 않습니다. 실제 학교운영에 있어서 소요되는 비용에 대한 퍼센트를 따져 보면 교회에서 지원해 주는 부분은 5%도 안 됩니다. 그 대신 교회시설을 학교 용도로 쓰게 하는 그 비용을 따져 보면 엄청난 지원입니다. 나머지는 학부모가 내는 등록금과 후원금, 외부의 후원금으로 채우고 있습니다.

박은조 : 학교운영비는 전적으로 학부모 등록비와 재단 지원금 2가지로 이루어집니다. 지금 초등학교 같은 경우, 지원금이 1년에 한 2억 정도가 들어갑니다. 학생들이 매달 40만 원씩 내고 교회가 건물을 다 주는데도 그렇습니다. 중학교도 마찬가지입니다. 중학교의 경우, 건물은 전부 교회가 주는데도 운영을 위한 학교 개교 준비금이 4억 이상 들어갑니다.

 학생들이 월 학비로 얼마 정도를 내게 되나요?

김의환 : 초등과정인 경우 110만 원, 중등과정인 경우 120만 원, 고등과정인 경우 140만 원을 냅니다. 근자에 많이 올라서 이 정도까지 된 것입니다. 오르기 전엔 이보다 약 10-20만 원 정도 쌌는데, 올해부터 이렇게 올린 것입니다. 물론 기숙사비가 포함된 금액입니다. 초등과정은 기숙학교이기 때문에 지금 6학년만 있습니다.

박은조 : 샘물중학교의 경우 이번에 들어온 신입생이 74명입니다. 학교에 들어올 때 일반 아이들은 기본적으로 70만 원을 냅니다. 하지만 이사교회 아이들은 60만 원만 내면 됩니다. 또한 이사교회 중에서 장학금을 지원하는 교회의 아이들이 오면 50만 원을 냅니다. 하지만 첫 해 동안 실제로 한 아이에게 들어간 돈은 건물이나 운영비 등을 빼고도 120만 원이었습니다. 그 120만 원은 학교에 한 학년밖에 없어서 그랬습니다.

또 저희는 교사월급을 일반학교와 똑같이 줍니다. 하지만 이렇게 주면 사실 학교 입장에서는 부담이 큽니다. 그래서 우리 학교의 예전 교장 선생님 같은 경우는 1달에 150만 원, 1년에 1,500만 원 정도를 자기 연봉에서 내놓았습니다. 본인이 헌신을 하는 거지요. 교장 선생님 같은 경우는 이미 연금을 받기 때문에 월급을 많이 받지 않아도 괜찮았습니다. 그러나 자기가 자신의 월급을 깎으면 다음 교장 월급을 깎는 게 되니까, '받기는 받되 다시 돌려준다.'라는 식으로 지혜롭게 매월 50만 원씩, 100만 원씩 헌금하고 계십니다.

신기영 : 등록금 같은 경우 월 단위로 생각해 보면 장학금 받는 선교사 자녀, 북한 학생을 빼면 일반 학생이 15-20%가 되는데, 그 아이들

이 내는 기준으로는 기숙사를 포함해서 60만 원 정도입니다.

정승관 : 학비는 2008년 기준으로 분기당 129,900원이고요. 2007년과 2008년 학비는 같습니다. 이것은 국가에서 고시되는 것입니다. 그 다음에는 분기별로 육성회비 16만 원, 기숙사비 24만 9천 원, 그 밖에 기숙사 관리비가 조금 듭니다. 이 금액을 다 합하면 아마 월 40만 원 정도가 될 것입니다.

대체로 우리나라는 대안학교 학비가 비쌉니다. 그것은 분명히 문제가 있습니다. 그래서 "경제력 때문에 학교 입학이 제한된다. 가정형편이 너무 어려운 사람은 갈 수 없다."라는 말이 나옵니다. 저희는 그것은 아니라는 생각이 들어서 어려운 사람이 있으면 가능한 어떻게 해서든 장학금을 주려고 노력하고 있습니다. 저희가 해마다 정원을 28명 뽑는데, 그중 2명은 사회적 배려대상자를 뽑습니다. 장애가 있거나 보육시설에서 자라거나…. 그런데 이 아이들이 비슷한 조건일 때 저희들이 뽑는 우선순위는 가정형편입니다. 이 아이들은 가정에서 돌보기 어려운 사람이거든요.

홍배식 : 학비는 1년에 160만 원 정도입니다. 국가가 재정지원을 해주기 때문에 학부모가 부담해야 하는 금액이 적어지는 거죠.

정기원 : 저희가 학교를 처음 설립할 때는 서민들을 대상으로 한다고 해서 학교 등록금을 굉장히 저렴하게 잡았습니다. 그런데 1년 동안 학교를 운영하면서 그게 현실적으로 무리였다는 사실을 깨닫고, 2007년부터는 등록금을 인상했습니다. 처음에는 1달 등록금이 33만 원이었

는데, 지금은 약 45만 원입니다.

제가 처음 학교를 설립하는 분에게 제안하고 싶은 것은 다들 저희처럼 교회에서 지원금이 나올 거라고 예상하고 등록금을 저렴하게 잡는데, 그렇게 하면 안 되고 교회지원금은 받지 않는 것으로 생각해야 합니다. 그래서 학교가 유지되려면 등록금을 어느 정도 책정해야 하는지 현실화해서 가야 합니다. 왜냐하면 학부모들은 등록금을 보고 계산을 하기 때문입니다. 자녀를 보낼 때, '아, 이 정도 등록금이면 우리 아이 몇 명을 보낼 수 있겠다.'라고 생각하는데, 갑자기 등록금을 12만 원씩 올려 버리면 1달에 12만 원, 3달에 36만 원이 추가로 들게 되고, 만약 아이가 2명 다니고 있으면 72만 원이 더 들게 되니 부담이 될 수밖에 없습니다. 그렇다고 입학하고 2-3년 있다가 다른 학교로 전학 보낼 수 없으니까요. 초창기에 입학했던 60여 가정이 이런 고민을 했고, 그래서 일부는 떠나가기도 했습니다. 제가 봤을 때 전학 간 아이들의 10%는 경제적인 문제 때문이 아닐까 하는 생각도 듭니다.

지금 우리 학교는 1달 등록금이 45만 원에다가 하루에 승차하는 날 수로 계산해서 학교 버스비가 2,000원, 우유와 유기농 급식, 오후 간식을 포함한 급식비가 5,000원입니다. 이렇게 식비까지를 더하면 1달에 55만 원 정도 되고, 거기에다 버스비를 추가하면 60만 원은 필요합니다. 그래서 보통 분기당 165만 원 정도가 있어야 합니다. 달마다 날 수가 바뀌니깐 조금씩 달라지긴 합니다. 물론 학원비가 하나도 안 들어간다는 전제조건에서 보면 학원비를 조금 더 낸다고 생각하면 되지만, 그래도 액수가 커서 학부모 입장에서는 부담인 것 같습니다.

 아무래도 교회가 지원한다면, 학부모의 부담이 좀 줄지 않을까요?

정기원 : 제가 봤을 때 교회로부터 재정지원은 3년 정도 받는 게 좋다고 생각합니다. 일반적으로 교회가 학교를 설립하는 데 당회장 목사님이 아무리 강력한 리더십을 갖고 있고 교육에 대한 필요성을 강조한다고 해도 성도님들 모두가 학교 설립에 동의하는 것은 아니기 때문입니다. 자기 자녀가 그곳에 다녀야 마음이 가는 건데 자녀가 다니지도 않는데 교회가 매년 몇 억씩 학교에 투자한다고 하면 "헌금이 그렇게 가네."라고 하면서 불만을 제기하는 분들이 있거든요. 그 수가 적으면 관계없는데 인원이 어느 정도 많아지면 목사님도 부담을 느끼시는 거죠. 그래서 3년 정도는 교회지원금을 받더라도 그 후에는 학교가 재정적으로 자립하는 것이 좋습니다. 그렇지 않으면 교회로부터 지원받은 만큼 간섭을 받게 됩니다.

우리 학교가 지금 교사들에 의해 100% 학교운영을 할 수 있는 것이 이것 때문입니다. 장로님들이 학교 인사에 관여하지 않으시거든요. 이사회에 말하면 바로 처리할 수 있는 게 교회로부터 거의 재정지원을 받지 않으니까 가능한 거죠. 그런 부분에서 우리 학교는 참 감사한 것 같아요. 다른 지역에 설립된 학교는 어려움을 겪고 있습니다. 모든 학교운영비를 교회가 다 지원해 주니까 장로님들이 학교에 너무 많이 개입하시는 거죠. 교사들의 인사 문제까지요. 그걸 보면서 저는 지금 우리 학교의 상황을 감사하게 생각합니다. 교회의 재정지원으로부터 가능한 자유로워지는 것이 진정한 대안학교의 모습으로 갈 수 있는 길이 아닌가 싶기도 하고요.

 학교 1년 예산을 얼마나 잡아야 할까요?

신기영 : 우리 학교는 학생이 60, 70명 있는데, 1년에 약 4억 5천이 듭니다.

김의환 : 우리 학교는 2009년 신입생까지 포함하면 학생이 270명 정도 됩니다. 이 기준으로 보면 1년 예산이 40억 정도 들어갑니다. 언제까지 일지는 모르겠지만, 시설에 대한 투자는 계속 필요합니다. 하지만 10년 정도만 지나면 시설투자는 더이상 하지 않아도 되지 않을까 하는 생각이 듭니다. 그러면 그때부터는 등록금을 내릴 수 있습니다. 지금은 등록금뿐만 아니라 기부금, 입학금도 거의 다 시설투자에 들어갑니다. 이런 문제들이 학교를 운영하는 데 있어 참 힘든 부분입니다. 거기다가 학생 대 교직원의 비율이 한 1:6, 1:7 정도로 낮기 때문에 지출은 굉장히 많은 편입니다. 그런 부분이 좀 어렵습니다. 교사들의 연령도 지금 30대가 한 70-80% 정도 됩니다. 30대 초중반이 대부분이고, 저처럼 60대 초반인 사람들도 조금 있고, 이제 막 들어오는 20대 신입교사들도 있습니다. 그러나 주류는 30대라고 할 수 있습니다. 이분들이 10년만 지나면 40대가 돼서 자녀들이 다 크는데, 그때가 되면 자녀교육이 이분들에게 상당히 큰 문제로 다가올 것입니다. 지금부터 기도하면서 대안을 준비해야 합니다.

정승관 : 교육청 지원금과 등록금을 합하면 예산이 10억 정도 들어갑니다. 저희가 한 학년에 28명씩, 전교생이 총 84명입니다. 사실은 국

가가 운영한다고 봐도 과언이 아니죠.

김상희 : 전체 규모로 말하자면 초등학교는 950명, 예산이 70억 정도 들고요, 중학교는 252명, 예산이 21억 정도 듭니다. 예산 규모는 아이들의 숫자에 비해서는 굉장히 큽니다. 그 이유가 초등학교임에도 불구하고 예체능 과목을 전부 전공자 전담 교사가 가르치고 있기 때문입니다. 그래서 정규 담임교사보다 전담교사 숫자가 더 많습니다. 영어 같은 경우는 원어민 교사들을 씁니다. 그러다 보니까 인건비가 많이 들어갑니다. 일단 인건비나 수업료 기자재 부분들은 학부모들이 다 부담하고 있다고 볼 수 있습니다. 그래야 학교가 인가를 받을 수 있으니까요. 그 이외에 부수적으로 필요한 시설들이나 또 예산 내에서 할 수 없는 것들, 장학금이나 통합교육을 위한 재원들은 교회에서 지원받는데 재정의 10% 정도를 차지합니다.

박은조 : 샘물중학교의 경우 학부모 등록비, 학부모가 지원하는 경비, 재단지원금이 있고, 기숙사는 없습니다. 현재 우리 중학교 예산은 1학년이 74명인데, 7억 7천 정도가 듭니다. 아이들 등록금과 입학금으로 100만 원씩을 내니까 학부모 쪽에서 5억 7천이 나오고, 재단에서 나오는 후원금이 2억 정도 됩니다. 교회나 뭐 다른 곳에서요.

정기원 : 2005년에 학교를 설립할 때 60명으로 시작했는데, 그때 상근 직원이 7명, 강사가 5명 정도 됐습니다. 그 인원에서 1년 예산은 6억 정도였습니다. 지금은 한 13억 정도 되는 거 같습니다. 올해는 학생이 160명이 됐거든요. 제가 보니까 학생이 60명일 때는 적자 운영을 할 수

밖에 없습니다. 학교운영 자체가 너무 힘들죠. 학생이 120명 정도 되니까 이제 조금 숨통이 트이는구나 싶고, 150명이 넘으니까 큰 후원금 없이도 자립이 됩니다. 그렇다고 예산이 남는다는 말은 아닙니다.

 초기에 학교를 설립할 때 들어가는 순수비용은 얼마나 되나요?
(건물, 부지, 학교시설 등)

신기영 : 초기 비용은 건물 25억, 부지 50억이 들었습니다. 학교시설 비용은 계속 드니까 초기에는 남들이 버린 것을 들고 와서 사용했습니다. 초기 시설 같은 경우 주변의 기독교학교와 협력할 수 있다면 국고 재정을 받는 일반학교들이 시설을 교체할 때 그것을 가져다 쓰면 좋습니다.

김의환 : 저희는 충남 서산에 있는 시골학교입니다. 땅값이 비싸지 않은 시골지역에서 학교를 시작한다고 하더라도 적이도 100억 정도는 필요하지 않을까 하는 생각이 듭니다. 우선 적어도 땅이 한 1-2만 평 있어야 하니까 땅값만 20억 가까이 들 것이고, 교실, 강당, 운동장, 기숙사 등 나머지 시설도 지어야 하기 때문에 적어도 100억 정도는 있어야 적정 규모의 학교를 시작할 수 있을 것 같습니다. 저희는 그럴 만한 재정이 없어서 대출에 의존해 어렵게 학교를 운영해 왔습니다만, 학교는 처음부터 어느 정도 자산을 가지고 시작해야 안정감이 있다는 사실을 강조하고 싶습니다.

김상희 : 학교를 인가받은 형태로 지으려면 사실 초기 비용이 많이

듭니다. 그리고 건축비 같은 경우도 지금 우리가 건물 2개가 있는데 본관 건물은 15년 전에 지어졌고 새 건물은 3년 됐는데, 이 건물의 건축비로 212억이 들었습니다. 물론 다른 학교보다 시설 면에서 잘 지은 건물이기는 하지만요.

일반적으로 지금 교육청에서 고등학교를 짓는다고 할 때 건축비를 100억 정도 예상합니다. 왜냐하면 운영의 효율성을 위해서는 최소한의 학급수가 필요하기 때문입니다. 보통 학년 별로 10학급 이상을 만듭니다. 만약 10학급 이상 만들게 되면 고등학교 같으면 3학년이니까 30학급 이상이 됩니다. 거기에 음악실, 미술실, 과학실, 교무실, 상담실, 화장실, 휴게실을 다 짓다 보면 건물 규모가 커집니다. 그래서 교육청에서는 고등학교 건축비를 100억 정도로 잡고 있습니다. 저희들은 고등학교가 아닌데도 200억 들었으니까 사실은 좀 많이 들긴 한 것입니다. 그 안에 시설물, 책걸상, 컴퓨터 이런 거 다 넣으려면 한 2-3억 더 있어야 합니다. 그렇게 예산이 들어가기 때문에 사실은 인가받은 학교를 짓기 위해서는 비용이 상당히 많이 듭니다. 그래서 일반적으로 어떤 교회의 단순한 헌금만으로 시작하기에는 굉장히 어려움이 있습니다. 수입도 남는 것이 없고요. 교회에서 학교를 지원해 주지 않으면 진짜 교육은 하지 못합니다. 이익을 생각하지 않고 하신 분들 중 지금 대안학교를 시작하신 분들이 있습니다. 하지만 대안학교들은 꽤 있는데 인가 학교는 지금 엄두를 못 내고 있습니다.

가끔 초등학교를 운영하면서 나오는 이익금을 교회에서 사용하려고 하는 분들이 있습니다. 앞에서도 말씀드렸다시피, 수업료에서 모든 인건비를 다 충당해야 하기 때문에 학교로 들어온 수업료 같은 것들이 절대 교회로 나갈 수 없습니다. 만약 그렇게 되면 공금 횡령이 되는 것이죠. 학교 예산이 절대 교회로 나갈 수 없는데, 그게 가능하다고 생각하고 오시는 분들이 많습니다. 그러면서 "그러면 정부의 지원을 받는 중고등학교를 해야겠네요."라고 말하는 경우가 있습니다. 중·고등학교는 정부에서 인건비가 나오거든요. 저희는 정부에서 받는 인건비를 포기했다고 말씀드렸지만, 사립학교도 인가를 받으면 인건비는 나옵니다. 특히 고등학교 같은 경우는 건물을 지을 때 건축비도 지원됩니다. 전체 건축비 중 약 30%까지 지원받을 수 있습니다. 그러니까 고등학교를 지으려고 하는 사람들이 꽤 많습니다. 그런데 저희가 고등학교부터 시작하지 않았던 이유는 초·중학교 때부터 입시교육을 하던 아이들이 고등학교에 와서 과연 기독교교육을 받을 수 있을까 하는 생각 때문입니다. 우선 학부모님들이 난리 나죠. 우리가 뽑을 수 있는 것도 아니고…. 그래서 저희들은 기독교교육을 하기에 좋은 저학년 아이들을 대상으로 하고 있습니다.

박은조 : 샘물중학교를 설립할 때 준비비가 4억 필요했는데, 사실은 교과과정 연구비라든지 그 외에도 더 많은 비용이 들어갔습니다. 건물이나 이런 것은 전부 교회 쪽에서 부담했기 때문에 액수 계산에는 들어가지 않았습니다. 우리가 따로 건물을 얻어서 구조 변경을 하고 교육 집기들을 구입했으면 족히 10억은 들어갔을 겁니다. 그러니까 앞으로 2, 3학년이 계속 다 채워지고 건물세를 얻는다고 생각하면 적어도 20억 정도는 투자해야 합니다. 그리고 구조를 변경하고 기구도 사다 넣어야 합니다. 사실 준비비 4억은 교회가 사 준 교구나 책걸상을 제외한 최소한의 비용입니다. 그래서 교회와 같이 하는 것이 좋습니다. 교회는 사실 주변에 공간을 좀 남겨 놓지 않습니까? 그러니까 교회가 하

면 그만큼 유리합니다.

정기원 : 일단 건물임대료가 필요합니다. 저희는 교회의 도움으로 건물을 임대하지는 않았으니까 구조 변경비만 들어갔습니다. 그 당시 구조 변경비가 1억 2천 정도 들어갔는데, 교회에서 9천만 원 정도 지원해 주었습니다. 부족한 돈 4천만 원은 어떤 분에게 이자 없이 빌렸습니다. 1달 만에 갚겠다고 했는데, 결국은 3년 만에 갚았지요. 다행히 그분이 믿고 기다려 주셨습니다. 남은 1천만 원으로 학교에 필요한 시설을 구입했습니다. 구조 변경비가 비쌌고, 책걸상비만 해도 60명꺼 다 채우는 데 거의 600만 원 넘게 들어갔습니다. 아이들 책걸상, 칠판, 교사 컴퓨터, 그것만 해도 한 2천 정도 있어야 합니다.

학교재정을 안정적으로 확보하기 위한 좋은 방안이 있나요?
(기부금, 입학금, 예탁금, 후원의 밤 등)

김의환 : 우리 학교 같은 경우에는 신입생들이 입학할 때 기부금과 입학금을 내도록 합니다. 이런 것들이 학교 재정에 큰 축을 점하고 있습니다. 그러나 이것이 안정적인 수입원이라고 말할 수는 없습니다. 때로는 학교의 진입장벽을 굉장히 높이는 경우가 되니까요. 가슴 아프게도 꿈의학교는 의도하지 않게 가난한 사람들이 입학하기가 매우 어려운 학교가 되었습니다. 물론 장학금 제도가 있긴 하지만 장학생의 숫자를 늘리고 싶어도 그렇게 할 수 없습니다. 학교를 운영해야 하니까요. 그래서 저도 굉장히 괴로울 때가 많습니다. 예를 들어 저희는 가끔 비난 전화를 받기도 합니다. "당신네들은 기독교학교를 한다고 하면서 그

렇게 비싼 학교를 만들어서 귀족들만 다니게 합니까? 그게 무슨 기독교학교입니까?" 이렇게 한참 퍼부어 대고는 끊어 버리는 분도 있습니다. 물론 저도 인정하지만, 모든 일에는 단계가 있는 것 같습니다. 이렇게 해서 꿈의학교가 경영 측면에서 안정화되면, 그때는 선교사 자녀와 탈북자 자녀들을 위한 학급도 만들 것입니다. 현재는 비난의 화살을 맞더라도 이렇게 갈 수밖에 없습니다. 말은 이렇게 하지만, 사실 이런 전화를 받으면 저희도 괴롭습니다.

저는 한국 교회가 기존에 있는 학교들을 지원해 주는 구조가 되었으면 좋겠다고 생각합니다. 저희 꿈의학교가 대안학교 중에서는 역사가 가장 긴 편이고 규모가 제법 큰 학교이다 보니까, 많은 교회에서 탐방을 옵니다. 교육목사, 교육전도사, 교육부서 담당 장로님들…. 이렇게 한 그룹이 방문해서 학교 역사, 학교 운영방안에 대한 이야기를 듣기도 하고 어떨 때는 우리 교장, 교감 선생님을 강의에 초빙하기도 합니다. 하지만 그중 대안학교를 도와주려고 오시는 분들은 거의 없습니다. 대부분 이곳에 오시는 이유는 이 학교를 모델로 해서 개교회에서 더 좋은 학교를 세우려는 것입니다. 물론 학교를 세우는 것도 좋은데 저희들 입장에서는 기존에 있는 학교를 교회에서 다방면으로 지원해 주면 좋겠다는 생각이 듭니다. 그렇지 않으면 기존에 있는 학교들이 다 사라질 수도 있습니다. 그래서 교회가 기존에 있는 기독교학교를 지원해 주는 캠페인이 있었으면 좋겠고, 특별히 큰 대형 교회들이 독자적인 대안학교 설립에 대한 움직임이 많은데 기존의 대안학교들도 생존할 수 있도록 섬세하게 주변을 좀 살펴 주었으면 좋겠습니다. 그 막강한 재력으로 최고의 교사들을 스카우트하고 최고의 월급을 주면서 경쟁적으로 학교를 운영하면, 이제 겨우 걸음마 단계에 있는 대안학교들은 큰 타격을 입을 가능성이 큽니다. 대형 교회는 재정이 튼튼하니까 학비를 싸게 할 수 있습니다. 생각해 보세요. 꿈의학교를 보내려면 한 달에 100만 원 이상이 드는데, 큰 교회가 운영하는 학교는 30만 원이면 충분합니다. 그렇다면 누가 자녀를 꿈의학교에 보내겠습니까? 그러니까 어떻게 보면 반가우면서도 위기의식이 동시에 느껴집니다.

언젠가 저희들도 지방에 있는 어떤 큰 교회로부터 제안을 받은 적이 있습니다. "우리가 재정적으로 학교를 도와줄 테니 우리 교회 출신 학생들을 좀 더 많이 뽑아 달라."고요. 하지만 이 문제를 논의하다가 결국은 없던 일로 했습니다. 그 이유는 학교운영 이사들 중 몇 명을 교회에서 파견하겠다는 조건 때문입니다. 그러니까 학교운영을 전적으로 학교에 맡기지 않고 교회에서 어느 정도 관여해야 한다는 것이었어요. 그래서 저희가 좀 받아들이기 어려웠습니다.

홍배식 : 참 어렵습니다. 우리나라에는 재정을 확보하기 위한 좋은 방안이 별로 없습니다. 그리고 재정을 잘못 확보했다가는 문제가 생기고요. 일일찻집 같은 것도 교육청에서는 권장하지 않습니다. 일일찻집으로 장학금 기금을 마련하는 것은 쉽지 않고, 그 액수도 크지 않습니다. 그리고 학부모의 헌신은 거의 없습니다. 결과적으로 제일 좋은 방법은 지역 교회와 연합하는 방법입니다. 지역 교회는 기독교학교를 돕고, 학교에서는 학생들을 전도해서 지역 교회로 보내는 '승-승(win-win)의 방법'이 제일 좋은 것 같습니다. 그러나 아직 많은 교회에서 학원선교의 중요성을 크게 생각하고 있지 않은 것 같습니다. 지역 교회는 기독교학교에 장학금을 지원하거나 교목을 파송하여 도와줄 수 있습니다.

우리의 경우에는 석천제일교회에서 우리 학교를 주일에 사용하는 대신 얼마의 후원금을 받고 있습니다. 그 밖에도 여러 교회들이 있습니다.

김상희 : 입학금은 합법적으로 가능한 부분입니다. 그러나 기부금은 없습니다. 또 저희들은 정식 인가를 받은 학교이기 때문에 예탁금을 할 수 없습니다. 인가받은 학교 같은 경우는 이런 부분에 대해 굉장히 조심해야 합니다. 지금 공립학교도 학교발전기금이라는 제도가 있긴 있지만, 그 용도가 굉장히 제한적입니다. 그리고 잘못하면 비리로까지 번질 수가 있어서 저희들은 학교발전기금을 활용하지 않습니다. 그 대신 학교를 위해 그냥 순수하게 도움을 주고 싶어 하시는 분이 많이 있습니다. 그런 분들에게는 교회를 통해 헌금하도록 하고 있습니다. 교회에 중앙기독초등학교를 도와주기 위한 헌금을 하면 교회에서 저희들에게 100% 다 줍니다. 또 저희들은 장학후원의 밤이 2년에 한 번씩 있습니다. 거기에 오신 분들은 저녁 밥값 대신 후원금으로 일인당 한 20-30만 원 정도를 내십니다. 그러면 밥값을 제외한 나머지 부분은 저희가 통합교육이나 장학금으로 쓴던지 합니다. 그런데 그런 일을 하더라도 철저하게 교회를 통해서 합니다. 그렇게 하는 이유가 그분들이 교회에 헌금하면 교회가 학교를 도와준다는 관계성을 좀 더 나타내고 하나님을 좀 더 드러낼 수 있기 때문입니다.

신기영 : 재정을 확보하기 위해서는 인가 학교이기 때문에 국고보조가 제일 안전합니다. 재단보조도 받고 있고 후원의 밤도 있지만 그것은 시설 위주로 합니다. 학교운영을 위한 후원의 밤은 하지 않습니다. 개인 헌금과 재단 전입금을 합하면 3억 들어오니까 재단전입금이 제일 안정

성을 띄고 있는 상태입니다. 학생 수는 줄 수 있고, 후원금은 내다 안 낼 수 있기 때문에 재단전입금을 확보하는 것이 중요합니다.

김혜선 : 재정을 안정적으로 확보하려면 일단 인가를 받아야 합니다. 그렇게 하면 나라에서 꼭 필요한 것은 대부분 제공해 주기 때문입니다. 사실 고교선택제 때문에 좋은 학생들을 모집(recruit) 해야 한다는 부담감도 있는데, 장학금을 주는 것이 가장 효과적입니다. 하지만 장학금을 주려면 발전기금으로 그 아이들을 지원해야 하는데, '그럼 장학금을 줄 수 있는 발전기금을 어떻게 모을 수 있느냐?' 하는 것입니다. 저라고 그 고민을 해 보지 않았겠습니까? 당연히 고민했죠. 그래서 항상 편지를 써서 가지고 다니면서 장학금 줄 만한 사람이다 싶으면 누구에게든지 주려고 했는데, 그게 생각보다 쉽지 않았습니다. 그래서 보통 학교들은 동창회를 중심으로 발전기금을 마련하고 있습니다.

정기원 : 우리 학교 재정은 1년 후원금 중 50%가 후원의 밤에 오신 분에 의해서 마련되고 있습니다. 그리고 매달 정기적으로 후원해 주시는 분들이 월 예산의 50% 정도, 전체 예산의 6-7%를 후원해 주고 있습니다. 교회에서 받는 것과 합치면 약 10% 정도 될 겁니다.

이 외에 저는 학교가 재정 수익구조를 만들어야 한다고 생각합니다. 1999년에 제가 호주를 처음 방문했을 때 어느 침례교에서 설립한 학교들 돌아봤는데, 너무 이상적인 학교가 있었습니다. 그 학교에는 교장 선생님이 두 분 계셨습니다. 운동장도 굉장히 넓고 시설도 아주 좋았습니다. 학교 규모는 크지 않았는데 잔디밭뿐만 아니라 너무 좋은 시설을 갖추고 있어서 제가 이 학교 운영비가 어디에서 나오는지 궁금해서 물어봤습니다. 그랬더니 교회에서 지원받는 게 조금 있고 나머지는 수익 사업을 통해 얻는다고 하셨습니다. 교장 선생님 두 분 중 한 분은 학교교육을 전담하시고, 다른 한 분은 사업을 전담하고 계신다고 하더라고요. 저도 그것을 보면서 '너무 이상적이다. 우리 학교도 나중에 이렇게 수익 사업을 하는 학교로 가야겠다.'라고 생각했습니다. 그래서 저는 우리 학교가 그 부분에 대한 하나의 새로운 모델을 만들었으면 좋겠다고 생각합니다. 저희도 출판사를 하나 가지고 있습니다. 지금 출판한 책이 그리 크게 수익이 되지는 않고 있지만, 출판사 때문에 하나 좋은 게 있다면 사업자 등록이 되어 있다는 겁니다. 경기가 풀리면 가까운 시내에 카페나 레스토랑을 해 볼까 합니다. 그래서 진짜 제대로 된 우리 학교 1호 수익사업을 해 보는 것을 꿈꾸고 있습니다. 아주 작은 7평짜리라도요. 주유소도 좋고요.

우리 학교를 보면서 제일 아쉬운 것 중 하나는 대안학교가 부모님의 재력이 없으면 갈 수 없는 학교가 되어 버렸다는 겁니다. 제가 사립학교에 있었을 때는 사립이 원래 그러니까 어쩔 수 없다고 생각했지만, 대안학교만큼은 누구나 뜻만 있으면 올 수 있는 학교로 만들고 싶었습니다. 하지만 저희도 재정적으로 갖추고 있는 게 없다 보니까 작년부터 예탁금을 걷고 있습니다. 그러면서 더욱 문턱이 높아져서 부모님의 경제력이 뒷받침되지 않는 아이는 오지 못하는 학교가 돼 버렸지요. 지금 우리 학교는 1명만 전액 무상으로 다니고 있습니다. 제가 이번에 레스토랑이나 카페를 운영한다면 거기서 나오는 수익금은 저소득층 자녀의 학비로 써야겠다는 생각을 하고 있습니다. 10년 후나 20년 후를 생각해 보면 대안학교에서 이런 수익사업은 반드시 필수적인 것이라고 생각합니다. 우리 학교도 '10년 후에는 교사들의 인건비를 어떻게 할 것인가?'라는 문제에 부딪히거든요. 지금 우리 교감 선생님과 계속 논의하고 있는 것도 지금 현직에서 받는 선생님들 급여만큼 우리 학교 선생님들에게도 주고 있고 계속 1년마다 한 호봉씩 올라가는데 10년 후에는 그 급여를 어떻게 충당하겠냐는 겁니다. 우리 학교만의 급여체계를 만들어 가든지 아니면 학교가 나름대로 재정을 창출할 수 있는 수익구조를 만들어 내지 않는 한 그 원칙은 무너질 겁니다. 만약 교사들의 급여를 일반 학교처럼 주지 못한다면 좋은 교사가 여기에 오려고 하겠느냐는 한계에 부딪힐 거고요. 그게 지금 10년 후에 나타날 문제입니다. 그럼 다른 대안학교도, 교회에서 설립한 대안학교도 그 부분을 생각해야 한다는 겁니다. 교회에서 이런 부분을 커버해 줄 수 있는 구조를 만들어 가든지 아니면 매년마다 승급되는 교사들의 호봉을 어떻게 해결할 것인지에 대한 계획을 철저히 세우든지 해야 합니다. 그렇지 않으면 10년 후에는 반드시 어려움에 봉착할 겁니다. 학교를 설립하려는 분들은 우리처럼 학교가 설립되고 나서 고민하기보다 장기 계획까지도 미리 구상해야 하지 않을까 싶네요. 지금 우리 학교가 교사들의 이직률이 낮은 상태로 이렇게 올 수 있었던 이유가 교사들이 아직 젊고 급여가 적어서 가능했던 것인데, 10년만 지나면 이들도 중직 교사가 되거든요. 만약 이에 대한 대안이 없으면 학생 수를 한 반에 10명씩 더 늘려야 해요. 그렇게 되면 일반 사립학교와 같아지는 거죠. 그럼 굳이 그 학생들이 대안학교로 올 이유가 없겠죠.

정승관 : 저는 재정이 학교에 중요한 역할을 한다고 생각하지는 않습니다. 사실 저희는 2001년에 신데렐라가 된 기분이 들었어요. 갑자기 돈벼락 맞은 기분이라고 할까요? 이런 얘기가 좀 비현실적으로 들릴지

모르겠지만, 학교가 경제적으로 어려울 때가 가장 안전하다고 생각합니다. 저희가 선생님을 구해 보면, 학교가 어려워서 돈을 얼마 못 줄 적에는 정말 뜻이 있는 분들이 오십니다. 그런 분들이 아니면 여기를 두드리지를 않으니까요. 그런데 경제적으로 이런 틀을 가지게 되면 그냥 너도나도 어떻게 해서든 해 보려고 하는 그런 측면들이 있어요. 그래서 정말 좋은 분들을 만나려면 아주 열악한 경제활동이 필요하겠다는 생각이 들고요.

그래서 어떤 부분은 재정이 중요한 역할을 하기도 하지만, '근본적인 부분은 재정적인 것보다 내적인 것이 더 중요하지 않을까?' 하는 생각이 들어서 저희는 '재정 문제에 있어서 지금은 조금 넘치고 있다.'라는 생각을 합니다.

생각할 문제

1. 많은 학교의 사례를 읽어 보았는데, 당신이 학교를 설립한다면, 재정 문제를 어떻게 해결하겠습니까? 다른 사람과 함께 이야기해 봅시다.

2. 학교 재정의 안정적 확보를 위한 창의적인 방법이 있다면 나눠 봅시다.

★ 이것만은 꼭~!

　학교의 재정 문제는 학교운영의 현실적인 문제일 뿐 아니라 기독교교육의 정신을 나타내는 시금석이 되기도 합니다. 정의(正義)의 측면에서 볼 때, 지나치게 높은 등록금으로 가난한 학생들이 입학하지 못하는 것이나 지나치게 낮은 임금으로 교원들이 생존 문제에 어려움을 겪는 것은 정의롭지 못한 처사입니다. 그러므로 재정확보가 전혀 되지 않은 상태에서 무작정 학교를 시작하는 것은 기독교교육의 정신을 담보하기가 어렵습니다.
　학교의 재정이 문제가 되는 경우는 대개 정부의 재정지원을 받지 못하는 미인가 기독교학교의 경우입니다. 그렇다고 재정 문제를 해결하기 위해 정부의 인가를 추진하는 것은 바람직하지 못합니다. 학교가 기독교교육의 필요성 때문에 미인가 상태로 남아 있기를 원한다면 정의의 가치가 훼손되지 않도록 재정확보를 위한 방안을 적극적으로 마련해야 할 것입니다. 기독교교육의 정신을 유지할 수 있는 재정확보 방안은 교회를 통한 재정확보가 가장 효과적입니다. 학교의 교장을 비롯한 교사들 가운데 기독교교육의 필요성을 강하게 설득할 수 있는 사람들을 준비시켜 교회를 방문하여 후원금을 모집하는 방법을 활용할 수 있습니다.
　재정의 부요함이 반드시 기독교교육의 충실성을 담보하지는 못한다는 사실을 기억해야 합니다. 그러므로 재정적으로 어려움이 있는 학교에서는 이를 대신할 수 있도록 가치와 신앙에 대한 헌신을 고양시키는 것이 필요할 것입니다.

3장
학교의 운영과 시설

☞ 이 과의 질문 포인트

1. 교장은 어떤 과정을 통해 선임되나요? 설립자도 교장이 될 수 있나요?
2. 학교운영위원회는 어떻게 구성되나요? 학운위의 역할과 권한은 어느 정도 인가요?
3. 이사회는 어떻게 구성되어 있나요?
4. 교장과 설립 주체와의 관계 설정은 어떠한가요?
5. 인가받기 위한 최소한의 시설 기준은 무엇인가요?
6. 학교 시설 기준이 필요하다고 생각하시나요? 추가될 필요가 있거나 불필요한 기준은 무엇인가요?
7. 교회가 설립하는 경우, 종교부지도 사용 가능한가요?

염광메디텍고등학교 연주 대회

3장 학교의 운영과 시설

 이번에는 학교운영과 시설에 대한 질문을 하고 싶습니다. 먼저 학교의 교장은 어떤 과정으로 선임되나요? 또 설립자가 교장이 될 수 있나요?

홍배식 : 교장은 이사회에서 결정합니다. 대개는 자체적으로 뽑는 경우도 있고, 외부에서 모셔오는 경우도 있습니다. 우리 학교 같은 경우 저는 교무 부장을 하다가 교감을 하고 교장으로 올라왔는데, 그게 제일 흔한 경우입니다. 그런데 어떤 기독교학교는 이번에 보니까 신앙인을 교장으로 뽑기 위해 평교사에서 바로 교장이 되는 경우도 있더라고요.

사립학교의 경우 설립자가 교장이 되려면 자격이 있어야 합니다. 교사를 9년 이상 하면 교감 자격을 받을 수 있고, 그 다음에 교감을 3년 이상 하면 교장 자격 연수를 받을 수 있습니다. 하여튼 설립자가 교장이 될 수는 있지만, 인가된 학교에서는 교사 자격증이 있어야 되고 교사 경력이 필요합니다. 그리고 중고등학교든 대학교든, 교육경력이 '9년 이상'이라면 교감경력이 없어도 교장 임용이 가능합니다. 단, 특목고나 자사고는 우리와는 다른 방법으로 교장을 선임합니다.

김혜선 : 제 경우가 바로 그런 경우입니다. 전문대 이상 대학에서 9년 이상 교수 생활을 하다가 교장 자격 공모연수를 받으면 교장이 될 수 있습니다.

 기독교대안학교에서는 어떤가요?

박은조 : 설립자가 교장이 될 수도 있겠지만, 저희는 처음에 교육전문가를 초빙하기 위해 노력을 많이 했습니다. 1대 초등학교 교장은 학교 설립팀 멤버 중 한 분이셨는데, 그분이 처음에는 교사대표를 하다가 이후에는 교장이 되셨습니다. 샘물중학교의 경우에는 중학교에서 경력 24년 베테랑 선생님을 초빙했습니다.

김의환 : 우리 학교는 이사회에서 교장을 선임하게 되어 있습니다. 저도 이사들 중 한 사람이기도 하고요. 저는 원래 교육 쪽을 전공한 사람이 아니어서 교사 경험이 전혀 없었습니다. 그냥 상황에 떠밀려서 교장을 한 경우라고 할까요? 세월이 지나고 나서 되돌아보니까 하나님께서 강권적으로 떠미셨다고 볼 수밖에 없네요. 아무튼 교육계에서 경험이 전혀 없던 제가, 학교 이사로 있다가 학교 교장을 맡게 되었습니다.

대학 시절 꿈은 교사였지만, 저는 당시 방송국에서 프로듀서를 하고 있었습니다. 청소년 프로그램이나 특집 프로그램을 많이 만들어서 청소년에 대한 이해나 고민에 대해 좀 감각이 열려 있었지요. 그러다가 우리 딸아이를 이 학교의 전신인 곳에 보내면서 학교운영위원회에서 학부모측 대표로 활동했고 그러면서 아이들의 교육 문제를 관심 있게 들여다보게 되었습니다. 그러던 어느 날 꿈의학교 전신인 모체가 공동체 내부의 몇 가지 어려움으로 쓰러지면서 아이들의 마음이 상처투성이가 되었지요. 아이들이 일반 학교를 다니다가 퇴학당하거나, 상처를 받아서 대안학교로 왔는데, 믿었던 대안학교마저 공동체 내부의 문제로 무너지게 생긴 거예요. 그래서 아이들은 더 큰 상처를 받게 된 상황이었습니다. 그 당시 저는 모 방송국의 국장으로 있었는데, 그때 황성주 이사장님의 자녀 3명도 이 학교에 다니고 있었습니다. 그래서 어떻게 수습하는 것이 좋을까 고민하다가 결국 이 학교를 인수하는 방향으로 가닥을 잡았습니다. 인수 작업은 주로 제가 맡았고요. 빚은 얼마를 청산해 주고, 학생들은 몇 명을 데리고 오고, 재정의 인수, 시설의 인수, 도서관 책 인수 등…. 인수 작업을 하기 위해 방송국에 석 달 휴직계를 내고 나왔습니다. 다른 것은 잘 마무리되었는데, 교장을 맡을 인물을 찾지 못했습니다. 그래서 어느 기독교학교 교장으로 은퇴하신 분도 찾아가 보고, 유명한 기독교학교의 핵심 역할을 맡고 계신 분도 만나보고, 아무튼 여러 분을 찾아 다녔는데, 우리가 내놓을 수 있는 청빙 조건이 너무 초라했습니다. 시골의 조그만 방 한 칸, 중고 소나타 한 대, 월급 150만 원 정도…. 그러니까 아무도 오려고 하지 않았죠. 게다가 아이들은 상처투성이가 되었고…. 학부모들도 상처를 안고 이 학교로 온다고 하니까 교장으로 올 사람이 어디 있겠어요. 노년에 누가 이 고생을 하려고 하겠어요. 그래서 우리 이사회에서 결의하기를 일단 학교 교장이 확실하게 세워질 때까지 저에게 임시로 교장을 맡으라고 했습니다. 그래서 총대를 메고 임시 교장을 하고 있었는데, 회사는 휴직 기간이 길어지면서 문제가 생겼습니다. 그러다가 IMF가 터지면서 결국 그 회사는 망해 버렸지요. 원래 제가 KBS에 있다가 iTV 경인방송이 개국하면서 국장으로 일했는데, 이게 웬일입니까? 회사가 문을 닫는 상황이 되면서 저는 오갈 데가 없어지고, 새로운 교장은 찾을 수가 없고, 그러니 어쩌겠어요? 그때부터 기독교교육학, 기독교 세계관 분야의 책을 구입해서 부지런히 읽었습니다. 그래서 그때 IVP 출판사에서 나온 책은 거의 다

읽은 거 같아요. 또 CUP 출판사에서 나온 책을 매일 읽고 토론하면서 절름발이 걸음으로 여기까지 오게 되었습니다. 하나님이 아니면 도저히 할 수 없는 일이라고 고백하지 않을 수 없습니다.

신기영 : 우리 학교는 처음에 학교를 설립하는 과정에서 교장을 모셨습니다. 지구촌 학교가 선교사 자녀 중심이었기 때문에 선교사 자녀 교육을 해 보셨던 선교사 출신 중 한 분을 교장으로 모셨습니다. 그런데 설립자 정신과 새로운 교장의 리더십이 충돌하면서 힘들어졌습니다. 그래서 개교 2년차부터 결국 제가 교장을 맡게 되었습니다. 저 다음에 누가 후임을 맡을지 걱정이 되지만, 하나님께서 다음에 대해서는 걱정하지 말라고 하시더라고요. 일단 제 임기가 끝날 때까지는 착하고 충성되게 일하려 합니다.

교장을 세우는 가장 좋은 방법은 설립을 준비했던 설립위원회에서 교장을 선임하는 것입니다. 이때는 당사자의 부르심이 있어야 합니다. 만약 그 안에 부르심이 있는 사람이 없다면, 그런 사람이 올 때까지 기다리는 것이 좋습니다. 임의로 사람을 데려오거나 학교 설립 이후에 또는 설립 직전에 데려오는 것은 좋지 않습니다.

우리가 그것을 경험했기 때문입니다. 저 같은 경우는 제가 설립에도 참여했고 비전을 받기도 했고 하나님께서 왜 이 학교를 세우시는지에 대한 것도 분명히 알고 있었기 때문에 교장을 맡을 수 있었습니다.

좋은 기독교학교라고 해서 사명의 정체성을 영원히 붙들고 가는 것은 아닙니다. 시간이 흐르면 사명의 정체성이 흐려질 수 있습니다. 이런 한계를 미리 알고 나가는 것이 중요합니다. 영원토록 가는 것은 불가능합니다. 잘 준비하면 잘될 것이라는 것은 철저한 인본주의 사상이 아닐까 합니다.

정기원 : 저희는 대안학교라서 그런 규정이 없습니다. 설립자가 교장을 해도 되고, 이사장 겸 교장을 해도 됩니다. 사실 사립이나 실제 학교법인에서도 설립자가 교장을 겸해서 할 수 있습니다. 대안학교라고 해서 설립자가 교장이 되지 못한다는 그런 규정은 없습니다. 다만 교장 선생님으로서, 교육자로서 얼마만큼 전문성을 확보했느냐가 중요합니다.

저도 그런 공부를 하지 못하고 교장이 됐습니다. 그러고 나서 교장의 역할이 뭘까를 고민해 봤는데, 교육의 큰 방향과 철학을 세워 주고 주로 대외적인 활동을 하는 사람이 아닌가 싶습니다. 학교를 알리고 후원금을 받아오고 가능하면 외부의 인적 자원들을 계속 끌어들여서 학교교육에 투입할 수 있도록 하는 역할인 거죠. 실제 학교교육에 있어서 교육과정을 운영하는 부분은 교감 선생님이 해야 한다고 저는 생각합니다. 교장의 역할을 인사나 재정에 관련된 부분을 책임지는 것이라고 본다면, 교장이 교육에 있어서 꼭 전문가는 아니어도 된다고 생각합니다. 교육에 관심이 있고, 교육에 대한 마인드가 있는 분이라면 충분히 하실 수 있을 거라고 봅니다.

보통은 교장으로 누구를 데려오는 경우가 많은데, 저는 그것에 대해 우려스러운 부분이 있습니다. 만약 교회에서 생각할 때 아주 유능한 교장 선생님이 계신다면 그분을 교장으로 임명하기 전에 선생님들과 1-2년 같이 생활하게 한 후 세우는 게 더 좋을 것 같다는 생각이 듭니다. 물론 교회에서 교장을 임명하면 바로 세울 수 있겠지만, 저는 동료 교사들이 그 분을 교장으로 직접 세워 줘야 한다고 생각합니다. 동료 교사들이 "이분은 우리의 리더가 충분히 될 수 있겠다."라고 인정할 때 교장을 임명하면 그분은 정말 리더로서 그 일을 잘할 수 있을 거라는 생각이 듭니다. 만약 동료 교사들이 별로 리더로 인정해 주지 않은 상태에서 바로 권위자에 의해서 리더가 세워지면 갈등이 생길 여지가 있습니다. 따라서 저는 교회에서 유능한 교장이다 싶으면 시간을 두고 교사들과의 관계성이 충분히 이루어질 때까지 기다려 주는 것이 좋지 않을까 합니다.

저는 지금 몇 학교가 설립되는 과정을 보면서 '우리 학교는 특별한 과정을 거쳤구나!' 하는 생각이 듭니다. 저희는 교회 안에 학교준비위원회가 있었던 게 아니고 그냥 뜻 있는 교사들이 모여서 학교설립을 준비하다가 교회에서 허가를 받아 설립했거든요. 그래서 교장을 선임하는 과정에서 별도의 지시가 있었던 것도 아니고, 전 그냥 그중에서 나이가 많다는 이유로 교사대표를 하게 되었습니다.

교사대표요? 교장과 교사대표는 다른 건가요?

정기원 : 처음에 우리 학교는 교사대표 제도로 갔습니다. 교장 제도가 갖고 있는 병폐 때문에 그렇게 한 것이죠. 그전에 제가 교사대표일 때는 선생님들이랑 편하게 말하고 그랬는데, 갑자기 교장실이 생기고 명칭도 변하니까 새로 오시는 분들이 저를 기존 학교의 교장처럼 대하시는 거예요. 제가 한마디 하면 괜히 좀 어려워하셨죠. 사실 처음에 저희는 순수하게 교사대표제로 가서 교사대표를 그만두면 바로 교사가 교장의 역할을 할 수 있는, 누구나 대표가 될 수 있는 그런 구조를 만들려고 했습니다. 그런데 왜 교사대표에서 교장으로 바뀌었냐 하면 사실

교사대표는 교장 역할을 다 감당해야 했거든요. 교장은 인사, 재정에 대한 책임과 권한을 갖고 있었는데, 그러다 보니 교회 안에서 문제가 생겼습니다. 예를 들어 교회 부속이다 보니까 교회 관리 집사님 같은 분들이 저를 학교기관의 장으로 봐 주는 게 아니라 완전히 교회 직원처럼 대해 버리시는 거예요. 그래서 제가 정식으로 교회에 이의제기를 했습니다. 우리가 처음 원했던 것은 이런 모델이 아니었다고요. 교사대표가 학교를 대표하면서 재정, 인사에 대한 책임과 권한을 갖는 것인데, 외부에서는 명칭이 교사대표다 보니까 교장이 따로 있는 줄 아는 거예요. 그래서 문제가 제기됐어요. 담임목사님도 그러면 안 된다고 해서 2007년에 저를 교장으로 정식 임명해 주셨습니다. 그러니까 교회 안에서도 저를 대하는 태도가 확연히 달라지더라고요. 그 전에는 제가 3-4번씩 부탁해야 일이 진행됐는데, 지금은 말 한마디만 하면 일이 이루어집니다. 그래서 '이게 필요한 거구나!' 하는 생각이 들었죠. 하지만 어떤 때는 우리 선생님들이 저한테 대하는 방식이 달라지니까 '이건 아닌데…' 하는 생각도 들어요. 이것이 우리 학교의 딜레마입니다.

> **Tip 3-1. 교장 선임에 관한 법**(초중등교육법 제21조 ①항 참조)
>
> **사립학교법**(사립학교법 제53조 참조)
> 1. 각급학교의 장은 당해 학교를 설치·경영하는 학교법인 또는 사립학교경영자가 임면한다.
> 2. 제1항의 규정에 의하여 학교법인이 대학교육기관의 장을 임기 중에 해임하고자 하는 경우에는 이사정수 3분의 2 이상의 찬성에 의한 이사회의 의결을 거쳐야 한다.
> 3. 각급학교의 장의 임기는 학교법인 및 법인인 사립학교경영자는 정관

으로, 사인인 사립학교경영자는 규칙으로 정하되, 4년을 초과할 수 없고, 중임할 수 있다. 다만, 초·중등학교의 장은 1회에 한하여 중임할 수 있다.

자율학교 및 자율형 사립 고등학교(초중등교육법시행령 제105조의2 참조)
1. 자율학교로 지정된 학교의 경우에는 그 학교 교육과정에 관련된 교육기관, 교육행정기관, 교육연구기관, 국가기관, 지방자치단체, 공공단체, 국제기구, 외국기관, 산업체 등에서 3년 이상 종사한 경력이 있는 자.
2. 자율학교로 지정된 학교의 경우에는 초중등교육법 제21조 제1항에 따른 교장 자격증을 가진 교원 및 교육전문직원, 교원 등으로서 근무한 경력이 15년 이상이며, 법 제21조 제1항에 따른 교감 자격증을 가진 교원 등 또는 교원 등으로서 근무한 경력이 20년 이상인 교원 등.

※ 대안학교는 위의 기준을 적용하지 아니한다.(초중등교육법 제60조의 3 ①항 참조)

'학교운영위원회'(이하 학운위)라는 게 있잖아요. 학운위는 어떤 사람들로 몇 명씩 구성되어 있나요? 학운위가 결정할 수 있는 권한의 범위는 어느 정도인가요?

홍배식 : 우리 학교 학운위는 교사 4명, 학부모 6명, 지역위원 1명 그리고 교장은 당연직으로 구성되어 있습니다. 학운위 규정집을 보면 학운위 구성 비율이 나와 있습니다. 학운위가 결정할 수 있는 권한의 범위는 공립과 사립이 서로 다릅니다. 그런데 공립의 제도를 학운위의 규정이라고 말하는 경우가 많은데, 실제로 공립과 사립의 학운위 규정에

는 차이가 있습니다. 학운위의 결정사항들을 예로 들면, 학생들이 비용을 부담하는 수학여행, 소풍, 보충수업 등은 사립에서도 학운위가 심의하게 되어 있습니다. 그러나 대체적으로 사립학교의 학운위는 전반적인 내용에서 학교의 자문기관으로 규정되어 있지만, 실제로는 심의 권한이 상당히 부여되어 있습니다. 따라서 학교운영 전반에 많은 영향을 미칠 수 있습니다.

신기영 : 우리는 지역 위원 1명, 학부모 위원 2명, 교사 위원 1명이 있습니다. 이것은 학교 규모와 연관된다고 할 수 있습니다. 권한 범위는 특별히 학부모들에게 재정을 요구할 때 가령 급식, 체험학습 시 재정 결정 등을 주로 합니다. 사립학교 운영위원회와 공립학교 운영위원회의 권한 범위는 서로 다릅니다.

김혜선 : 맞아요. 구성 매뉴얼이 있습니다. 그것대로 하면 됩니다. 사립학교의 경우에 학운위는 자문하는 역할을 합니다. 그것을 최대한 따라야 합니다. 하지만 그것을 꼭 따라야 하는 것은 아니죠. 그런데 공립학교의 경우는 운영위원회가 의결기관입니다. 그래서 그곳에서 모든 사항을 결정합니다. 정기적으로 1년에 8번은 모여야 하는 걸로 알고 있습니다.

김요셉 : 운영위원회는 일단 인원 제한이 있습니다. 인원이 15명 이내여야 합니다. 학운위가 보통 공립학교의 경우에는 심의 의결기관이지만, 사립학교의 경우에는 자문기관입니다. 사립학교에는 이사회가 있습니다. 이사회는 입법기관처럼 최고의 권위가 있는 기관이고, 운영위

원회는 자문을 얻을 수 있는 기관인데, 거기에는 학부모위원, 교원위원, 지역위원이 있습니다. 그런데 지역위원은 저희가 의도적으로 중앙침례교회나 원천침례교회 목사님 한 분씩을 꼭 넣습니다. 그렇지만 그분들은 학부모가 아닌 분들로 정합니다.

 대안학교 학운위도 자문기구의 역할을 하나요?

박은조 : 이건 학교정관에 나와 있는 내용 그대로인데 학교운영위원회는 학교운영에 관한 상당한 권한을 지니고 있습니다. 거기에서 학교운영에 관한 중요한 결정은 다하니까요. 물론 교장의 의견이 비교적 많이 반영되긴 하지만, 기획실장이라든지 교무부장이라든지 교목이라든지 학부모라든지 이런 분들이 함께 의논합니다.

김의환 : 학교운영의 중요한 사항은 학교운영위원회 안에서 긴밀하게 협의해 왔습니다. 학교운영위원회는 학교교사 측 대표 7명, 학부모 측 대표 7명(여기서 7명이라는 것은 중1-고3까지 학년 당 1명씩) 과 학교장 1명으로 이루어져 총 15명으로 구성되어 있습니다. 학교운영위원회는 학교운영의 핵심사항에 대해 충분히 소통하고 방향을 결정하는 자리입니다. 예를 들면 학교 재정운영에 관한 사항, 예산결산에 관한 사항, 학칙개정에 관한 사항, 교과과정의 개발이나 학습방법 개선에 관련된 안건, 학생들의 복리후생 문제 등을 주기적으로 논의합니다. 저희는 거의 한 학기에 4번씩 정기적으로 모임을 해 왔고, 때로는 학부모님들이 지나치다 싶을 만큼 극성스럽게 관여해 왔습니다.

'학운위'는 의사결정기구와 다름없다고 생각합니다. 왜냐하면 학부모님들과 학교대표가 의논하는 자리에서 교장이 무심하게 "참고하겠습니다."라고 대답할 수 없기 때문이죠. 학운위의 성격은 논의기구이지만, 실제로는 의사결정기구라고 볼 수 있습니다. 그리고 거의 만장일치로 이루어집니다. 한 사람이 강력히 반대하는데, "다수결로 하겠습니다."라고 하는 게 안 되기 때문이죠. 사실 다수결로 하면 항상 교사 쪽 의견으로 기울게 되어 있습니다. 왜냐하면 학부모가 절반, 교사가 절반인데 가부동수일 경우에는 위원장이 결정하니까 항상 기울게 되는 거죠. 그런데 이렇게 되면 학부모가 상처받게 되기 때문에 그럴 수가 없어요. 거의 전원동의를 끌어내고 설득해야 합니다.

정기원 : 우리 학교운영위원회는 교원위원 4명, 교원 초등 2명, 중등 2명, 그리고 교회위원 3명으로 이루어져 있습니다. 지역위원 대신 교회위원으로 교목님 2명과 장로님 1명, 이렇게 3명이 들어와 있습니다. 어린이 위원은 1년에 한번 올까 말까 합니다. 초창기에는 매번 운영위원회 때마다 어린이 위원을 참여시켰는데, 아이들이 무슨 말인지 알아듣지도 못하고 힘들어하는 것 같아서 아이들의 의견이 필요할 때만 불러서 얘기를 들어주고 의논합니다. 이 부분은 상징적 자리만 배정해 놓은 거지요. 초등학생은 아직 어리니까요. 중고등학생들이 되면 충분히 자기 의견을 대변하지 않겠나 싶어요. 학운위가 결정할 수 있는 권한은 학교 교육과정을 재편성할 때 교육과정 운영에 참여할 수 있고, 교사를 채용할 때 의견을 낼 수가 있습니다. 그 다음에는 예결산안을 통과시킬 때 감사하는 역할을 합니다. 중요한 사안이 있으면, 정기적으로 8번 모이도록 되어 있고, 사안이 있을 때는 수시로 모이기도 합니다.

정승관 : 우리 학교 학운위는 5명입니다. 교사, 학부모, 지역위원. 저를 포함해서 교사 2명, 학부모 2명, 지역위원 1명입니다. 풀무학교는 사실 학우회, 교사회, 이사회, 수업생회, 학부모회 이 다섯 바퀴로 굴러갑니다. 이 다섯 바퀴가 언제든지 함께 굴러가는 틀을 가지고 있지요. 학운위라고 하는 것은 사실 또 거기서 별개입니다. 결정할 수 있는 권위의 범위라고 말할 필요 없이 그냥 늘 모든 문제를 같이 논의해서 풀어가는 형태니까 권한은 모두에게 있다고 할 수 있습니다. 뭐, 모두가 참여하는 형태죠.

Tip 3-2. 학교운영위원회에 대한 법(학운위 규정집, 매뉴얼)

사립학교의 운영위원회(초중등교육법 시행령 제 63조)

① 법 제31조 규정에 의하여 사립의 초등학교·중학교·고등학교 및 특수학교에 두는 운영위원회는 당해 학교의 교원위원·학부모위원 및 지역위원으로 구성한다.

② 학교운영위원회 위원 정수

   1) 학생수가 200명 미만인 학교 : 5인 이상 8인 이내
   2) 학생수가 200명 이상 1천 명 미만인 학교 : 9인 이상 12인 이내
   3) 학생수가 1천 명 이상인 학교 : 13인 이상 15인 이내

당연직 교원위원을 제외한 교원위원은 정관이 정한 절차에 따라 교직원전체회의에서 추천한 자 중 학교의 장이 위촉한다. 이 경우 '국·공립학교'는 '사립학교'로, '심의'는 '자문'으로, '학칙' 및 '시·도의 조례'는 '정관'으로 본다.

③ 학교의 장은 운영위원회의 자문결과를 최대한 존중해야 한다.

④ 관할청은 사립학교의 장이 정당한 사유 없이 법 제32조 제3항의 학

> 교발전기금의 조성·운용 및 사용에 관한 사항에 대하여 운영위원회의 심의·의결을 거치지 아니하거나 심의·의결의 결과와 다르게 시행하는 경우 또는 심의·의결의 결과를 시행하지 아니하는 경우나 제60조 제2항의 규정에 의한 사유 없이 자문을 거치지 아니하고 시행하는 경우에는 법 제63조의 규정에 의한 시정을 명할 수 있다.
> ⑤ 사립학교 운영위원회의 구성에 관하여 이 영에서 규정하지 아니한 사항은 정관으로 정한다.

학운위는 사립학교에서는 자문 기관으로, 대안학교에서는 중요한 의사결정 기관으로 역할을 하고 있군요. 그렇다면, 이사회는 어떻게 구성되어 있고, 어떤 역할을 하나요?

신기영 : 이사회는 학교법인 복음학원이라고 해서 8명으로 이루어져 있습니다. 대부분이 목사님, 장로님들입니다. 거기에는 교육 경력이 있는 분들도 있습니다. 교육 경력이 있으신 분이 5명, 교육학을 전공하신 분이 3명 정도 됩니다. 이사회의 역할은 각 학교마다 다른데, 지구촌의 경우 학교에서 하는 일에 대해 전적으로 기도해 주고 후원해 줍니다. 그런데 재산권이나 매각·매입은 이사회가 결정적으로 주도합니다. 교장, 교사 임용은 이사회가 하는 것이니까요. 하지만 교육의 세세한 내용까지는 결정하지 않습니다. 계속 조언을 주는 정도입니다.

김의환 : 저희 이사회는 7명으로 구성되어 있습니다. 그중에서 목사님이 3명이고, 변호사, CEO, 졸업생 부모, 의사, 교수 등 이사님들의 직업군이 다양합니다. 하지만 재학생 학부모님이 이사가 되는 길은 막

아 놨습니다. 학부모가 이사로 있을 때 교사들이 이사회의 눈치를 보기 때문이죠. 무엇보다 교사로서 학생들을 가르치는 데 있어서 교권이 흔들려서는 안 된다고 생각합니다. 그래서 학부모가 이사가 되는 경우는 제한해 두었습니다. 다만, 그 아이가 졸업하는 경우에는 부모님이 이사가 될 수 있습니다.

이사들은 실제로 학교운영에 거의 관여하지 않습니다. 우리 학교 특징은 이사회가 학교운영에 거의 관여하지 않고, 교장이 대부분 위임해서 한다는 것입니다. 주로 제가 학교 교장으로서 어떻게 처리해야 할지 아주 고민스러울 때 이사회를 소집합니다.

박은조 : 샘물초등학교는 샘물교회에서 설립하고 비용을 다 부담해 주었기 때문에 샘물교회 리더들을 중심으로 이사회가 만들어졌습니다. 이사회는 당회원 중에서 장로님 두 분, 대학 교수님 한 분, 또 사업가 한 분, 평생 교직에 있었던 권사님 등 비교적 전문가로 구성되어 있습니다. 교회에서 파견한 교목도 있습니다. 지금은 빠지긴 했는데, 초기에는 교회가 파견했습니다. 그리고 외부인사로는 기독교교육에 관련된 교수님 두 분이 초빙이사로 들어가 있습니다.

샘물중학교는 이사회 구성이 좀 다릅니다. 이사회가 21개 교회의 목회자를 중심으로 만들어졌습니다. 중학교를 세우면서 샘물교회가 주축이 되기는 했지만, 지역교회와 연합해서 만들기로 방향을 잡았기 때문입니다. 그렇게 호응해서 들어오신 분들이 21개 교회의 목회자입니다. 중학교 경우에는 처음부터 연합구조가 비교적 잘 만들어졌습니다. 그 이유가 관심 있는 성도들이 "목사님, 그곳에 가 보니까 웬만한 목사님들이 이사로 들어가 있던데 왜 목사님은 이사로 안 들어가 있나요?"

라고 목사님을 설득했기 때문입니다. 왜냐하면 당장 학교 등록금이 차이가 나니까요. 이사 교회 학생의 등록금은 60만 원인데, 그렇지 않은 교회 학생은 70만 원을 내야 하기 때문이죠. 이사 교회들은 우리 학교 입학에 대한 홍보를 다 해 줍니다. 사실 그게 큰 도움이 되죠. 그래서 장학금 10만 원을 주는 것입니다. 그런 식으로 해서 21개 교회 목사님이 이사회에 들어와 있습니다. 이제 이분들이 재정적으로 좀 더 함께하고 진짜 운영 주체만 되어 준다면, 샘물중학교는 지역교회와 함께하는 기독교학교의 좋은 모델이 될 것이라고 생각합니다. 이런 협력이 설립할 때부터 이루어지면 더 좋겠지요.

홍배식 : 우리 학교 이사회는 8명으로 구성되어 있습니다. 현재 개정된 사립학교법에 따르면 제일 적당한 이사회 구성 수는 8명입니다. 또한 여기에는 대학 교수와 같이 교직 경력이 있는 분들이 3분의 1 있어야 합니다. 그 다음에 재단 이사장과 혈족관계도 지금 개정된 사립학교법에 따르면 4분의 1을 초과할 수 없습니다. 그래서 구성원 수가 8명일 때 혈족관계가 2명 정도 들어갑니다. 그 다음에 개방형이사 제도가 생겼는데, 사실은 우리가 사립학교법 개정에 반대하면서 개방형이사를 많이 반대했습니다. 예를 들면 이사회 구성원 수가 8명이면 개방형이사가 2명 정도 들어오는 것입니다. 이건 좀 그렇긴 하지만 8명일 때 개방형이사의 숫자가 제일 적습니다. 9명이라면 3명이 들어와야 하죠. 개방형이사는 학운위에서 추천받아서 이사회에서 선임하는 것으로 되어 있습니다. 우리는 개방형이사의 규정에 최소한 신급, 그러니까 뭐 세례 정도가 아니고 안수집사 이상 정도를 제시했습니다. 예를 들어 "어느 교회 안수집사 이상의 사람으로서 설립, 건학 이념에 동의하는 사람이어

야 한다."라는 이런 식의 규정을 두었죠. 그렇지 않으면 학교가 금방 무너져 버릴 수 있으니까요.

김요셉 : 우리 학교는 이사 정관을 원천침례교회와 중앙침례교회 교인으로 제한을 두었습니다. 그렇게 해도 법적 제재는 없습니다. 또 개방형이사라는 게 있는데, 우리가 학교운영위원회에 개방이사 추천 의뢰를 하면 몇몇 사람들에 대해 동의가 옵니다. 그러면 저희가 그 사람을 선임할 수 있습니다. 사실 그때도 교회 안에서 저희가 모시고자 하는 몇 분을 2배수나 3배수로 선발해서 드렸더니, 그곳에서 협의해 한 분을 선정해 주셨고, 저희들이 그분을 이사로 모셨습니다. 이사 선출은 유기적으로 잘 돌아가고 있습니다.

Tip 3-3. 사립학교법에 제시된 이사 구성에 대한 법

① 학교법인에는 임원으로서 7인 이상의 이사와 2인 이상의 감사를 두어야 한다. 다만, 유치원만을 설치·경영하는 학교법인에는 임원으로서 5인 이상의 이사와 1인 이상의 감사를 둘 수 있다. [개정 64·11·10, 90·4·7, 97·1·13, 99·8·31]

② 이사 중 1인은 정관이 정하는 바에 의하여 이사장이 된다.

③ 학교법인은 제1항에 따른 이사정수의 4분의 1(단, 소수점 이하는 올림한다)에 해당하는 이사(이하 '개방이사'라 한다)를 제4항에 따른 개방이사추천위원회에서 2배수 추천한 인사 중에서 선임해야 한다. [개정 2007.7.27]

④ 개방이사추천위원회(이하 '추천위원회'라 한다)는 제26조의 2에 따른 대학평의원회(이하 '대학평의원회'라 한다) 또는 「초·중등교육법」 제31조에

> 따른 학교운영위원회(이하 '학교운영위원회'라 한다)에 두고 그 조직과 운영 및 구성은 정관으로 정하되, 위원정수는 5인 이상 홀수로 하고 대학평의원회 또는 학교운영위원회에서 추천위원회위원의 2분의 1을 추천하도록 한다. 다만, 대통령령으로 정하는 종교지도자 양성만을 목적으로 하는 대학 및 대학원 설치·경영 학교법인의 경우에는 당해 종교단체에서 2분의 1을 추천한다. [개정 2007.7.27]
> ⑤ 제3항에 따라 추천위원회가 개방이사를 추천하는 경우에는 30일 이내에 완료하여야 하며, 이 기간 내에 추천하지 못하는 때에는 관할청이 추천한다. [개정 2007.7.27]
> ⑥ 제3항부터 제5항까지의 규정에 따른 개방이사의 추천, 선임방법 및 자격요건과 기준에 관한 구체적인 사항은 대통령령으로 정하는 바에 따라 정관으로 정한다. [개정 2007.7.27]

교장과 설립주체나 재단 이사장과의 관계설정은 어떠한가요?

박은조 : 지금 저희 같은 경우에 교장과 설립자의 관계설정은 교장에게 철저히 위임하는 구조로 가고 있습니다. 제가 일하는 방식이 그렇기도 하고요. 물론 이사회가 중요한 결정을 하긴 합니다. 우리 초등학교는 지금 4년째, 유치원은 벌써 8년째인데, 전적으로 담당자들이 다 위임해서 하고 있습니다.

교사를 선출하는 것도 일체 관여하지 않고 있습니다. 중학교도 그렇고요. 인사위원회를 구성해서 이사회에서 인사위원장을 교장으로 세우면, 그 교장이 주도권을 갖도록 하고 있습니다. 경영도 제가 간섭하지 않고, 1년에 한두 번 이사회에서 보고받는 정도로 하고 있습니다.

또한 학교가 교회 건물을 쓰고 있으니까 완전한 독립은 어렵겠지만, 학교 구성원들이 불안해하지 않도록 학교가 교회에서 조금씩 독립하는 방향으로 가고 있습니다. 교회는 장학금만 주는 거죠. 제 임기 후에 오시는 목사님도 학교에 대한 생각이 저와 비슷해야 한다고 생각합니다. 해외의 경우를 보아도 이사회는 지배구조를 갖는 경우가 많은데, 교장을 믿고 세웠으면 교장의 리더십 아래 모든 게 다 돌아가도록 뒤에서 지원해 주어야 합니다. 그러나 약간의 견제는 필요하니까 교장이 잘 하도록, 그것도 꼭 견제라기보다 격려하는 차원으로 구조를 만들기 위해 이사회의 입장을 정리해 놓았습니다.

교장의 임기는 4년이고 연임까지 하면 8년까지 할 수 있는데, 만약 절대 신뢰를 얻는 교장이라면 교장을 굳이 자주 바꿀 필요는 없다고 생각합니다. 그러나 일단은 연임 정도가 좋겠다고 생각해서 정관에는 그렇게 명시하고 있습니다.

정기원 : 교회로부터 재정지원도 부족한 편이고 여러 어려운 상황에서도 우리가 학교를 지킬 수 있었던 것은 담임목사님께서 우리 학교에 대한 절대적인 신뢰를 보여 주셨고, 또 교사들에게 100% 재량권을 주셨기 때문입니다. 담임목사님께서는 교육에 대한 모든 문제를 선생님들끼리 의견을 주고받아서 합의할 수 있도록 해 주셨습니다. 큰 틀만 교회에서 방향을 정해 주고 세세한 부분은 교사들이 다 알아서 하도록, 심지어 교사채용까지도 일임해 주셨지요. 교사채용도 목사님께 보고하는 식입니다. 학교 안에 인사 위원회가 따로 구성되어 있으니 교사들이 동의하면 뽑으라는 것이지요. 저는 그런 부분에서 목사님의 생각이 옳

다고 생각합니다. 이렇게 교사회에서 마음껏 결정할 수 있도록 해 주셨기 때문에 지금까지 올 수 있지 않았나 생각합니다.

저는 다른 기독대안학교도 교회가 교육이 나아가야 할 큰 방향만 결정해 주고, 나머지 세세한 부분은 교사회나 학교운영회를 통해 결정하게 해 주는 것이 바람직하다고 생각합니다. 설립 중인 몇 학교의 얘기를 들은 적이 있는데, 교사들이 할 게 없다고 말하더라고요. 심지어 책상을 뭐로 할지도 교회에서 결정하고 허락해야 한대요. 학교 홈페이지를 만드는 것이나 로고까지도 담임목사님의 결제가 나지 않아서 못하고 있다는 얘기를 들을 때 너무 안타까웠습니다. 과연 그 학교가 정상적으로 운영될 수 있을까요? 그런 시스템이라면 학교 교장은 있으나마나거든요. 담임목사님의 결제를 계속 받아야 한다면 담임목사님이 교장을 해야겠죠. 교장을 세워 놔도 할 일이 없고 이름만 교장이면 소용이 없는 거니까요. 우리 학교는 그런 부분에서 목사님께서 전폭적으로 교사들을 신뢰해 주시니까 지금까지 올 수 있었습니다.

정승관 : 풀무학교는 설립자분들이 다 돌아가셨어요. 그분들이 계실 때도 마찬가지였지만, 설립자가 어떤 권한을 따로 갖고 있지는 않습니다. 아까 말씀드렸던 것처럼 늘 '교사회'를 통해 결정된 것으로 모든 일을 처리하게 되어 있습니다. 저희는 지금도 매주 월요일 오후에 2-3시간씩 '교사회' 모임을 갖습니다. 이사회는 재산이라든지 뭐 이런 것에 대해서는 논의하지만, 거의 모든 일에 '교사회'와 같은 생각으로 진행한다고 보면 됩니다.

김선봉 : 학교운영에 관한 부분은 가능한 제가 맡아서 하고, 필요할

때는 이사회와 협의해서 진행합니다. 제가 교장이라고 해서 제 생각대로 하는 게 아니고 학교의 건학이념이 있고, 하나님의 뜻이라는 게 있으니까요. 가끔은 학교 안에서 서로 갈등도 있을 수 있지만, 하나님이 학교를 세우신 건학이념과 뜻 안에서 각자 죽으면 새로운 생명으로 거듭 나는 거죠.

김요셉 : 하나님께서 권위를 부여해 준 기관은 교회와 가정과 국가, 이 세 기관이라고 생각합니다. 학교는 여기서 파생된 것입니다. 국가는 국민을 안전하게 지키고 보호해야 할 권위를 지니고 있고, 교회는 영적으로 옳고 그른 것을 구분시켜 줄 권위가 있고, 가정은 자녀를 어떻게 양육해야 할 것인지에 대한 권위를 지니고 있습니다. 이 세 가지 권위 아래 파생된 것이 학교입니다. 기독교학교만큼은 그 권위에도 우선순위가 있는데, 첫째가 가정이고, 둘째가 교회이고, 셋째가 국가입니다. 그래서 우리는 부모님들에게 권위를 부여받은 거죠. 그런데 학부모님들 각각의 의견이 다르기 때문에 학운위와 같은 구성을 통해 의견을 조정합니다. 저희 같은 경우에는 교회 목사님들과 장로님들, 영적 리더들이 학교의 이사진을 구성하고 있는데, 그 이사진에서 파생된 권한을 교장이 위임받아서 진행합니다. 예를 들어, 교육정책과 방향을 잡아 주는 것은 이사회가 합니다. "우리 학교는 기독교학교로서 기독교 가정에서 자녀들을 먼저 뽑고, 교육과정을 기독교적으로 하고, 교사를 기독교적으로 가르칠 수 있는 사람을 뽑겠다."와 같은 것들을 들 수 있습니다. 이사회가 국회와 같이 입법을 하면, 그 입법한 정책에 의해 교장, 교감, 학교 구성원들이 행정부처럼 그것을 집행합니다. 그리고 교육청이나 국가기관이 사법부의 역할을 합니다.

김혜선 : 우리 학교의 경우에도 이사회에서 학교의 세부적인 사항을 좌지우지하지 않습니다. 교사임명권은 이사에게 있지만, 사실 그것도 절차에 의해서 선생님들로 구성된 인사위원회에서 추천하면 대부분 임명됩니다. 그 외의 모든 일도 선생님들의 의견을 받아 교장이 권한을 가지고 학교 일을 처리하고 있습니다. 그러니까 학교의 전체적인 것은 학교장의 권한입니다.

홍배식 : 글쎄요. 설립주체가 누구냐에 따라서 달라질 수 있습니다. 이사회에서는 대개 교장을 선임하면 그 교장을 믿고 학교 일에 관해서는 많이 위임해 준다고 봐야 합니다.

그런데 이사회가 상당히 중요한 기관임에도 불구하고 실제로 행사할 수 있는 권한은 별로 없습니다. 앞에서 말한 것처럼 선생님을 뽑는 과정에서도 교사인사위원회에서 재청을 받고 이사회로 오면 그냥 도장을 찍을 수밖에 없는 구조입니다. 예산도 마찬가지로 교육청에서 이건 몇 퍼센트 쓰고, 이건 몇 퍼센트 쓰고 하는 것이 정해져 있어서 이사회는 반대할 수가 없습니다. 그냥 도장을 찍어야 합니다. 이사회에서 지닐 수 있는 제일 중요한 권한이 인사와 재정에 관한 권한인데, 거의 형식적인 경우가 상당히 많습니다. 실제로 대한민국 사립학교법은 이사회에 권한을 다 주지 않습니다. 그래서 좀 안타깝죠. 외국의 학교들은 실제로 이사회에서 보고하고, 거기서 정말 중요한 것을 결정하거든요. 왜냐하면 재단 이사장이 책임을 져야 하니까요. 한국의 문제는 재단의 권한은 작은 데 비해 책임은 재단에서 져야 한다는 점입니다. 실제적인 권한은 학교운영위원회나 교사들에게 많이 주고요. 지금은 그런 실정입니다.

> **Tip 3-4. 사립학교법 제54조3 (임명의 제한) ③**
>
> 학교법인의 이사장과 다음 각 호의 어느 하나의 관계에 있는 자는 당해 학교법인이 설치·경영하는 학교의 장에 임명될 수 없다. 다만, 이사정수의 3분의 2 이상의 찬성과 관할청의 승인을 받은 자는 그러하지 아니하다.
>
> 1. 배우자
> 2. 직계존속 및 직계비속과 그 배우자
>
> ※ 대안학교는 사립학교법의 규제를 받지 않음

 학교를 인가받기 위한 최소한의 기준은 무엇인가요? 자세하게 말씀해 주세요.

정기원 : 대안학교 시행령에 다 나와 있습니다. 정해진 규격의 학교 건물(교실 공간)과 운동장을 확보하고 있어야 하는데 크기와 같은 시설 기준은 법령에 자세하게 제시되어 있습니다.

신기영 : 제가 알기로는 최소 기준 인원 이하가 되는 학교라도 그 인원에 준하는 모든 교실이 있어야 합니다.

김의환 : 사립학교법에 따른 인가기준과 대안학교법에 따른 인가기준은 차이가 있습니다.

박은조 : 인가받기 위한 최소한의 기준은 학교 부지나 운동장 존재 여부입니다. 정부에서 제시하는 대안학교 시설 기준은 너무 높습니다. 물론 이게 다 필요하기는 하지만, 대안학교에서 다 지키기 어려

운 실정입니다.

김혜선 : 요즘에는 사립도 시내에서 단지 건물만 있어도 학교가 설립될 수 있다고 합니다. 그러니까 규정이 그때그때 달라지는 것 같아요.

홍배식 : 저는 인가받기 위한 최소한의 기준만 생각하기보다는 가능하면 부지를 크게 잡고 시작해야 한다고 생각합니다. 사실은 노력 여하에 의해서 학교건물을 짓고 나서 나중에 다른 시설들에 대해 국가 지원을 받을 일이 많은데 땅이 없으면 방법이 없으니까요. 요즘은 학교마다 운동장이 거의 없잖아요. 그런데 저는 학교에서 최후의 땅은 운동장이라고 봅니다. 필요하면 운동장 전체를 들어내서 수영장을 만들 수 있고, 그 밖에 다른 것들도 만들 수 있고, 그 위에다 인조 잔디도 깔 수 있으니까요.

처음에는 또 돈이 언제 생길까 싶어서 건물을 부지 한가운데에 딱 지어놓았는데, 그 다음에는 뭘 지으려니까 학교 전체 모양이 아주 우스워지더라고요. 그러니까 가능하면 당장에는 돈이 없어도 전체 청사진을 잘 그려놓고 건물을 하나씩 세워 가는 것이 좋습니다. 꿈이 있으면 언젠가는 그 꿈을 이룰 수 있습니다. 폭을 좀 넓게 잡고 청사진을 그려 보는 게 중요하다고 생각합니다.

Tip 3-5. 법적 기준

■ 초중등 교육법 : 〈고등학교 이하 각급학교 설립·운영 규정〉

[별표 1] 〈개정 2007.5.2〉

교사의 기준 면적 (제3조 제2항 관련)

(단위 : ㎡)

학교		학생수별 기준 면적		
유치원		40명 이하	41명 이상	
		$5N$	$80+3N$	
초등학교·공민학교 및 이에 준하는 각종학교		240명 이하	241명 이상 960명 이하	961명 이상
		$7N$	$720+4N$	$1,680+3N$
중학교·고등공민학교 및 이에 준하는 각종학교		120명 이하	121명 이상 720명 이하	721명 이상
		$14N$	$1,080+5N$	$1,800+4N$
고등학교·고등기술학교 및 이에 준하는 각종학교	계열별	120명 이하	121명 이상 720명 이하	721명 이상
	인문 계열	$14N$	$960+6N$	$1,680+5N$
	전문 계열		$720+8N$	$2,160+6N$
	예·체능 계열		$480+10N$	$1,920+8N$

비고

1. N은 각급학교의 전 학년의 학생 정원을 말한다.
2. 위 표의 고등학교 계열구분은 시·도교육감이 정하는 바에 의하되, 동일 고등학교에 2이상의 계열이 있는 경우에는 각 계열별 기준 면적을 합한 면적을 적용한다.
3. 「초·중등교육법」 제30조의 규정에 의한 통합·운영학교 및 동일구내에 2이상의 각급학교가 위치하는 경우에는 각 학교 급별 기준 면적을 합한 면적을 적용한다.
4. 주간수업과 야간수업을 겸하여 행하는 학교에 대하여는 그중 인가학생 정원이 많은 것을 기준으로 한다.

5. 수준별 교육과정의 심화·보충 학습에 필요한 시설의 기준 면적은 지역 및 학교 특성에 따라 시·도교육감이 별도로 정할 수 있다.

[별표 2] 〈개정 2007.5.2〉

체육장의 기준 면적 (제5조 제2항 관련)

(단위 : ㎡)

학교	학생수별 기준 면적		
유치원	40명 이하	41명 이상	
	160	120+N	
초등학교·공민학교 및 이에 준하는 각종학교	600명 이하	601명 이상 1,800명 이하	1,801명 이상
	3,000	1,800+2N	3,600+N
중학교·고등공민학교 및 이에 준하는 각종학교	600명 이하	601명 이상 1,800명 이하	1,801명 이상
	4,200	3,000+2N	4,800+N
고등학교·고등기술학교 및 이에 준하는 각종학교	600명 이하	601명 이상 1,800명 이하	1,801명 이상
	4,800	3,600+2N	5,400+N

비고
1. N은 각급학교의 전 학년의 학생정원을 말한다.
2. 교내에 수영장·체육관·강당·무용실 등 실내체육시설이 있는 경우 실내체육시설 바닥면적의 2배 면적을 제외할 수 있다.
3. 「초·중등교육법」 제30조의 규정에 의한 통합·운영학교 및 동일구내에 2이상의 각급학교가 위치하는 경우에는 각 학교 급별 기준 면적을 합한 면적을 적용한다.
4. 주간수업과 야간수업을 겸하여 행하는 학교에 대하여는 그중 인가 학생정원이 많은 것을 기준으로 한다.

■ 대안학교 규정 : 〈대안학교의 설립·운영에 관한 규정〉

[별표 1] 교사의 기준 면적 (제3조 제2항 관련)

(단위 : ㎡)

학교	학생수별 기준 면적	
초등학교 과정	120명 이하	121명 이상
	3.5N	120+2.5N
중학교 과정	60명 이하	61명 이상
	7N	210+3.5N
고등학교 과정	60명 이하	61명 이상
	7N	180+4N

비고
1. N은 각급학교의 전 학년의 학생정원을 말한다.
2. 통합·운영학교의 경우에는 각 학교 급별 기준 면적을 합한 면적을 적용한다.

[별표 2] 체육장의 기준 면적 (제3조 제2항 관련)

(단위 : ㎡)

학교	학생수별 기준 면적	
초등학교 과정	120명 이하	121명 이상
	1,500	1,350+0.5N
중학교 과정	60명 이하	61명 이상
	2,000	2,025+0.5N
고등학교 과정	60명 이하	61명 이상
	2,000	2,325+0.5N

비고
1. N은 각급학교의 전 학년의 학생정원을 말한다.
2. 수영장·체육관·강당·무용실 등 실내체육시설이 있는 경우 실내체육

> 시설 바닥면적의 2배 면적을 제외할 수 있다.
> 3. 통합·운영학교 경우에는 총학생 정원을 최상급학교의 학생정원으로 보아 적용한다.

 학교의 시설 기준이 필요하다고 생각하시나요? 그렇다면 시설 기준 중 추가할 것이나 버려야 할 것은 무엇인가요?

정승관 : 저는 학교의 시설 기준이 필요하다고 생각합니다. 그런데 이것을 좀 포괄적으로 해 줬으면 좋겠는데, 너무 일률적으로 해서 문제가 좀 있다고 생각합니다. 예를 들어 여기 홍성에도 학교가 3개 있는데 모두 운동장이 있습니다. 그런 것을 좀 공유할 수 있도록 하면 어떨까 싶습니다. 학교 하나를 놓고서 모든 기준을 너무 세밀하게 갖추게 하는 것보다 학교마다 그 특성에 맞게 하는 것이 필요하지 않나 싶습니다. 너무 일률적인 형태가 아니라 각 학교의 특징을 살릴 수 있는 기준이 있어야 합니다. 그래서 국가에서 딱 정해 준 것을 제시하는 방법도 있겠지만, 학교가 자기네가 가지고 있는 것을 제시했을 때 이를 인정할 수 있는 방법, 뭐 이런 것들이 있으면 어떨까 하는 생각도 좀 해 봅니다.

신기영 : 저희는 300명 이하 학교이지만 그에 준하는 시설을 갖추고 있습니다. 만약 정원 90명만 생각한다면 건물을 작게 지었겠지요. 저는 각 학교마다 크기나 독특성을 존중하면서 시설 기준에 융통성이 있으면 좋겠다고 생각하지만, 지금 와서 보면 그 규제를 따른 것도 하나님께서 다 합력하여 선을 이루시기 위함이었다는 생각이 듭니다. 처음에는 평 단위로 돈이 들어가니까 부담스러웠지만요.

정기원 : 지금 대안학교 설립시설 기준을 보면 학교 부지, 운동장 크기 등이 나와요. 저는 운동장에 대한 기준은 완화하든지 아니면 지역사회 운동장 시설을 활용하게 하면 도시형 대안학교가 훨씬 더 숨통이 트일 것 같다는 생각이 들어요. 도시에 있는 학교가 운동장을 위한 넓은 땅을 확보하기가 어렵거든요. 일반 사립학교도 아마 힘들 거예요. 그래서 저는 교실은 공부해야 하는 장소니까 거기에 대해서는 기준을 강화하더라도, 운동장에 대해서는 좀 완화해 주거나 아예 외부 시설을 활용하게끔 해 주면 좋겠다는 바람을 갖고 있어요.

> **Tip 3-6. 대안학교 설립·운영에 관한 규정 제3조의 2 ③,④항**
>
> ③ 제1항(사립 대안학교의 교사 및 교지는 해당 대안학교를 설립·경영하는 자의 소유이어야 한다.)에도 불구하고 대안학교를 설립하려는 자가 제3조의 기준에 적합한 국가나 지방자치단체의 일반 재산을 분할 납부하는 조건으로 매입하는 경우 제1항의 요건을 갖춘 것으로 본다.
>
> ④ 제1항에도 불구하고 「도시공원 및 녹지 등에 관한 법률」 제2조 제1호에 따른 공원녹지 또는 국·공립 체육시설 등의 체육장 대용시설을 임대 등을 통하여 확보하는 경우로서 교육감이 안정적 사용이 가능하고 교육상 지장이 없다고 판단하는 때에는 제3조 제1항 제2호의 옥외 체육장을 갖춘 것으로 본다.

김의환 : 저는 학교시설기준에 대해서는 최소한의 기준이 있어야 한다고 봅니다. '대안학교니까 시설이 없어도 된다.'라고 생각하면 자칫 학원들이 대안학교로 바꿀 가능성도 있기 때문입니다. 제도적인 허점이 발견되면 학원들이 여지없이 틈새를 파고들어 올 것입니다. 실제로 어

느 국제 기독교 대안학교의 신문광고를 보니까, 그 학교의 영어프로그램을 어느 학원과 공동으로 운영해서 영어에 관한 것은 모 학원이 책임지고 가르친다는 내용이 있었습니다. 유명 학원과 제휴한 사실을 굉장한 강점으로 부각시켜 광고를 했는데, 이것은 깊이 고민해 봐야 할 주제라고 생각합니다. 만약 이렇게 되면 학원과 대안학교가 결합할 가능성이 굉장히 높습니다. 대안학교라는 법적 껍데기를 만들어 놓고 실제로는 학원에서 프로그램을 운영하게 하는 거죠. 저는 그 점이 염려스럽습니다. 왜냐하면 일부 대안학교들이 '국제학교'라는 껍데기를 씌워 놓고, 내부적으로는 유학 사업을 운영하고 있는 곳도 있다고 보거든요. 그런 점에서 저는 시설적·제도적인 면에 대한 기준을 만들어 놓을 필요가 있다고 봅니다.

김혜선 : 사립학교의 경우, 요즘에는 시설지원 면에 있어서 나라에서 지원이 굉장히 후한 거 같아요. 관계된 사람들을 만나서 부탁하고 이야기하면 대부분 조금 기다리면 되더라고요. 저희도 영어 전용교실을 지원받았습니다. 그러니까 뭐든지 열심히 하면 그것에 걸맞게 지원을 받습니다.

전자칠판은 우리 학교 운영비로 한 것입니다. 실제적으로는 굉장히 앞서가는 거죠. 그것도 기다리면 지원해 주겠지만, 빨리 하고 싶은 욕심이 있어서 기다릴 수가 없었습니다. 돈이 들어가긴 하지만, 그것으로 인한 파급효과가 굉장히 크다는 사실을 알고 있었거든요. 아이들의 자부심, 선생님들의 자긍심, 그리고 그것이 더 좋은 교육을 위한 투자니까 하나도 안 아깝습니다.

 교회에서 설립하는 경우, 종교 부지를 활용할 수 있나요?

박은조 : 종교 부지에는 학교를 지을 수 없습니다. 학교 용지로 지정되어 있는 땅이면 제일 좋고, 그렇지 않으면 "우리가 이 땅에 학교를 짓겠습니다." 하고 정부에 설립 인가를 요청해서 학교 부지를 지정받아야 합니다. 물론 종교 부지도 정부에서 변경해서 지정해 주면 되긴 합니다.

정기원 : 종교 부지에서 학교 건물을 쓰는 경우, 등록세와 취득세를 다 내야 합니다. 사실 교회에서 설립한 학교들은 이 경우를 고려하지 않고 있습니다. 교회 건물을 학교와 같이 활용하면 좋겠다는 생각을 갖고 있는데, 사회에서는 학교 교육은 종교 본연의 목적에 위배되는 일이라고 보고 있습니다. 그래서 우리의 경우도 교회가 교육을 굉장히 중요하게 생각하고 교육목회를 표방했기 때문에 학교를 설립한 것이라고 밀했는데도 안 되더라고요. 제가 아는 어느 다른 교회도 큰 건물 한 층을 학교가 쓰고 있습니다. 그리고 그 층을 쓰고 있는 것에 대해 관할구청에서 이미 세금을 부여했지요. 그것이 하나의 사례가 되어 우리 학교도 세금을 내게 된 거예요. 또한 우리 학교가 또 하나의 선례가 되어 다른 학교도 이의제기가 들어오면 세금을 내야 하는 상황이 되었습니다.

법적으로 봤을 때, 교회는 종교 부지이기에 모든 게 다 면세이지만 대안학교는 미인가 교육 기관이니까 세금을 내야 합니다. 그래서 "교회학교도 아이들에게 교육을 하지 않냐?"라고 했더니, "그건 일주일에 한 번이고 기독교대안학교는 매일 교육하는 것 아니냐?"라고 말하더군요. 그러면 학교가 쓰는 공간에 한해서만 취득세를 물고, 토요일과 주일은 교회가 쓰니까 5일로 계산하겠다고 했더니 그것도 안 된다고 했습니다.

아마 학교를 설립하자마자 구청에서 나오지 않는다고 해도 3-4년이 지나서 세무조사가 나오면 학교를 설립한 날부터 거슬러 계산할 겁니다. 그러면 그 금액도 커지게 되겠지요. 왜냐하면 홈페이지에 들어가면 학교 설립연도가 나오니까 나중에 감사할 때 문제가 되거든요. 세무조사에서는 설립 근거 서류가 다 있어서 그 이전 세금을 냈다는 근거가 있어야 합니다. 그래야 본인들도 책임을 면할 수 있다는 거죠.

생각할 문제

1. 교장, 이사회, 학교운영위원회의 관계설정에 대해서 생각해 봅시다. 당신이 꿈꾸는 학교에서 이 관계는 어떠해야 할 것이라고 생각하십니까?

2. 건물 청사진을 그려 봅시다. 학생 수는 몇 명, 학급 수는 몇 개로 할지, 부지는 얼마나 확보할 수 있을지, 학교 시설은 어떻게 할지 그려 보고 다른 사람과 함께 나눠 봅시다.

★ 이것만은 꼭~!

　　기독교학교의 행정조직은 기독교교육을 실시하기에 가장 알맞은 형태를 취해야 합니다. 일반적으로 학교조직은 관료적인 형태를 갖고 있어서 이사회는 교직원들에게 명령을 내리고 그들을 통제하는 기능을 갖기가 쉽습니다. 교직원들의 의사가 이사회에 반영되지 않고 일방적인 상명하달의 의사소통이 일어나는 경향이 있습니다. 그러나 기독교학교에서 이사회는 교직원들과 쌍방적 의사소통이 가능해야 합니다. 이사회는 교직원들에게 학교의 이념과 정신에 대해 끊임없이 환기시켜 주는 역할을 이행해야 하고, 교직원들이 교육활동을 하는 데 필요한 여건을 조성해 주는 든든한 버팀목의 역할을 해야 합니다.

　　교장은 교사들과 이사회 사이에서 매개자와 조정자의 역할을 수행해야 합니다. 교장이 교직원들의 섬기는 리더로서의 역할을 할 때 학교의 행정가와 교사들과의 바람직한 관계가 형성될 수 있습니다. 학교운영위원회는 학교행정에서 민주적 정신을 실천하는 중요한 제도입니다. 다수의 교사, 학부모, 지역인사들의 의사가 학교행정에 잘 반영될 수 있도록 운영위원회가 민주적으로 구성, 운영되어야 합니다.

　　학교의 규모는 학교구성원들이 상호간 인격적 관계를 맺을 수 있는 정도의 규모가 적절합니다. 학생 수와 학급 수는 학교급과 지역에 따라 다를 수 있지만 교사 상호간, 학생 상호간, 교사와 학생 사이에 상호의존적 유대감을 형성할 수 있도록 학교의 규모와 조직을 구성하는 것이 중요합니다.

4장
학교의 교사

☞ 이 과의 질문 포인트

1. 좋은 교사는 어디서 구할 수 있나요?
2. 교사 선발기준은 뭔가요?
3. 교사 재교육은 어떻게 하고 있나요?

샘물중고등학교 체육대회

4장 학교의 교사

학교를 운영하려면 좋은 시설도 필요하지만 좋은 교사가 있어야 합니다. 좋은 교사들은 어떻게 모집할 수 있나요?

김요셉 : '어떤 교사가 좋은 교사인가?' 하는 기준은 참 중요합니다. 하지만 학교가 어떤 목표로 교육하느냐에 따라 좋은 교사의 기준이 달라집니다. 예를 들어 어떤 학교의 목표가 '서울대학교를 많이 보내는 것'이라면 좋은 교사란 입시 성적을 잘 내는 교사입니다.

우리 학교가 추구하는 좋은 교사란, 학생들이 일관성 있게 기독교적 세계관으로 살아갈 수 있도록 가르치는 교사입니다. 그런데 솔직히 우리나라의 공적인 교육 프로그램에서는 그런 교사가 되기 어렵습니다. 초등학교 교사는 특별히 더 그렇습니다. 왜냐하면 우리나라에서 초등학교 자격증을 받을 수 있는 대학이 사립에서는 이화여대 하나밖에 없기 때문입니다. 중학교 교사는 여러 기독교 대학에서 배출될 수 있지만, 그렇다고 그 대학들이 '기독교 세계관을 공식적으로 가르칠 수 있는 트레이닝 시스템이 있느냐?' 하면 … 없습니다. 그래서 '좋은 교사를 어떻게 모집해야 하나?' 하는 것이 우리의 고민이었습니다. 좋은 신앙을 지닌 사람이 자동적으로 기독교 세계관을 일관성 있게 삶 속에 드러내도록 가르칠 수 있는 건 아니니까요. 물론 신앙이 있는 사람들이 좋은 교사가 될 가능성은 높습니다.

저희는 신앙을 삶의 현장에서 많이 적용해 본 경험이 있는 사람들을 선호합니다. 그래서 주로 선교단체에서 철저하게 훈련받은 교사들, 즉 IVF, CCC, 네비게이토 이런 선교단체 출신 사람들을 채용했습니다. 그리고 설립 초기부터 교사 채용 이후의 교사 재교육도 아주 중요하게 생각해 왔습니다.

홍배식 : 김요셉 목사님의 말씀대로 '어떤 교사가 좋은 교사인가?' 하는 기준은 참 중요합니다. 그러나 저는 좋은 교사란 학교의 건학이념을 같이 이루어 갈 수 있는 교사라고 생각합니다. 교사들이 각자 교육에 대한 기준이 다르기 때문에 우리는 교사를 선발할 때 우리 학교의 건학이념을 말합니다. 그리고 그 비전을 이야기합니다. "선생님, 여기에 동의하십니까?" 그러면 대부분의 선생님들은 그 자리에서는 다 동의한다고는 합니다. 그런데 실제로 보면 건학이념에 동의하고 열심히 하는 선생님도 있지만, 그렇지 못한 선생님도 있습니다. 그래서 좋은 교사를 선발하는 일은 어렵습니다.

우리는 채용공고를 할 때, 선교단체나 큰 교회 인터넷 게시판, '기독교학교연맹'에서 교사를 모집하는 책자를 이용합니다. 물론 교육청에도 광고를 내야 하기 때문에 그곳에도 하고 있습니다. 하지만 가능하면 선교단체에서 훈련받은 분들을 많이 뽑습니다. 그런 분들이 인품이 좋고 학교에 와서도 열심히 합니다. 면접할 때 보면 '좋은 젊은이들이 참 많구나!' 하고 감탄하기도 합니다. 이런 좋은 젊은이들이 한국에 그리고 기독교학교에 참 많아서 희망이 있는 것 같습니다.

정기원 : 인가받지 않은 대안학교에서 교사를 모집하는 것은 또 다른 문제인 것 같습니다. 주어진 환경 속에서 최선을 다하는 교사도 물

론 좋지만, 인가받지 않은 대안학교의 경우에는 학교가 지니고 있는 교육철학에 동의하고 헌신할 수 있는 선생님이 필요합니다. 왜냐하면 일반 학교와 급여에서는 똑같은 대우를 해 주지만, 법적으로나 경제적으로 지위를 보장해 줄 수 있는 것은 아니니까요. 이곳에 오려면 그런 것들을 다 내려놓고 와야 하는데, 그게 쉽지가 않습니다.

또 선생님들이 대안학교에 오려면 감당해야 할 부분들이 너무 많습니다. 부모님과 가족들을 설득하면서까지 여기에 오기가 쉽지 않습니다. 그래서 교장인 제 입장에서 선생님을 구하기 위해 이 방법 저 방법 다 써 봤는데, 기도하는 것 외에는 다른 방법이 없다는 생각이 들었습니다. 하나님께서 준비해 놓으신 분이 분명 있습니다. 우리 학교에 오신 분들을 보면 다 나름대로 훈련받고 준비했던 과정들이 있더라고요.

저는 우리 학교를 알릴 수 있는 최소한의 노력을 하는 것도 필요하다고 봅니다. 기독교학교교육연구소 행사가 있을 때 가 보거나, 컨퍼런스를 할 때 옆쪽에서 홍보나 안내를 하거나, 사단법인 좋은교사운동에서 발행하는 잡지에 학교를 홍보할 수 있습니다.

저희는 서울시 교육청 홈페이지에 광고를 많이 냈습니다. 홈페이지 구인란에 여러 번 올렸는데, 그게 또 민원이 들어가서 이제 교사를 공개 채용하기도 어려워졌습니다. 그래서 저는 교수님들께 연락해서 좋은 선생님이 있으면 추천해 달라고 부탁드립니다. 실제로 그분들께서 추천해 주신 분이 우리 학교에 한 분 계십니다. 하지만 교사들을 모집하기 위해서는 발로 직접 뛰어 다니는 것이 좋습니다. 우리는 그동안 '기독교사모임'을 열어서 일반교사들에게 우리 교회 학교교육에 대해 좀 더 알리고 그중에서 괜찮은 분들은 초빙하려고 노력했습니다.

김의환 : 저는 기독교대학 학교신문 홈페이지에 광고를 냅니다. 그리고 이미 기독교교육으로 확실하게 자란 사람 중에서 교사로서의 소명의식이 있는 분을 찾아가 인터뷰합니다.

그러나 인터뷰만으로는 그 사람의 인격을 알기가 어렵습니다. 제가 학교를 10여 년 운영하면서 제일 힘들었던 것이 교사들도 기숙사에 들어와서 공동체 안에서 함께 지내야 한다는 점이었습니다. 공동체에서 잘 지낸다는 것은 온전한 크리스천이 된다는 것과 같은 맥락입니다. 온전한 인격을 갖추는 것 자체가 가장 힘든 부분입니다. 훌륭한 교사가 된다는 것은 나중 문제이고, 우선 자신이 진실한 크리스천이 된다는 것이 쉽지가 않습니다. 30대도 더러 있지만 대개 20대에 대학을 마치고 갓 출발하는 사람으로서 정말 신실한 크리스천으로서 온전하게 서 있는 사람이 많지가 않습니다.

Tip 4-1. 좋은 교사를 구하는 방법
1. 선교단체에서 철저하게 훈련받은 교사들
2. 기독교학교교육연구소 등과 같은 기관 행사 때 홍보 및 안내
3. '좋은교사운동' 잡지에 홍보
4. 교육청 홈페이지 구인란에 홍보
5. 아는 사범대, 교육대 교수님들께 추천 요청
6. 학교 자체 '기독교사모임'을 통해 홍보
7. 기독교대학 학교신문 및 홈페이지 광고
8. '기독교학교연맹' 교사 모집 책자에 홍보

 좋은 교사를 선발하기 위해서는 학교만의 선발기준이 필요하다고 생각하는데요, 교사의 선발기준은 무엇인가요?

김의환 : 저희는 공교육 교사가 아니기 때문에 교사 자격증은 중요하게 생각하지 않습니다. 다만 저는 면접할 때, 첫째, '우리나라 교육에 대한 애통함이 있는가?'를 봅니다. 그리고 애통함이 없는데 대안학교로 오려는 사람이 있다면 돌아가라고 말합니다. 둘째, 공동체로 함께 살아가야 하기 때문에 인격적으로 성숙한지를 봅니다. 셋째, 아침마다 Q.T를 지도해야 하기 때문에 자기 전공은 확실하지만 Q.T 지도를 못하면 탈락시킵니다. 선생님이 Q.T 지도를 잘할 수 있어야 아이들의 영적 리더가 될 수 있기 때문입니다.

특별히 우리 꿈의학교는 독서교육 중심의 학교인지라, 교사를 선발할 때 독서하는 속도가 어느 정도인지를 물어봅니다. 그리고 1시간 동안 책을 읽고 문제를 풀게 하면서 테스트도 실시합니다. 또 자기 전공 분야에 대한 강의를 시연하게 합니다. 영어 선생님은 영어로 강의해야 합니다. 그래서 실력 없는 영어 선생님은 대부분 스스로 포기합니다. 원어민 교사들이 앉아서 영어로 질문하는데 자신 없으면 하겠습니까? 이처럼 교사들을 선발하는 것은 까다롭고 만만치는 않습니다.

홍배식 : 일단은 기본적으로 좋은 크리스천이어야 합니다. 거듭난 크리스천이어야 하고, 선교단체에서든 교회에서든 훈련을 받은 사람이어야 합니다. 그래서 학생들을 사랑하고 그들을 구원하고자 하는 열정이 있어야 합니다.

우리 학교에는 서류 면접이 있습니다. 서류는 우리만의 양식이 따로 있습니다. 제가 외국 여러 학교들의 교사지원 양식을 보고 나서 이를 종합해서 만든 것입니다. 또한 지필고사가 있습니다. 지필고사는 객관적인 기관을 통해 시험 문제를 출제해서 시험을 봅니다. 그 내용은 교육학이나 교과에 관련된 것이겠지요. 지필고사를 통해 정원의 몇 배수를 선정하고 나면 면접이나 시강을 합니다. 여하튼 사립학교에서의 선생님은 평생을 같이 근무해야 할 분들입니다. 매우 신중하게 선정해야 할 것입니다.

김요셉 : 교대에 가서 교사 자격증을 받은 사람은 기본적으로 학력이 다 갖춰진 분들입니다. 그래서 저희는 그분들의 기독교적 세계관이니 교육철학, 신앙관과 같은 것들을 철저하게 봅니다. 교사를 채용할 때 6명의 면접관이 있는데, 그분들이 지원자와 각각 일대일 면담을 합니다. 그중에 목사님들은 주로 기독교적인 세계관, 행정실장님들은 법적 문제, 또 교장 선생님은 교육관, 또 다른 목사님은 구원의 확신, 또 다른 분은 개인적인 생활을 파악합니다. 6명의 면접관이 각각 다른 방에 들어가서 10-15분 정도 일대일로 면접을 하고, 그게 다 끝나면 다른 방으로 이동합니다. 그런 방식으로 하면 일인당 1시간 이상 면접을 보게 됩니다. 그러다 보면 그 사람에 대한 전반적인 것을 거의 파악할 수 있습니다.

또 면접을 볼 때 그룹활동을 합니다. 예를 들어, 5명 정도 그룹을 지어서 재료와 레시피를 주고 쿠키를 만들라고 합니다. 그러면 만드는 것을 주도하는 사람, 뒤치다꺼리만 하는 사람, 묵묵히 일하는 사람 등 그 사람들이 어떤 성품을 지니고 있는지 다 알 수 있습니다. 재미있는 것은 그 활동을 통해 발견된 성격이 나중에 교사가 돼서 교실에 가 보면 그대로 다 나타난다는 점입니다. 이렇게 하면, 사실 우리가 인간이기 때문에 실수해서 잘못 판단할 수는 있겠지만, 실패 확률이 상당 부분 줄어듭니다. 그래서 저희는 그런 전반적인 부분을 많이 봅니다. 성적은 많이 보지 않아요.

김혜선 : 저희는 만약 국어과 선생님을 뽑아야 한다고 하면 일단 국어과 선생님들이 함께 모여 선생님 한 분을 뽑습니다. 그리고 그 결과를 저와 학원장님께 알려 줍니다. 그러면 저희가 그 선생님을 면접합니다. 교회생활을 열심히 하는지, 대학교 때는 어떠한 봉사활동을 했는지, 신앙체험에는 어떤 것이 있는지, 암송하고 있는 성경구절은 무엇인지, 뭐 그런 것들을 물어봅니다. 그런데 거기서 다 판별이 됩니다. '이 선생님, 정말 신앙이 좋으신 분이다.', '이 선생님은 세례증명서를 가짜로 해 왔다.' 이게 다 나옵니다.

김선봉 : 동감합니다. 저희도 교사를 선발할 때 처음에는 서류를 심사해서 선발인원의 2배수를 뽑아 면담을 합니다. 서울대 나온 사람이라고 좋아하는 게 아니라 어떤 사람이 제대로 된 신앙을 갖고 있는지를 봅니다. 학교에서 매시간 수업해 주고, 업무해 주고, 월급 받아먹고, 집에 가서는 취미생활하고…. 이런 사람은 절대 원하지 않습니다. 돈 때문이 아니라 그것을 넘어서 얼마나 학생들을 위해 하지 않아도 될 고생을 하면서 그들을 품어 주고 사랑해 줄 수 있는지를 봅니다.

박은조 : 저희도 교사 선발기준으로 '기독교적 가치관을 지닌 사람인가?', 그리고 '아이들을 사랑하고 그들의 눈높이에서 교제하고 가르

칠 수 있는 사람인가?' 이 두 가지를 가장 중요한 요건으로 봅니다. 중학교의 경우는 중등 교사 자격증을 요구합니다. 또 초등학교의 경우, 학교 자체적인 교육 프로그램인 '샘물 기독교사 아카데미'를 수료한 사람들에게 교사지원 자격을 부여하고 있습니다.

> **Tip 4-2. 샘물 기독교사 아카데미**
>
> - 샘물 기독교사 아카데미는 '하나님이 기뻐하시는 학교'를 함께 만들어 갈 기독교사를 모시고 교육하는 학교 자체 교사교육 프로그램이다. 샘물기독학교에서 마련한 기독교사 아카데미를 통해 미래의 기독교사들과 함께 머리를 맞대고 고민하며 기독교사의 꿈과 비전을 펼쳐 가고 있다.
>
> 또한 샘물 기독교사 아카데미를 수료한 자에게 샘물기독학교(유치원, 초등학교) 교사 지원 자격을 주고 있다. 매주 강의와 필독 도서 서평, 토론, 발표로 진행되는 7주 교육과정을 간략하게 살펴보면 다음과 같다.
>
> 1주차) (O.T) 기독교교육의 기본 원리
> 2주차) 기독교학교의 신학과 교육철학
> 3주차) 기독교적 가르침
> 4주차) 기독교학교에서 학부모와 동역하기
> 5주차) 기독교사로의 부르심
> 6주차) 교실을 배움 공동체로 만들기
> 7주차) 기독교학교의 시대적 사명과 전망 / 수료식

정기원 : 교사 선발기준은 기독교교육을 해야 하기 때문에 크리스천이어야 하는 것은 당연합니다. 또한 저희가 제일 중요하게 보는 것은

'인간에 대한 이해가 있는가, 없는가?'입니다. '그 선생님이 얼마나 교수법이 탁월한가, 아이들을 얼마나 잘 돌볼 수 있는가?' 이것보다도 그분이 얼마나 인간에 대한 이해가 있고 아이들을 사랑하려고 하는 마음이 있는지를 봅니다. 비록 그분의 교수법이 조금 미진할지라도 많이 가르치고 연구하다 보면 개선될 수 있다고 생각합니다. 하지만 인간에 대한 이해는 개선되기 어려운 것이라 봅니다. 이것은 가르쳐서 될 일이 아닌 거 같아요.

정승관 : 우리 학교는 선생님을 구해 본 적이 없습니다. 왜냐하면 학교가 워낙 열악하니까 선생님들이 못 견디고 가는 경우가 많거든요. 대부분이 그랬습니다. 그래서 선생님이 필요해서 구하려고 하면 구할 수가 없었습니다. 그러니까 저 같은 사람도 이런 데 오게 되지요. 저도 당시 교감 선생님이었던 우리 학교 선배가 학기 중에 갑자기 어느 선생님이 그만두었다고 해서 갔는데, 그로부터 벌써 30여 년이 지났네요. 그런데 그 사이에 왔다간 사람이 100명은 넘는 거 같아요. 계속 왔다갔다 해요. 그런데 아이러니하게도 '정말 교육은 이렇게 해야 해.' 하고 굉장히 오랫동안 고민하고 생각하면서 뜻을 지녔던 분들은 거의 다 나갔다는 겁니다. 오히려 그런 생각 없이 여기 왔다가 조금씩 몸에 밴 분들이 지금까지 남아 있습니다.

제가 무슨 말씀을 드리고 싶은 거냐면 교육은 아이들과 딱 접하는 데서 일어나는 것입니다. 자기가 꿈꾸는 교육에 아이들을 맞추는 것이 아니라 그냥 이 아이들과 같이 가는 겁니다. 이 아이들이 졸면 같이 졸고 놀면 같이 놀고 …. 이렇게 동질감을 지니면서 가야만 아이들과 함께 갈 수 있습니다.

이렇게 볼 때 '어떤 선생님이 좋은가?' 하는 객관적인 기준은 있습니다. 자기가 맡은 과목에 있어서는 좀 더 투철한 정신으로 가르쳐야 하고, 아이들을 사랑하는 마음도 있어야 하고, 그 외에 여러 가지가 있어야겠지만 근본적으로는 각 현장에서 두레면 두레, 풀무면 풀무학교에 맞게 재교육이 필요하다고 생각합니다. 하지만 교사들에게 중요한 것은 역시 아이들과 함께하는 것입니다. 그래서 저희는 선생님들에게 "3년 동안 계셔야 풀무학교 선생님입니다."라고 말합니다.

> **Tip 4-3. 좋은 교사 선발기준 총정리**
> 1. 깊은 신앙과 건강한 기독교적 가치관
> 2. 학생에 대한 사랑
> 3. 훌륭한 성품
> 4. 전공과목 실력
> 5. 학교 목적과 특성을 이해

 방금 교장 선생님께서 근본적으로는 각 현장에서의 재교육이 필요하다고 하셨는데, 교사들을 대상으로 하는 재교육을 학교마다 어떻게 하고 있나요?

김의환 : 교사 훈련은 제가 굉장히 강조하는 부분입니다. 우리 학교처럼 교사 훈련을 강하게 하는 곳은 아마 드물 것입니다. 저희는 매주 교사훈련이 있거든요. 그 훈련은 절대 한 명도 빠지면 안 됩니다. 저도 물론 참석합니다. 가끔 외부에서 특강 강사를 초빙하기도 하는데, 우리나라의 저명한 강사는 절반 이상 다녀갔다고 보면 됩니다. 그리고 대부

분은 우리 교사들이 돌아가면서 강사를 합니다. 제가 주로 잘 쓰는 방법이 있는데, 그것은 우리 교사들 중에 다음 번 강사를 미리 세우는 것입니다. "다음 번에는 선생님 차례입니다. 주제가 뭐고, 책은 어느 것입니다."라고 미션을 주고 서로 토론하게 만듭니다. 하지만 이것이 선생님들에게는 상당한 스트레스가 됩니다. 그러나 그 과정이 힘들긴 해도 교사들은 토론을 통해 성장합니다. 우리 학교의 강점은 '교사의 수준이 높다'는 점입니다. 아무리 우리 학교 시스템을 모방해도 따라 올 수 없는 것은 바로 교사의 수준이 다르기 때문입니다. 재교육도 만만치 않고 방학 때도 일주일씩 수련회를 통하여 강하게 훈련받습니다.

지난 여름방학 때는 어느 교수님이 강사로 오셨는데, 기독교 철학책을 몇 권 읽고 토론하는 시간을 가졌습니다. 그때 그 교수님이 굉장히 감동을 받으셨습니다. 자기가 했던 세미나 중 최고였다고 극찬을 하셨습니다. 연수 시간에 상호작용이 활발하니까요. 저는 선생님들에게 "교수님을 못살게 굴어라. 질문을 꼭 해라."라고 강조하기 때문에 그 시간에 누가 어떤 질문을 하는지 체크한 후 질문하지 않는 선생님들은 혼을 냅니다. 우리는 어떤 강사가 오더라도 그 강사의 저서를 읽지 않으면 강의에 들어오지도 못하게 합니다. 이렇게 읽고 토론하는 과정을 거쳐야 자기 것으로 체화된다고 믿습니다.

교사들의 수준이 처음부터 높았던 것은 아니었지만, 이런 훈련을 통해 교사들의 수준이 굉장히 높아졌다고 봅니다. 저는 꿈의 학교 교사로 있다가 다른 기관으로 나가면 어디가도 스카우트될 정도로 전문가가 되어야 한다는 목표가 있습니다.

정기원 : 우리 선생님들은 다들 젊은 편입니다. 그래서 요즘 우리 안

에서 계속 논의되는 것은 우리가 10년 이상 된 선생님들보다는 아무래도 교수법이 떨어진다는 점입니다. 우리는 이 부분을 스스로 극복해 나가기 위해 더 많은 연수를 하고 있습니다. 그리고 매주 2번씩 만납니다. 또 다음 주 교육을 위해 2개의 지도안을 갖고 서로 협의하는 시간도 갖고 있습니다.

교사를 선발할 때도 '교사가 배우려고 하는 의지가 있는지, 분명한 자기 한계를 알고 있는지'를 봅니다. 자기 한계를 알고 있을 때는 기도하면서 누구에게든 도움을 구할 수 있기 때문입니다. 그리고 새로온 선생님들을 대상으로 교사채용을 위한 교사교육을 8주 동안 합니다. 그 과정을 거친 분에게는 1-2월 동안 우리 선생님들이 학교를 설립할 때 초기에 읽었던 교재를 주고 보고서를 쓰도록 합니다. 그 다음에는 신규 교사를 위한 교육을 4주에 걸쳐서 합니다. 그 후에는 기존의 '기독교사 연구과정'을 같이 하면서 재교육을 합니다.

저는 다른 학교와 비교했을 때 우리 학교가 갖춰 갈 수 있는 것은 교사의 수준을 높이는 방법밖에 없다는 생각이 들었습니다. 이것이 앞으로 10년, 20년 후의 학교 교육을 결정하겠다는 생각이 들어서 부족한 재정이지만 상당액을 일인당 연수비로 책정해 놓았습니다. 그래서 선생님들이 영수증만 첨부하면 어느 정도 돈까지는 자유롭게 쓸 수 있습니다. 여행을 하거나, 대학원 등록금을 내거나, 외국 연수비로 쓰거나, 책을 사서 보거나, 아니면 일반 학교에서 운영하는 선생님들의 연수 과정이 많으니까 거기에 가거나, 기독교학교교육연구소에서 여는 컨퍼런스에 가거나 할 때 사용할 수 있습니다. 책정한 연수비를 초과하지 않는 한도 내에서 학교 예산에 그대로 귀속시키는 것으로 해 놓았습니다. 올해 와서는 우리 학교에 강사 선생님들이 많으니까 그분들한테도 그 절반 수준으로 연수비를 제공해 드렸더니 강사님들이 좋아하셨습니다. 그런 기회를 주는 데가 없거든요.

어쨌든 우리 학교는 선생님들이 재교육을 받을 수 있는 것을 최우선으로 하고 있습니다. 우리가 그 비용은 아끼지 않았으면 좋겠다고 제가 말씀드렸고, 운영위원회에서도 동의해 주셨습니다. 교사들의 재교육비, 아이들의 학습활동에 들어가는 재료비만큼은 우리가 손대지 말자고 했습니다. 아무리 어려워도 그 두 가지는 삭감하지 말자고요.

홍배식 : 우리 선생님들도 재교육 때문에 고생을 많이 합니다. 우리는 3년 과정으로 공부합니다. 이미 같이 하자고 독려해서 기존 교사들은 신청한 사람에 한해서 교육을 받고 있고, 신입 교사들은 이 교육과정을 받기로 약속하고 들어옵니다. 지금은 한 5개 팀 정도가 있습니다. 교육은 단계별로 하는데, 첫 해는 『기독교교육의 기초』라는 리차드 에들린 책으로 우리가 발제해서 서로 이야기합니다. 두 번째 해에는 『어, 성경이 읽어지네』라는 책으로 성경에 대한 전반적인 조망을 할 수 있는 능력을 키워 줍니다. 세 번째 해에는 'Think Again'이라는 DVD CD로 성경적 세계관을 공부합니다. 또한 『진리와 하나된 교육』(Making the Connection)이라는 책으로 7주 동안 워크숍을 해서 수업지도안을 성경적으로 쓰는 훈련을 합니다.

또 하나는 캐나다에 있는 기독교학교를 탐방하러 가는 것인데, 항공료는 선생님이 내고 그 외 나머지 일체는 학교에서 부담합니다. 대개 신입교사들은 재교육을 받는 것을 별로 어려워하지 않고 좋아합니다. 실제로 교사들이 '캐나다 기독교학교는 이렇게 하고 있구나!'를 보고 오면 많은 것을 깨닫고 도움을 받습니다.

김요셉 : 저희는 처음부터 교사들을 50-60시간 이상 집중적으로 교육합니다. 그리고 학기 중에 계속해서 학교가 추구하는 '기독교교육, 협동교육, 창의성교육(Christian Education, Cooperative Education, Clever Education)' 영역에서 트레이닝 그룹들이 교육합니다. 기본적인 교사 재교육은 몇 년에 걸쳐서 거의 300-400시간 이상 합니다.

또한 다른 교사들을 가르칠 수 있는 리더 교사들을 세우기 위해 기독교사들을 훈련시키는 정규 교육과정이 있는 외국의 대학원 과정에 매년 2명 정도 교사들을 석·박사 과정으로 보내기도 합니다. 선생님 150명 중에 10명 정도가 이미 교육을 받았거나 교육 중에 있습니다.

유학비용은 학교에서 지원해 주나요?

김요셉 : 우리 학교는 법인 재정으로 보내드리고 있습니다. 학교 재정은 법적으로 다른 용도로 사용할 수 없기 때문에 학교 법인에서 일부 지원합니다. 학교에서 100%, 모든 생활비까지 다 지원해 주는 것보다 본인이 일부 부담하는 것이 좋습니다. 최소한의 비용을 제외한 나머지 현지 체류 비용은 본인이 부담합니다. 저희가 교사 한 사람에게 지원하는 금액은 연간 2천만 원이 조금 넘습니다. 저희가 펀드를 마련해서 1년에 2명까지는 지원해 줄 수 있습니다. 석사과정에 한번 들어가면 2년 내지 3년이 걸리고, 돌아오면 학교에서 의무적으로 복무하는 기간이 있습니다. 2년 공부하면 6년 복무하는 것을 의무규정으로 두고 있습니다.

이렇게 저희들이 지니고 있는 제한된 재정으로 교사들을 재교육하고 리더들을 개발하는 데 에너지를 많이 쏟고 있습니다. 물론 해외 대학 교육 프로그램에만 그 돈을 사용하는 것은 아니고요. 단기적인 프로그램들이 또 있습니다. 예를 들어 협동학습이라든지, Think Again workshop과 같은 프로그램들이 있습니다.

> **Tip 4-4. Think Again workshop 프로그램**
>
> - Worldview Matters의 '기독교세계관 세우기' 프로그램
> - 〈Workshop Content〉
>
> Part1 : Assumptions about God, Creation and Humanity
>
> 1. Five Files in Everyones Mind
> 2. What is 'Nature' and How Does it Eat People Up?
> 3. What Makes Humans More Valuable Than Pigs
>
> Part2 : Assumptions about Moral Order
>
> 4. When it comes to Gravity, God Didn't Give Us Three Choices
> 5. What Drives Postmodern Thought?
> 6. The Problem with Acting Naturally
>
> Part3 : Assumptions about Purpose
>
> 7. What Makes the Most Convincing Lie?
> 8. Casting Light on Plato's Shadow
> 9. Have You Ever Seen a Secular Color?
>
> Part4 : Sharpening Our Biblical WITS(Worldview Integration Thinking Skills)
>
> 10. Putting the Pieces Together
>
> - 자세한 내용은 http://www.biblicalworldview.com 참조

박은조 : 현재 교사 재교육은 해외 재교육 프로그램을 통해 이루어

지고 있습니다. 일단 초등학교의 경우는 '펠라기독교학교'와 중학교의 경우는 '웨스터민스터 크리스천 채플'과 자매결연을 맺고 있습니다. 이번 연초에 우리 교사들과 교장 선생님이 그 학교에 다녀왔습니다. 그곳에 가서 수업을 참관하고 그 학교가 지니고 있는 프로그램을 전부 경험하면서 교사 제휴 프로그램을 하고 있습니다.

신기영 : 저희 지구촌 학교 같은 경우 교사들은 모두 '기독교사세움터' 출신들입니다. 훈련은 학기 중에도 계속 있습니다. 그래서 우리 학교 선생님들은 힘이 듭니다. 기독교사세움터는 몇 년 후에 재교육으로 모두가 다시 들어옵니다.

지는 교사 재교육보다 더 중요한 것은 지도자 훈련이라고 생각합니다. 교장, 교감, 부장 선생님 가운데 핵심적인 사람들을 훈련해야 합니다. 실제로 해 보면 교사를 훈련하는 것보다 더 중요한 것은 교장 선생님을 훈련하는 것입니다.

> **Tip 4-5. 기독교사세움터**(cafe.daum.net/acedb)
>
> 기독교사세움터의 훈련 프로그램은 다음과 같다.
>
> ■ 목적
>
> 기독교사로의 소명을 점검하고(정체성 확립), 우리에게 주어진 교육환경을 잘 인식하며(상황 분별), 교과를 기독교적으로 가르칠 수 있는 기초능력(변혁 무기 계발)을 세운다.
>
> ■ 훈련과정 소개
>
> 1) 기독교적 가르침의 준비
>
> 가. 소명 점검

기독인 중에서 교사의 직으로 부른바 된 자를 가리켜 기독교사라고 한다. 따라서 기독교사는 기독인의 부르심(the call)과 함께 교사로의 부르심(calling)에 확신을 가져야 한다. 소명의 확신은 교사로서 특별한 능력을 부여받아 행하게 되는 비결이다. 소명 진술서를 작성함으로 소명 점검을 스스로 하게 된다.

나. 교육환경 분석

한국의 기독교사와 학생들은 한국 상황을 내면화한 상태로 가르치고 배운다. 즉, 우리의 마음과 생각 그리고 몸의 습관 가운데 한국적인 것들이 깊이 스며 있다. 또한 급격하게 변하는 외부 제도적 환경은 우리의 교육 현장에 지대한 영향을 끼친다. 내면화된 한국적 습관과 변화된 제도적 환경에 대한 이해는 우리의 교육 상황을 분별하게 하고 효과적인 가르침의 모델 계발을 위한 통찰을 준다.

다. 기독교적 가르침의 실제

기독교사로서 나의 교과 가르침이 다른 비기독교사의 것과 아무런 차이가 없다면, 나는 나의 정체성과 일관되지 않는 가르침을 하고 있는 것이다. 그러면 어떻게 내 정체성과 일관된 기독교적 가르침을 할 수 있을까? 여기서는 특별히 교과내용학적인 차별성을 추구하며 구체적인 도구를 통해 거듭 실천함으로 차별적인 색깔이 확연히 나오도록 한다. 훈련 이후 한 학기 동안 각자의 현장에서 매달 배운 것을 실천함으로 현장 속에서 자기만의 감각을 길러지게 한다.

2) 기독교적 가르침의 실천 캠프

기독교적 가르침을 위해 완성된 구체적인 준비물(중단원 계획서와 차시계획서)을 갖고 실제 학생들을 대상으로 가르쳐 봄으로 학생들의 반응과 교사

> 자신의 느낌을 통해 기독교적 가르침의 실천에 대한 확신과 결단을 갖도록 돕는다. 그리고 캠프 기간 동안 한 학생의 멘토로서 역할을 감당하면서 '한 영혼을 사랑해 보는 경험'을 하게 된다. 이 캠프를 준비하기 위한 교사일일수련회가 첫 부분에 포함된다.

김혜선 : 미션스쿨 선생님들은 정교사가 되고 나면 연수 자체를 굉장히 힘들어합니다. 가르치는 것 외에 시간을 따로 내는 것을 힘들어하기 때문에 처음부터 제도적으로(계약에 의해) 실행하면 좋을 것 같습니다.

내용적인 면에서도 어떤 때는 창조과학회 교수님이 오셔서 하고, 또 어떤 때는 대학 총장님이 오셔서 하고… 아무튼 여러 분들이 오셔서 했는데 그 내용이 일관성이나 체계성이 없으니까 많이 부족하다는 느낌이 듭니다. 예전에는 신앙부흥 형식의 훈련도 했는데, 그것도 다 없어졌고요. 어떤 교사들은 반대하기도 합니다. 그러니까 그 부분이 제일 힘든 것 같아요.

지금은 유일하게 목요일마다 세계관 교육을 하고 있습니다. 목요일 1교시에 선생님 5명과 함께 기독교세계관에 대해 공부합니다. "선생님, 이 시간에 우리 기독교세계관에 대해 공부합시다."라고 권해서 하고 있지만, 힘이 드는 것은 마찬가지입니다.

선생님들 마음속에 '나는 기독교교육을 잘하고 싶고, 내가 진짜 이런 사명으로 왔다.'라고 생각하면 뭔들 못하겠습니까? 자기가 좋아하는 것은 시간을 만들어서 하죠. 그런데 그런 열정이 식은 데다가 잡무가 많은 교사의 입장을 고려해 주다 보니 재교육이 잘 안 됩니다. 그들의 마음에 정말 회복이 일어나지 않으면 안 될 것 같습니다.

 미션스쿨 교사 재교육은 힘들다고 하셨는데, 지구촌학교는 대안학교지만, 같은 재단 아래 이사벨중고등학교라는 미션스쿨이 있잖아요. 이사벨학교에는 따로 교사교육원이 있다고 들었는데, 거기 분들은 학교에 들어갈 때부터 교육받는 것을 전제로 하나요?

신기영 : 네. 교사교육원에는 여름, 겨울 방학 말고도 학기 중에도 강좌가 있습니다. '기독교세계관과 교육', '성경공부', '교사모임'과 같은 과목들이 계속 운영되고 있습니다. 교사교육은 매년 해야 합니다. 뭐 하나 짜 놓고 "이수해라." 하는 것이 아니고 교육받은 사람이 계속 재교육을 받아야 합니다.

이사벨 중고등학교의 기간제 교사가 되면, 보통 기독교사세움터에 들어옵니다. 기독교사세움터에서 집중훈련을 받고, 그 다음 정규교사가 되면 교사교육원에서 훈련을 받습니다. 그리고 5년 차에 또 교육을 받습니다. 그리고 3년마다 교육에 들어갑니다. 쉽지 않은 일입니다.

주제는 계속 바뀝니다. 철저히 현장 중심으로 선생님들이 하나님 앞에서 갖게 되는 질문들을 다룹니다.

> **Tip 4-6. 교사교육원**
> - 부산 지구촌고등학교(특성화 대안학교)와 이사벨고등학교(일반 사립학교)는 학교법인 복음학원에 소속된 학교이다. 하나의 캠퍼스에 2개의 학교가 존재한다.
> - 교사교육원이란 재단 밖에서 활동하는 '기독교사세움터'와는 달리, 학교법인 복음학원 내에 교사들을 위한 교육기구로 존재한다.

 미션스쿨에서 기독교사 재교육을 하는 것이 매우 힘든 것 같은데요. 교사교육으로 미션스쿨을 변화시키는 것이 현실적으로 가능할까요?

신기영 : 하나님께서 제게 설립자 2,3세 교장들에 대한 마음을 주셨습니다. 그분들이 바뀌어야 미션스쿨도 변합니다. 제가 그분들에게 학교 자체적으로 교사교육원을 만들라고 계속 말하고는 있지만, 아직 반응하는 사람은 소수입니다. 단지 다른 곳에서 하는 좋은 교육 프로그램에 교사 몇 사람을 보내는 정도입니다. 하지만 각 학교 공동체가 자생하는 교사교육을 지니기 위해서는 교내에 교사교육원이 있어야 합니다. 그리고 그 교사교육원을 교장 선생님들이 이끄셔야 합니다. 실세로 보세요. 교사훈련을 해 보면 제일 은혜받은 사람이 지도자입니다. 저는 교장 선생님들이 교사교육원의 원장이 되어서 직접 훈련을 시켜야 한다고 생각합니다. 그래야 그 공동체가 변합니다. 단순히 누구를 모시고 와서 하는 교육은 한계가 있습니다. 그 공동체가 체질적으로 변화되지 않기 때문입니다.

또 교장 선생님들은 교육자로서 자기 공동체에 임하는 하나님의 말씀을 들어야 합니다. 그 말씀이 임하면 그때 하나님이 담대함을 주시고, 공동체 앞에 섰을 때 영적 권위를 주십니다. 공동체 가운데 하나님께서 임하시면 그 공동체 구성원들의 심령이 변화합니다.

둘째 리더 교사들을 세워야 합니다. 그 방향성은 훈련받은 사람들이 또 다른 사람들을 훈련하도록 하는 것입니다. 그래서 '기독교사세움터'는 학교에서 1명만 교육을 받으러 오면 절대 받지 않습니다. 적어도 2명 이상 와야 합니다. 그래야 교육을 마친 뒤에 다시 그 공동체에 가서 서로 힘을 합쳐 누룩의 역할을 할 수 있기 때문입니다. 기독교사세움터 교육이 끝날 때쯤이면 "이제 가서 공동체를 섬기고, 그 공동체 사람을 보내지 말라."라고 합니다. 이제 훈련받은 사람이 다른 사람을 훈련시켜야 합니다. 언제까지 보내기만 할 것입니까?

제 삶에 큰 영향을 준 폴 팽 박사님이 제게 이런 말씀을 하신 적이 있습니다. "네가 언제까지 그 유익을 다 누릴래? 만약 네가 목소리를 잃는다든지, 건강이 나빠져서 갑자기 하나님께서 데리고 가시면 내가 너에게 맡긴 이 땅의 교육을 향한 회복은 어떻게 할래? 네 후임자, 제자를 길러야 한다." 그래서 기독교사세움터 11기부터 리더 교사를 양육했고, 리더 교사 8명이 세워졌습니다. 그분들을 계속 양육해야 하는데, 제일 좋은 방법은 바로 가르치도록 시키는 것입니다. 그분들은 못한다고 하지만, 자꾸 가르치는 자리에 그분들을 세우면 됩니다. 저도 오래 걸렸습니다. 1998년부터 지금까지 계속 훈련받았으니까 여기까지 올 수 있었던 것이지 그 기회가 없었다면 제가 어떻게 지금처럼 가르칠 수 있겠습니까?

Tip 4-7. 폴 팽(Paul Pang) 박사에 대하여

- 폴 팽 박사는 홍콩 태생 중국인으로 초등학교 교사로 재직하다가 학교에서 전도하는 것이 막혀 사직하고 도미하여 유학하였다.

뉴욕 주립대 수학교육과에서 박사 학위를 받고 귀국하여, 홍콩대학교 수학교육과 교수를 역임하던 중 하나님의 부르심을 받아 New Life School(1969), United Christian College(초중등학교) 등 4개 기독교학교를 설립하고, 초기 몇 개 학교들의 교장으로 사역하였다. 그 후 기독교교육연구에 전문기관인 Schools For Christ Foundation(1974)을 설립하고, 지금까지

Superintendent로 섬기며, 그 후 기독교사 훈련을 위해 설립한 Research Institute for Christian Education(1984)의 President로 섬기고 있다. 홍콩과 함께 중국 대륙의 기독교사들 10,000여 명 이상을 매년 훈련시키고 있으며, 기독교교육에 관한 50여 권의 책을 집필하였고, Christian Commissions Church의 담임목사이기도 하다.

생각할 문제

1. 기독교학교에서 좋은 교사란 어떤 교사라고 생각하십니까? 자신의 정의를 내려 봅시다.

_____
_____
_____

2. 만약 당신이 학교를 세운다면, 좋은 교사를 어디서 어떻게 모집하겠습니까?

_____
_____
_____

3. 교사 선발의 기준(면접 체크 리스트)을 작성해 보십시오.

_____
_____
_____

4. 당신이 만약 교장이라면, 선발된 현직 교사들의 재교육을 위해 어떤 프로그램을 구성하겠습니까?

_____
_____
_____

★ 이것만은 꼭~!

    기독교학교의 정체성을 형성하는 가장 중요한 존재는 기독교사입니다. 기독교학교가 기독교적 건학이념을 갖고, 예배당과 좋은 시설을 갖추고 있고, 기독교적 교육과정이 편성되어 있다고 하더라도 교사가 기독교적 가치관으로 실천하지 않는다면 기독교교육이 이루어질 수 없기 때문입니다. 그렇기 때문에 기독교학교를 설립하려고 할 때 좋은 기독교사를 어떻게 청빙하고 어떻게 교육을 통해 더 성숙한 교사로 세워 나갈 수 있을지를 생각해야 합니다.

    먼저 기독교학교의 교사를 모집하기 전에 어떤 교사를 선택할 것인지에 대한 분명한 기준을 지니고 있어야 합니다. 이것이 교사상(像)입니다. 좋은 교사를 모집해야 하는 것은 당연한데 어떤 교사가 과연 '좋은' 교사인지에 대한 확고한 교육철학이 있어야 합니다. 그렇기 때문에 교사를 모집하기 전에 설립자 또는 학교의 장은 '어떤 기독교학교를 세울 것이며, 어떤 기독교교육을 하려고 하는지'를 다시금 확인하고, 그러한 교육을 실천할 수 있는 교사가 누구인지를 생각해 보아야 합니다.

    기독교사는 저절로 태어나는 것이 아니라 훈련받고 양성되는 것입니다. 한국의 기독교학교에 좋은 교사들이 존재하기 위해서는 교사양성교육이 꼭 필요한데, 불행하게도 우리나라에는 기독교사를 양성하는 기독교원대학교나 기독교사범대학이 존재하지 않습니다. 장기적으로는 보다 체계적으로 기독교사를 양성하는 대학들이 설립되어야 하지만, 우선은 개별 학교 차원에서 교사를 양성하는 교육을 실시할 필요가 있습니다. 가능하면 교사 선발 과정 이전에 일정 기간의 교사양성 교육을 받을 수 있도록 하고, 그 교육을 수료한 교사들 중에서 교사를 청빙하는 것이 바람직합니다.

　교사는 교사이기 이전에 학생이어야 합니다. 이는 교사도 계속 배워야 함을 의미합니다. 기독교사가 지속적으로 성장할 때만이 기독교학교도 지속적으로 성장할 수 있습니다. 기독교학교는 좋은 기독교사를 청빙하는 것만이 아니라 이들이 계속해서 더 좋은 기독교사로 성숙할 수 있도록 교사계속교육을 실시해야 합니다. 단기적으로는 학교 내에서 주별, 월별로 교사계속교육을 실행할 수 있고, 장기적으로는 일정 기간의 교사연수 프로그램이나 외부 교사연수에 참여하거나 해외 유학을 갈 수 있습니다. 학교의 수준은 교사의 수준을 넘을 수 없기 때문에 기독교학교는 교사들이 더 좋은 교사로 성숙하도록 부단한 노력을 기울여야 합니다.

　기독교사를 양성하고 계속적으로 교육하기 위해서는 어떤 교사교육 과정이 필요할까요? 일반적으로 영성, 인성, 전문성으로 구분해서 설명할 수 있습니다. 영성은 기독교사의 소명과 하나님과의 지속적인 교제를 통한 교사 개인의 신앙성숙을 포함합니다. 기독교사는 소명감에 불타야 합니다. 단순히 경제적인 수입을 위한 직업으로만이 아닌 하나님의 부르심에 응답하는 것이어야 합니다. 그리고 말씀과 기도를 통해 하나님을 더 깊이 알아가며 기독교사가 신앙적으로 성숙할 때 비로소 기독교교육이 이루어질 수 있습니다. 인성은 교사의 인격과 태도의 변화를 포함합니다. 교사의 삶이 바로 교육이기에 교사가 하나님의 성품을 지니고, 아이들을 사랑하며, 원만한 인격과 충성스러운 태도를 갖도록 도와야 합니다. 전문성은 교과에 대한 심도 있는 이해는 물론 교과에 대한 기독교적인 이해와 탁월한 가르침을 포함합니다. 기독교사가 이러한 전문성을 지니도록 다양한 방식의 교육을 제공하고 격려해야 합니다.

5장
학교의 교육과정

☞ **이 과의 질문 포인트**

1. 기독교학교는 일반학교와 교육과정이 어떻게 다른가요?
2. 학교에서 자체 개발한 교육과정도 있나요?
3. 해외학교들과 협력네트워크가 어떤 방식으로 이루어지고 있나요?

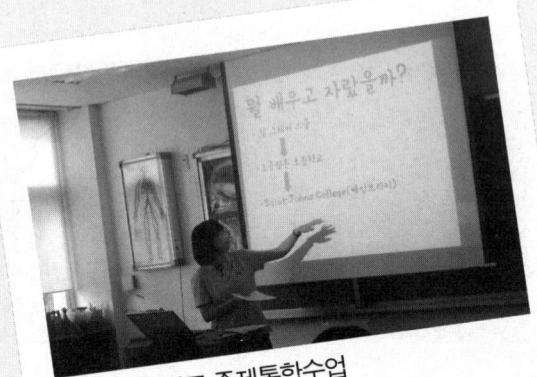
지구촌고등학교 주제통합수업

5장 학교의 교육과정

기독교학교는 일반학교의 교육과정과 어떻게 다른가요?

정승관 : 일반학교와 기독교학교 교육과정의 차이는 예배를 드리고 성경을 가르치는 정도가 아닐까 싶습니다. 저희는 6시 30분에 일어나서 간단하게 청소하고 체조한 후 강당에서 예배를 드립니다. 그런데 그 예배는 아이들이 진행하고 선생님들은 참석만 합니다. 전교생이 매일 돌아가면서 1명씩 사회를 봅니다. 하루에 성경 1장을 윤독(여러 사람이 같은 글이나 책을 돌려가면서 읽음)하거든요. 그러니까 오늘 자신이 사회를 보는 날이면 성경 1장을 "누구부터 읽어 주십시오."라고 요청합니다. 아이들이 다 읽고 나면 자기가 어제 미리 공부해 온 것을 이야기하는 거죠. 그렇게 3년을 하면 성경을 처음부터 끝까지 한번 볼 수 있습니다. 그런데 거기서는 선생님들이 코멘트를 하지 않습니다. 저는 성경을 읽어 보는 이런 경험이 굉장히 중요하다고 생각합니다.

또 저희는 전일제라 아이들이 종일 학교에 있기 때문에 학생들이 자체적으로 하는 동아리가 많습니다. 그중에 기도 동아리도 있고 성서 동아리도 있고, 주전자(주를 전하는 자들)라는 동아리도 있습니다. 동아리에서는 때때로 각각 정기공연을 하는데, 예를 들어 주전자 같은 경우는 12월에 찬양의 밤을 엽니다.

홍배식 : 교육과정은 같습니다. 다만 원래 교육부에서 정한 성경 공부 이수 단위가 1,2학년에만 해당하는데, 저희는 종교 2단위를 더 신청해서 고3까지 성경수업을 다 할 수 있습니다.

그 다음에 여러 가지 행사로, 개발활동, 자치활동, 적응활동, 봉사활동, 행사활동을 하는데, 행사활동에 채플을 집어넣었습니다. 그러니까 정규교육과정 안에 채플이 있는 겁니다.

그 밖에 예지관 교육(생활관 예절 교육)이 있습니다. 1학년들은 모두 생활관에 가서 하루 종일 리더십, 공동체, 신앙 훈련을 받도록 하고 있습니다.

Tip 5-1. 숭덕어고 예지관 교육

1. 예지관 교육 신조

숭덕 예지관 교육은 공동생활의 경험을 통하여, 자신의 정체성을 발견하고, 맡은 일에 성실하며, 이웃과 더불어 협동하고, 사회를 위해 봉사하는 숭덕인의 품격도야에 그 목적이 있다.

1) 예지관 교육의 방향성

예지관 교육의 큰 틀은 예절, 심성, 영성훈련 프로그램이다. 모든 프로그램은 기독 정신을 바탕으로 예지관 교육을 통하여 예수님을 구원자로 영접하여 하나님의 자녀임을 확인하고, 나아가 하나님 나라 확장을 위해 봉사하고 헌신하는 인생관을 확립시키는 데 있다.

2) 교육의 대상

예지관 교육의 대상은 1학년으로 하며, 1반을 시작으로 12반까지 일정에 따라서 반별로 입소한다.

2. 예지관 관훈
; 지(智, Wisdom), 덕(德, Graciousness), 애(愛, Love)

1) 생활강령
① 우리는 그리스도를 믿으며 그를 따라 생활한다.
② 우리는 지혜롭게 행동하며 자발적으로 참여한다.
③ 우리는 부모님을 공경하며 이웃을 사랑한다.
④ 우리는 바른 몸가짐을 가지며 바른 예절을 지킨다.

2) 교육목표
① 기독교 신앙관의 확립
② 지혜로운 생활 태도의 확립
③ 공동체 의식 확립
④ 나라 사랑과 효도의 마음
⑤ 예절 생활의 확립

김혜선 : 일단 저희도 지금은 모든 학년이 종교 시간에 예배를 드리고 있습니다. 그런데 제가 생각할 때 기독교적 교육과정이란 '우리가 왜 이 과목을 공부하는지', '수준별로 수업하는 것이 성경적인지', '어떤 프로그램을 운영하려고 할 때 그 프로그램을 하는 이유가 무엇인지'라는 질문에, 아이들을 대학 보내기 위함이 아니라 성경에 기초해서 그 대답을 찾는 것이라고 생각합니다. 일반계 학교 같은 경우에는 수능에 초점을 맞춰서 아이들을 대학에 잘 보내면 그것으로 임무를 완수했다고 생

각합니다. 그런데 기독교학교는 그게 아니라는 것입니다. 단지 학교를 수능을 보기 위한 기관으로 생각해서는 안 됩니다. 수능을 잘 봐야 하는 이유도 성경에서 찾아야 하고, 우리가 공부를 가르치는 이 과정도 성경에서 발견해야 합니다. 그러한 모든 것을 성경 중심적으로 하기 때문에 기독교학교는 일반계 학교와 다릅니다. 그런데 문제는 기독교학교가 그러한 목적 없이 일반 학교와 똑같이 하고 있다는 겁니다.

제가 오고 나서 얼마 있다가 우리 학교에서는 '비전스쿨'을 특기 적성 프로그램으로 했었습니다. 아이들이 비전을 세울 때 나를 위한 비전이 아니라 사회에 기여하고 하나님의 뜻을 이루는 비전을 세우게 하고, 이에 따른 구체적인 행동 계획과 사명 선언서를 작성한 후 사명을 선언하게 하는 것이었습니다. 이를 통해 아이들의 마음속에 기쁨이 충만해지는 것을 볼 수 있었습니다. 그러고는 그 아이들이 비전스쿨을 다른 아이들에게 강력 추천했습니다. 보통 아이들이 비전스쿨에 처음 올 때는 미적미적한데, 한두 시간만 지나면 눈동자가 달라지고 또 반응이 달라집니다. 저희는 '비전스쿨'을 3년 동안 특기적성 프로그램으로 하다가 아이들의 반응이 좋아서 2008년부터는 1학년 종교시간에 이 프로그램을 하고 있습니다. 저는 우리 학교 아이 중에 아무나 1명 붙잡고 "너의 비전이 뭐니?" 하고 물었을 때 "저의 재능은 이것이고, 저의 마음을 두근거리게 하는 사회 문제는 이것이며, 저의 직업을 통해 그 사회 문제에 기여하는 사람이 되겠다."라고 분명하게 말할 수 있는 학생이 많아지기를 소망합니다. 그럴 때 아이들의 성적도 올라가고, 인성도 다듬어져 갈 것이라고 믿습니다. 그런 꿈을 지니고 비전스쿨이 시작되었습니다. 2, 3학년 때는 비전을 이루기 위한 상담을 진로지도센터에서 해 주고 있습니다.

또 하나 '애플 위너(Apple winner)' 프로그램은 인성에 관련된 것입니다. 제가 가지고 있는 성품과 관련된 책 중에, 성품 하나하나마다 거기에 관한 글과 예화를 제시하는 책이 있습니다. 저는 선생님들께 그 달의 해당 성품을 갖춘 학생들을 추천해 달라고 합니다. 그리고 그렇게 추천받은 학생들은 제가 불러 사과를 하나씩 나눠 주면서 격려해 줍니다.

Tip 5-2. 염광고등학교 비전스쿨 프로그램

염광고등학교는 '꿈을 스케치하고, 비전을 현실로 만들어 주는 학교'라는 목표를 가지고 '비전스쿨' 프로그램을 진행하고 있다. 비전스쿨 프로그램을 간략하게 소개하면 다음과 같다.

- 운영 목적 : 21세기를 주도할 인재를 양성하기 위하여 학생들이 자신의 비전을 설정하고, 이러한 비전을 실천할 수 있도록 지도하며, 나아가 인류의 평화를 위한 지도자로서의 역할을 할 수 있는 자질을 갖출 수 있도록 함을 목적으로 한다.

- 1학년을 중심으로 1년 동안 이루어지는 비전스쿨 프로그램의 교육과정은 다음과 같다. 아래의 교육과정을 통해 학생은 분명한 목표와 선명한 비전을 설계하고, 개인에 대한 코칭을 통해 적성과 사명에 근거하여 진로를 결정하도록 돕는다.

주제	차시	내용
자아탐색	1	꿈 이름 만들기
	2	레밍이야기와 인생의 목적
	3	나의 아포리즘
	4	내 인생의 졸업식
	5	유체이탈게임 : 거울을 통해 나를 보기
	6	미운오리새끼 백조 만들기
가치관 세계관 직업탐색	7	소금에 절여지는 바다 물고기
	8	나비효과 변화를 위한 결단 ①
	9	겨자씨 프로젝트 변화를 위한 결단 ②
	10	I have a dream
	11	나의 스승 나의 멘토
	12	반면교사, 골렘 만들기
	13	내 인생의 나침반, 1차 사명선언서
여름방학		직업체험학습
비전탐색	1	자아충족지수
	2	내가 꿈꾸는 미래의 내 모습
	3	나를 움직이게 하는 원동력
	4	나의 100가지 소원
비전발견	5	나에게 가장 소중한 3가지 요
	6	내가 본 지구촌의 핫 이슈
	7	내 삶의 목적, 내가 만들어 가야 할 세상
	8	세상을 헤쳐 나가는 나만의 비밀 무기
	9	내가 하고 싶은 일, 해야 하는 일, 잘 할 수 있는 일
	10	나의 사명 선언문
	11-12	최종 비전 선언문 개별 코칭

겨울방학	13	수료식, 비전선포식
		직업체험학습 및 봉사활동

김의환 : 저는 기독교학교에서 가르치는 과목이 일반학교와 꼭 달라야 한다고는 생각하지 않습니다. 국어, 세계사, 국사, 과학 같은 과목을 다해도 좋은데, 단 기독교사가 해야 한다고 봅니다. 기독교 철학과 세계관을 지닌 교사가 그 과목을 가르치면 같은 과목이라도 가르치는 게 다를 수밖에 없죠.

정기원 : 사실 일반학교와 과목에 있어서 큰 차이점은 없는 거 같습니다. 다만 분명한 것은 그 교육내용에 있어서 일반학교는 철저하게 인본주의적인 관점에서, 기독교학교는 철저하게 기독교적인 관점에서 가르친다는 점입니다. 과학 실험을 똑같이 하더라도 일반학교에서는 원리를 알고 법칙을 발견하는데, 우리는 그 안에서 하나님을 발견하려 하기 때문에 그 부분에서는 분명히 다르다고 생각합니다. 그렇지만 교육내용의 구성들은 제가 봤을 때 큰 차이가 별로 없지 않나 싶습니다. 우리 학교가 좀 다르다면 과목 이름이 다르다는 거죠. 우리는 국어를 '우리말 우리글', 수학을 '수와 셈 그리고 공간'이라 부르고 있습니다. 실제 배우는 내용들은 일반 7차 교육과정의 목표에 준해서 가니까 크게 차이가 없지만, 확실한 것은 그것이 기독교적인 관점이냐, 인본주의적인 관점이냐 하는 것입니다.

김요셉 : 저도 이 문제에 대해 많이 고민했는데, 교육과정 자체의 변화보다는 교사가 기독교 세계관 통합 수업을 운영하는 게 좋겠다는 생

각이 들었습니다. 교사가 먼저 통합에 대한 이해를 깊이 있게 하면 자기 몸에서부터 통합이 흘러나옵니다. 예를 들어, 고학년으로 올라갈수록 텍스트가 중요하고, 저학년으로 내려갈수록 선생님과 학생의 상호작용이 중요합니다. 유치원 교실에 가 보면 애들이 교과서를 하나도 안 봐요. 이해가 되시죠? 그래서 특별히 유치원과 초등학교의 교육과정은 책의 내용 일부를 저희가 수정해서 사용하는 경우가 있습니다. 예를 들어, 도덕이나 과학 수업은 재구성을 많이 해서 저희들만의 자체 프로그램으로 사용합니다. 도덕 책 대신 저희가 성품 교육 프로그램들을 커리큘럼화해서 사용하는 것도 있습니다.

통합교육의 특성은 교사 자신이 기독교적 세계관으로 그 과목을 이해하고 가르치는 겁니다. 일단은 과학을 이해하고 수학을 이해하고 국어를 이해하는 기본 이해가 있어야 하고, 그 다음에는 직접 교육목표와 교과내용을 재구성할 수 있어야 합니다. 우리 학교의 경우는 법적으로 정부가 주는 법정교과서의 커리큘럼을 따라야 합니다. 그래서 국정교과서의 그 아웃라인으로 선생님들이 수업계획을 각 과목마다 다시 세웁니다. 이것이 우리가 지니고 있는 교육과정의 특색입니다.

학교에서 자체 개발한 교육과정도 있나요?(예를 들어 학교만의 교과서나 교육도구 등)

김의환 : 기본적으로 우리 학교 교육과정 가운데 독특한 점이 몇 개 있는데, 그중 하나가 독서 교육을 강조한다는 것입니다. 예를 들어, '독서마라톤제도'라는 게 있습니다. 마라톤 42.195km를 m로 바꾸면 42,195m인데, 이것을 페이지로 바꾸면 42,195쪽이 됩니다. 학생들 중

이만큼의 페이지를 다 읽으면 메달을 받을 수 있습니다. 그리고 하프코스에서도 메달을 줍니다. 감사한 것은 대부분의 학생들이 이 마라톤에 도전한다는 점입니다. 심지어 학부모들도 1년 동안 10km 마라톤에 참여합니다. 하지만 '독서마라톤제도'는 하나의 격려 시스템이지, 그 자체가 무슨 특별한 노하우는 아닙니다.

그 다음에는 '초청토론'이라는 프로그램이 있는데, 우리 학교는 벌써 30회째 이어가고 있습니다. 초청토론은 사회 저명인사의 삶과 인생에 관한 책을 읽고 토론하는 것입니다. 과거에는 김대중 전 대통령도 모셨었는데, 전교생이 버스를 타고 김대중 도서관에 가서 관련된 책 3권을 읽고 그분의 인생에 대해 질문하는 시간을 가졌습니다. 그런 것들이 우리 학교의 독특한 커리큘럼인데, 요즘은 다른 학교들도 다 하더라고요.

그 다음에는 학교에 농장이 있으니까, 농사를 짓습니다. 11월 둘째 셋째 금, 토요일에는 '김장 학습의 날'이라고 해서 김장을 합니다. 김장거리를 6등분으로 나눠서 학년별로 역할을 맡아 김장을 하는데, 맨 마지막 하이라이트 작업인 버무리는 것은 고3이 합니다. 졸업하기 전에 후배들에게 김장을 해 주고 나가는 거죠. 김장을 하고 나면 학생들의 입에서 "공부가 제일 쉬워요."라는 말이 절로 나옵니다. 이렇게 6년이 지나고 졸업하면 학생들이 김장하는 법을 확실하게 배웁니다.

마지막으로 '단기선교'가 있는데, 우리 학교는 선교단체가 학교의 운영주체이다 보니까 해외에 파견된 선교사 네트워크가 좋아서 '단기선교'가 비교적 수월합니다. 우리 학교만 이런 제도가 있는지는 모르겠지만, 교사를 하다가 선교사로 나가기도 합니다. 그러면 학교에서 선교비를 지원하고, 방학 때는 학생들이 가서 선교사역을 도와줍니다. 현재

태권도 교사가 키르기스스탄에 가 있고, 독서교사가 캄보디아 선교사로 파송되어 있습니다. 이런 시스템은 아마 우리 학교의 독특한 프로그램이 아닐까 생각합니다. 단기선교는 졸업 요구 조건인데, 반드시 중학교 때 한 번, 고등학교 때 한 번 가야 합니다.

정승관 : 우리 학교도 꿈의학교의 '초청토론'과 비슷하게 '문화시간'이라는 게 있습니다. 목요일마다 하는데, 일종의 특강 시간입니다. 이 시간에는 아주 다양한 분들이 오셔서 강의를 해 주십니다. 특강 강사 선정은 학교에서 하기도 하지만, 아이들이 원해서 하기도 합니다. 아이들이 직접 강사를 모시면 강사비를 많이 못 드려도 꽤 유명한 분들이 와 주십니다. 학교에서 선생님들이 늘 가르쳐 주지만, 그런 분들의 이야기를 들으면 그것이 아이들에게 도전이 돼서, 진로를 결정하는 데 중요한 역할을 합니다.

그 다음 풀무학교에서 교육적 활동이 활발히 일어나는 것은 방과후 활동을 통해서 입니다. 전일제 학교이기 때문에 기숙사 활동, 동아리 활동 등에 거의 모든 학생이 자발적으로 참여하고 있습니다.

홍배식 : 저희는 교과서라기보다는 선생님들이 자체적으로 쓰는 부교재들이 많이 있습니다. 예를 들어, 리더십에 관한 책이라든지, 플래너(Planner)와 같은 것들을 개발해서 쓰고 있습니다. 제가 생활관에서 교육할 때 3시간씩 리더십 훈련을 하는데, 그때는 『성공하는 사람들의 7가지 습관』 중 3가지 습관을 학생들과 함께 공부합니다. 교과서는 없지만, 그런 부교재와 교육 도구들이 있습니다.

또 BWI(Biblical Worldview Integration) 교육을 이수한 선생님들이 그

것을 활용한 수업지도안을 이용해서 수업을 합니다. 그리고 꼭 수업지도안을 쓰지 않더라도 아이들에게 '인본적 세계관과는 다른 성경적 세계관을 어떻게 말해 줄까?'라는 고민을 하면서 수업을 진행합니다. 그런 것이 또 자체 교육과정이 될 수 있겠지요.

김요셉 : 우리 학교도 교육과정을 재구성합니다. 구체적으로 미술 교과를 예로 들어 설명해 보겠습니다. 저희 미술 수업 시간에 와서 보시면 실제 교과 내용은 10%밖에 없습니다. 나머지는 저희가 재구성한 내용입니다. 무슨 말인가 하면 교과서 내용을 축소하면 굉장히 간소하다는 겁니다. 미술 과목 같은 경우에는 크게 '미술 역사', '미술 행위', '직접 작업하는 것', '미술 비평' 이렇게 4가지 영역으로 나누어 볼 수 있습니다. 이것이 미술의 기능들인데, 저희는 초등학교 1학년 때부터 이 영역들을 다 가르칩니다. 아이들에게 미술을 가르칠 때, 그리는 것만 하는 것이 아니라 미술작품을 감상하고 자신의 느낌을 적도록 합니다. 굳이 미술 교과서로 만들어 아이들에게 나누어 주지 않지만, 선생님들이 가르칠 때 교수지침(teaching guideline)이 있는 거지요.

또 하나 우리 학교가 지니고 있는 특성 중에 '통합교육'[5]이라는 게 있습니다. 여기서 통합교육이란, 장애인과 비장애인의 통합입니다. 그것 자체가 하나의 아주 큰 커리큘럼입니다. 우리 학교는 교육과정에서 '인지적인 요소'보다는 '관계성의 요소'를 더 중요하게 생각합니다. 그래서 사회성(social skill)을 기를 수 있는 커리큘럼이 따로 있습니다. 저희들은 1학년부터 6학년까지의 교육과정을 통해 학생들이 공동체성을 어떻게 키울 것인가를 고민하는데, 이를 위해 특수교사와 담임교사가 교육과

---

[5] 일반적으로 기독학교의 통합교육은 '세계관 통합교육'과 '장애우 통합교육'이 있어, 단어가 가끔 혼동되기도 한다. 여기서는 장애우 통합교육을 의미한다.

정을 조율합니다. '장애인과 비장애인이 어떻게 관계하느냐?'만이 아니라 '모든 학생의 사회성을 어떻게 향상시킬 수 있는가?'를 가르치는 겁니다. 수학 시간에 '우리 아이들이 두 자리 수 곱하기를 이해하고, 직접 문제를 풀 수 있게 한다.'가 인지적 교육목표라면, 사회성(social skill) 교육목표는 '교육과정을 통해서, 아이들이 다른 학생들의 의견을 듣고 존중해 줄 수 있는 기능들을 함양한다.'가 되는 것입니다. 우리 교육과정 안에는 인지적인 교육과정과 관계적인 교육과정이 병행되어 있습니다. 또한 학교가 목표하고 있는 영성의 개발도 관계적 관점에서 바라봅니다. 하나님과의 관계, 이웃과의 관계, 자연과의 관계 이 3가지 관계를 모두 고려해서 관계적 기능들을 가르치고 있습니다.

박은조 : 우리 초등학교 경우에는 일반학교 교육과정을 쓰지 않고 자체 개발한 교육과정을 사용합니다. 미국 교재들을 중심으로 재구성해서 나름대로 고생은 많이 했는데, 여전히 어려움이 많습니다. 워낙 경험이 없어서 그 과정이 쉽지는 않았습니다.

그래서 중학교 교육과정은 7차 교육과정을 그대로 가져와서 쓰기로 했습니다. 어차피 그 교과과정을 아이들이 다 배워야 하니까 '7차 교육과정을 어떻게 기독교적인 가치관을 담아서 가르칠 것인가?', 또 '교육방법을 어떻게 기독교적으로 할 것인가?'와 같은 고민을 열심히 하고 있습니다.

> **Tip 5-3. 샘물학교 교육과정 소개 책 출간**
>
> 샘물학교에서 『기독교 세계관에 입각한 샘물학교 교육과정』을 발간했다.

학교를 설립한 후 그동안의 교육 성과물을 한 데 모은 이 책은 샘물학교 초등교육과정의 방향과 편성원칙 등 전반적인 부분을 먼저 다뤘고, 이어서 배움의 실제를 각 학년과 과목별로 상세히 서술하고 있다. 책의 대략적인 내용은 다음과 같다.

> 들어가는 말
>
> I. 샘물학교 교육과정
>
> 　1. 샘물학교 교육과정 방향
> 　2. 샘물학교 교육과정 편성원칙
> 　3. 교육과정 편제
> 　4. 교육과정 편성, 운영 시간 계획
> 　5. 교육과정 운영의 특징
>
> II. 배움과 실제
>
> 　6. '기초배움'에 관하여
> 　7. '다양한 배움'에 관하여
> 　8. '샘물 공동체 배움'에 관하여
> 　9. 샘물학교 교수 방법
> 　10. 향기반 교육 안내
>
> ※ 구입에 대한 자세한 문의 : 샘물초등학교(www.smcs.or.kr)

신기영 : 지구촌고등학교는 자율학교이기 때문에 특성화 교육과정이 가능합니다. 그래서 일반학교에서는 가르치지 않는 과목들이 있습니다. 한 예로 '문화소통'과 '기독교세계관'에 관한 수업을 들 수 있습니다. 이번에 『마지막 강의』라는 책을 읽으면서 이것을 기독교적으로 재구성하면 좋겠다는 생각이 들어 3학년 학생들과 그 내용으로 수업

을 했습니다.

그 다음에는 학년별 '주제특강'이 있습니다. 1학년은 돈에 대한 이슈, 2학년은 성에 대한 이슈, 3학년은 죽음에 대한 이슈를 다룹니다.

또 학교에서 개발한 자체 교육과정은 음악, 성경이 있고(1학년), 나머지 교과는 국정 교과서를 기독교적으로 재해석하고 있습니다. 우리 교육과정은 선생님들이 자기 훈련의 분량, 실천의 분량대로 계속 기독교적 가르침으로 회복시켜 수업한다는 점에서 다르다고 볼 수 있습니다. 보기에는 같아 보여도 내용은 분명히 다릅니다.

김혜선 : 우리 학교는 '학생들의 영혼을 위해서 무엇을 할까?', '학생들의 실력향상을 위해서 무엇을 할까?', '학생들에게 봉사와 사랑에 대해 어떻게 가르칠까?', '학생들의 체력 향상을 위해 무엇을 할까?', 이렇게 성경에 근거한 4가지 질문을 중점적으로 모든 프로그램을 계발하고 있습니다. "네 마음을 다하고 목숨을 다하고 뜻을 다하고 힘을 다하여 주 너의 하나님을 사랑하라."라는 성경구절을 근거로 '영혼', '실력', '사랑', '육체' 이 4가지를 늘 중요하게 생각합니다.

먼저 영성에 관련해서는 앞에서 말한 '비전스쿨'이 있습니다. 또 한 달에 1번씩 '라이즈 업 코리아'가 방문해서 집회를 엽니다. 그리고 목사님이나 기독교 유명인사의 책을 읽고, 그 책을 바탕으로 저자와 간담회를 갖는 것을 일 년에 4번 합니다.

그 다음에 실력향상에 관해서는 아이들의 실력을 끌어올리기 위한 '수준별 반 편성' 등을 운영합니다.

그리고 봉사에 관련해서는 도움이 필요할 곳이 생기면 아이들이 자체적으로 움직이는데, 태안 봉사활동도 갔었고, 쓰촨성 지진이나 북한의 기아 문제도 학생회 중심으로 모금활동을 하고 있습니다. 어머니 봉사단도 같이 조직되어 있고요.

그리고 마지막으로 체력과 관련해서는 토요일에 2시간씩 '스포츠 데이(Sports Day)'라고 해서 원하는 아이들을 중심으로 농구, 축구팀을 운영하고 있습니다.

정기원 : 우리 학교는 자체 개발한 교육과정으로 교과서도 새로 만들어서 사용하고 있습니다. 그런데 지금 와서 드는 생각은 자체 개발 교과서가 꼭 필요할까 하는 겁니다. 사실 대안학교를 준비하는 교회가 '교과서를 어떻게 할 것인가?'에 대한 부담을 안고 있는데, 생각해 보면 저희도 4년 동안 여기에 너무 많은 에너지를 소모한 것 같습니다. 시중에 나와 있는 책들을 골라서 교과서를 만드는 이 과정이 사실 밤늦게까지 퇴근하지 못하게 한 이유가 되었거든요. 요즘 저는 선생님들과 논의하면서 '이렇게 하는 것이 과연 바람직한 것인가?' 하는 생각이 듭니다. 왜냐하면 7차 교육과정에 근거한 교과서들은 우리나라의 전문가들이 만들어 낸 것인데, 우리가 그것을 너무 무시해 버리는 것이 아닌가 싶은 거죠. 그래서 저는 만약 학교를 새로 설립하려는 분들이 있다면 정부에서 만들어 준 교과서도 하나의 참고자료로 쓰면 좋겠다는 생각이 들어요.

새로 설립한 학교들은 일반 과학 교과서로 실험을 하더라도 관점을 분명히 하면서 이것으로 하나님을 어떻게 발견할 것이며, 크리스천으로서 어떤 관계를 맺으며 살 것인지, 또 일반 국어 교과서로 수업을 하더라도 우리가 하나님을 어떻게 찬양할 수 있을지, 또 우리 주변 사람들에게 어떤 표현을 통해 대화할지에 대한 관점을 지니고 가르치면 된다고 봅니다. 그런데 우리가 그걸 다 무시하고 교과서를 다시 만들고 교육과정을 짜려니까 너무 힘든 거예요. 이제 와서 생각해 보면 좀 더 면밀히 검토해 볼 필요가 있었는데, 너무 의지가 앞섰던 것 같습니다. 초창기 때는 밤을 지새우면서 교과서 작업을 했었거든요. 하루, 며칠만 밤을 새우면 괜찮은데, 1년을 그렇게 하니까 육체적으로 감당이 안 되더라고요. 교사라는 직업도 영육 간에 조화를 이루면서 일을 해야 하는데 우리가 너무 육체적으로 힘드니까 영적으로도 곤고한 상태가 되더라고요.

그래서 저는 학교를 새로 설립하시는 분들이 너무 참신하고 새로운 교과서만 찾으려고 하지 말고, 일반 교과서를 기독교적으로 잘 적용해 나가다가 이후에 개발하는 것이 좋다고 생각합니다. 사실 그렇게 개발한 저희 교재가 정말 괜찮은 교재인가, 이것은 또 별개의 문제입니다. 그죠? 전문가가 와서 봤을 땐 엉터리일 수도 있는 거예요. 우리가 고생해서 만들었지만, 일반 교과서는 전문가 8-9명이 달려들어서 한 단원씩 만들고 그걸 수십 명이 검토해서 오자도 없습니다. 그런데 우리는 오자도 많거든요. 또 삽화 같은 것도 전문가가 그린 것과 우리 선생님이 한 것이 다르죠. 그런데서 오는 문제도 있습니다. 물론 이 일을 계기로 선생님들이 많은 고민을 하면서 전문가가 되고 자기계발도 많이 했습니다. 그렇지만 얻은 것 만큼 또 잃은 것이 있지요. 무엇보다 체력적인 부담이 너무 큽니다.

국제화 시대에 세계화 교육의 일환으로, 해외 학교들과 연계한 교육과정 운영이 많이 시도되고 있는데요. 해외 학교들과 협력 네트워크가 있는지요? 만약 있다면 어떤 방식으로 이루어지고 있나요? (어떤 국가의 어떤 학교와, 어느 정도 기간으로, 어느 정도의 학생들이 수혜를 받고 있나요?)

김의환 : 우리 학교는 캐나다, 미국, 중국 등의 해외학교와 교류하고 있습니다. 중학교 2학년 때 캐나다나 미국에 가서 6개월 공부하고, 고등학교 1학년 때 중국에 가서 3개월 반 정도 공부합니다. 저희는 미국 콜로라도스프링스에 있는 크리스천 스쿨과 자매결연를 맺고 있습니다.

홍배식 : 저희는 캐나다, 일본, 호주, 뉴질랜드, 중국에 있는 학교와 네트워크를 맺고 있습니다. 그리고 유학반을 추진하면 좋겠다는 생각을 하고 있습니다. 외국에 있는 좋은 기독교대학과 연결해서 학생들을 보내는 것이지요. 지금 일본에 프루 대학이라는 곳과 교류하고 있는데, 그곳이 생각보다 등록금이 싸요. 한 학기에 20만 엔, 한화로 한 300만 원밖에 안돼요. 그곳에서 일본어도 배울 수 있고, 또 영어과에 들어가면 영어도 배울 수 있습니다. 그리고 2년 정도 다니면 좋은 학교로 옮겨 갈 수도 있고요. 그 학교의 수준이 높지는 않지만 중간 정도는 되는데, 우리 학생들이 가서 공부하고 다른 학교로 옮겨 가는 게 가능하니까 좋은 것 같습니다. 그렇게 저희가 지금 한 3개의 학교와 협력을 추진 중 입니다.

우리가 파트너십을 맺으려는 학교 중에 아주사 퍼시픽 유니버스티라고 LA에서 제일 큰 기독교대학이 있습니다. 그 총장님이 우리 학교에 오신 적도 있었고, 저도 곧 수석 부총장을 만날 예정입니다. 그 다음에는 미국의 대학들을 직접 방문해서 파트너십을 만들고 우리 학생들이 입학할 수 있도록 허가받고 장학금을 지원받을 생각입니다. 또한

DBU(Dallas Baptist University)가 우리 학교와 방과 후 활동 협약을 맺고 있습니다. 지금 DBU 졸업생 2명이 우리 학교에 와서 방과 후 수업을 해 주고 있고, 우리 선생님 3명도 그곳에 유학 가 있습니다. 또 우리 학생들도 그 학교 학부로 보내는 부분에 관해 계속 얘기를 나누고 있습니다.

아이들도 매년 캐나다, 뉴질랜드, 일본, 중국에 가요. 우리는 그런 수준의 교류를 넘어서 대학들과의 교류를 유도하겠다고 생각하고 있어요. 이렇게 다양한 학교들과 관계를 맺는 데 있어서 어떤 노하우가 있으신가요?

홍배식 : 특별한 노하우는 없습니다. 좋은 인연을 놓치지 않는 거죠. 얼마 전에 CTS 기독교 TV에서 대담을 했었어요. 그때 아주사 퍼시픽 부총장님과 꿈의학교 교장 선생님이 참석하셨는데, 대담이 끝난 후 함께 식사하는 자리에서 그런 이야기를 나누었던 것 같아요. DBU 같은 경우는 예전에 김요섭 목사님이 그곳에서 명예박사 학위를 받을 때, 저도 같이 갔었는데 그때 총장님을 만났어요. 그 후에 총장님이 우리 학교에도 오시고, 또 그곳의 박사과정 학생들이 우리 학교에 방문했었지요. 그 박사과정 학생들이 대개 교장, 교육장 이런 분들이거든요. 그때 오신 분들에게 학교를 소개해 주면서 교류의 문을 열게 되었습니다. 또 프루 대학의 경우, 프루 고등학교가 우리 학교와 자매학교이기 때문에 그 대학과 네트워크를 하면 좋을 것 같다는 생각이 들어서 교류하게 되었습니다.

정승관 : 해외 학교 네트워크는 일본에 자매학교가 한 4개 정도 있

습니다. 그 학교들은 대개 저희들과 같이 기독교 정신을 기초로 합니다. 그 학교 아이들은 해마다 풀무학교에 옵니다. 그러면 저희는 일본이 일제 강점기 동안 한국에 행한 것들을 보여 주기 위해 나눔의 집에 데려간다든지 독립기념관에 데려갑니다. 종군 위안부 할머니들이 계신 나눔의 집에 가면 아이들이 울기도 하고 그러는데, 일본이 아시아뿐 아니라 세계적으로 잘못을 저질렀다는 것을 깨달으면서 굉장히 충격을 받습니다. 마지막에는 풀무학교에 와서 우리 아이들과 2박 3일 정도 같이 어울리는 시간을 보냅니다.

저희와 교류하는 일본의 북쪽 야마가다현에 있는 기독교 독립학원은 우리보다 한 10년 더 오래된 학교입니다. 그 학교에는 100살까지 선생님을 하신 우메코란 분이 계시는데, 한 10년쯤 전에 NHK에서 그분을 중심으로 교육 프로그램을 만들었습니다. 그리고 스승의 날 미국의 ABC, 우리나라의 KBS에서 그 프로그램이 방영되었습니다. 우리는 그 학교와 서로 형님학교라고 하면서 좋은 것은 서로 배우려고 노력합니다. 재미있는 것은 우리 학교에서 시도했던 것을 그 학교가 배워가서 그곳에서는 하는데 우리는 없어진 것이 있고, 거꾸로 거기서 우리가 배워온 것을 우리는 하는데 그곳에서는 없어진 것도 있다는 점입니다.

또 미에현에 있는 에노학원은 생명농업을 일본에서 처음 시작한 곳입니다. 그곳을 시작한 분이 75년도에 우리 학교와 풀무원 농장에 와서 강의해 주셨습니다. 그리고 그때 우리나라에서 유기농 농업이 처음 시작되었습니다. 그래서 그곳과 계속 농업 교류를 하고 있습니다. 에진학원은 요즘 독도와 관련해 우리나라에서 유명해진 시마네현에 있는 학교인데, 거기는 독립학원과 같은 정신으로 새롭게 세워져서 작년에 20주년이 되었습니다. 이 세 학교들이 주된 교류 학교입니다. 최근에는 스콜

레학교라고 하는 북쪽에 있는 여자고등학교와도 교류합니다.

과거에는 일본의 게이센대학이라는 단기대학(전문대학)에 해마다 우리 학교 여학생 1명을 장학생으로 보내는 과정을 한 10여 년 계속했습니다. 그런데 일본도 이제 경제가 어려워지면서 시골에 있는 농부학교가 견디기 어려워져 지금은 폐교되었습니다.

김요셉 : 일단 우리 학교의 경우는 처음부터 국내에 벤치마킹할 수 있는 학교가 거의 없었습니다. 그런 학교들은 대부분 미국, 캐나다, 호주, 뉴질랜드 이런 곳에 있었기 때문이죠. 그중에 특별히 ACSI(Association of Christian Schools International)라는 곳이 있는데, 세계적으로는 제일 큰 기독교학교의 전문기관입니다. 우리 학교는 이 협회회원이고, 제가 ACSI의 이사로 역임하고 있습니다. 우리 학교는 여러 기독교학교들과의 자매결연을 통해 교사 교환, 학생 교환, 그리고 교육내용 교환을 꾸준히 해 왔습니다. 호주와 캐나다에 2-3개 정도, 미국에 8개 정도 자매결연학교가 있습니다. 특별히 최근에는 저희가 Dallas Baptist University와 협력하고 있습니다. DBU가 기독교교육 통합에 많은 관심을 보이고 있고, 또 이쪽 면에서 잘하고 있거든요. 일단 통합을 잘하려면 선생님들의 영어 실력이 뒷받침돼야 하는데, 그 대학에 개설된 영어 프로그램이 굉장이 좋습니다. 그래서 우리 학교와 DBU가 협력을 맺었습니다. 산학협력과 비슷한 개념인데, 우리 학교 안에 DBU 사무실을 개설해서 선생님들의 어학연수부터 석사과정 프로그램이나 교사교육 프로그램까지 공식적으로 할 수 있도록 그 대학교와 직접 협력을 맺는 겁니다. 그 학교 스태프 몇 명이 우리 학교에 지금 와 있습니다. 풀타임 대학 스태프들, 교수와 행정직원 4명이 와서 저희들에게 실질으로 필요

한 것, 예를 들어 교사들의 훈련, 교육과정 개발을 주로 맡아서 해 주고 있습니다.

학생들이 외국에 나가는 교환학생 형태는 매년 방학 때마다 있다고 보시면 됩니다. 요즘은 대학교도 많이 있고요. 여름방학 때는 그쪽에서 오는 경우도 있습니다. 그런데 초등학생들이 오지는 않아요. 왜냐하면 그 학생들이 한국어를 배우는 것은 사실 의미가 없으니까요. 그쪽 중고등학생들, 대학생들이 방학 때 한국에 오면 우리는 학기 중이니까 학교 프로그램을 도와준다든가 영어캠프에 참석합니다. 우리 학교 겨울방학 때 그 학교는 크리스마스 휴가로 2주 정도만 쉬고 수업을 합니다. 그러면 우리는 영어에 대한 필요가 있으니까 그쪽 학교에 가서 수업을 받습니다.

> **Tip 5-4 ACSI 소개**
>
> - 국제적인 기독교학교 협의체인 ACSI(Association of Christian Schools International, 기독교학교국제연합)는 '실행 가능하며' '신뢰할 만한 목소리를 내고' '꼭 필요하며' '공공의 선에 기여하는' 성공적인 기독교학교를 세우는 협회로, 전 세계 160여 국가 5천5백여 학교가 회원으로 가입되어 있다.
>
> 기독교학교국제연합(ACSI)의 회원 학교의 학생 수가 1967년 14만 명에 불과하던 것이 약 20년 후인 1989년에는 34만 명으로, 1991년에는 59만 명으로 증가했다. 전국적으로 대부분 개신교 학교인 비가톨릭계 종교학교 학생수가 1970년에 56만 명이던 것이 10년 후인 1980년에는 133만 명으로 증가했다.
>
> ※ 자세한 내용은 홈페이지 www.acsi.org를 참고.

김혜선 : 우리 학교는 호주의 임마누엘학교와 필리핀의 그리스크리스천학교와 굉장히 돈독한 협력 관계를 맺고 있고, 그 외 러시아, 중국에 있는 학교와도 교류 중입니다. 그런데 문제는 아무리 협력 관계를 맺고 있어도 그때뿐이고 그 다음에 활동이 없으면 아무 소용이 없다는 것입니다. 우리 학교 같은 경우에는, 아이들이 방학 때 가서 2주 동안 언어 연수를 받고 오는 프로그램이 있습니다. 물론 경제상황에 따라 신청자가 적어 못 가는 해도 있고요. 필리핀이나 호주 학교 교장 선생님들은 행사가 있으면 우리를 초대하기도 하고, 또 졸업식 때는 자매학교장 상으로 그분들 이름으로 상장과 선물을 수여합니다.

신기영 : 우리 학교는 1980년대부터 각 나라마다 협력 관계를 맺고 있습니다. 그런데 해외학교와 자매학교 결연을 맺을 때 중요한 것은 학교와 학교 간의 관계가 아니고, 학교의 지도자와 지도자 간의 개인적 관계라는 점입니다. 학교의 총장이 바뀌면 협력 관계는 더 이상 유지되기가 어렵습니다. 철저히 개인의 동역 의식이 있어야 가능합니다. 우리도 미국의 3개 대학과 계속 교류하고 있습니다. 그러나 총장이나 교장이 바뀌면 안 됩니다. 이것이 가장 핵심입니다.

몇 년 전부터 우리는 정식 대학원에 교사교육 과정이 있는 학교와만 자매결연을 맺습니다. 이것이 우리 학교의 특징입니다. 학교와의 학생 교류뿐 아니라 학생을 데리고 간 교사가 머무는 동안 교사도 교육을 받아야 합니다. 학교 간의 자매결연을 통해서 교사교육까지 확장되는 것입니다.

우리는 호주와 뉴질랜드 두 나라와 모두 네트워크를 합니다. 이것은 학교의 비전과도 연결됩니다. 공식적인 행사에는 학장도 옵니다. 이때 서로 인사하고 "도와 달라!"라고 하면 "어떻게 도와줄까?" 하고 묻습니다. 그때 "우리도 교사들을 보낼 테니 너희도 선생님들을 보내 달라."라고 합니다. 기세터 교육과정 같은 것이 이를 통해 개발됩니다. 교사교육을 하는 데는 각 학교마다 색깔이 다 다릅니다. 그 색깔을 통틀어 모아 보면 중요한 것은 우리 스스로가 명확한 색깔이 있어야 한다는 점입니다. 여기서 저 색깔 저기서 저 색깔 가져와서 1-2년 하다 보면, 어느덧 우리 색깔을 찾게 됩니다. 그러면 교사교육 과정이 형성됩니다.

호주, 뉴질랜드, 타이완, 캐나다 등 방학 때마다 교사들뿐 아니라 학생들의 교류도 왕성하게 하고 있습니다.

 수혜 학생이 많은 편인가요?

신기영 : 많은 편입니다. 우리가 저렴하게 하니까요. 우리 행정실장이 국제 경영학 박사입니다. 제가 어디 가서 '저 학교와 자매학교를 맺어야겠다.'라는 확신이 들면 이 실장이 가서 사전조사를 하고 제안을 합니다. 보통 교육가들은 전문교육을 받지 않기 때문에 이 실장한테 설득당합니다. 그러면 어마어마한 패키지를 만들어 옵니다. 우리는 반드시 우리 학교 아이들 한 팀을 보내면 새터민 아이 한 명을 공짜로 교육받게 해 달라는 조건을 겁니다. 또 그 다음에는 1년 동안 무료로 교육받을 수 있는 패키지를 따옵니다. 덕분에 북한 아이들이 1년 동안 무료로 교육받았습니다. 서로 논의하고 상대 학교에서 최종적으로 결정하자는 연락이 오면 제가 가든지 그 대표가 오든지 해서 자매결연을 맺습니다. 그분들도 기독교인이니까 하나님이 다 예비해 놓으셨음을 느낍

니다. 그 공동체에 북한 아이들에 대한 마음도 있음을 발견합니다. 서로의 관계 가운데 풍성함을 발견합니다. 해외협력은 오래 전부터 해 왔기 때문에 이제 저는 뒷선에 있고 지금은 이 실장이 전반적인 것을 모두 담당하고 있습니다. 우리 학생들 가운데 미국 대학을 가겠다고 하는 아이들을 추천하면 장학금을 주기도 합니다. 이것이 학교의 지도자들이 갖는 역량입니다.

박은조 : 해외학교와 협력 네트워크는 교사교육을 중심으로 끌어가고 있습니다. 감사하게도 저희 샘물중학교가 개교하던 날 세인트루이스의 WCA(Westminster Christian Academy)에서 사절단 2명이 왔습니다. 우리가 요구하지 않았는데도 그쪽에서 먼저 사매결연을 맺고, 자매결연 학교가 개교하는데 우리가 그냥 있을 수 없다고 해서 사절단이 온 것입니다. 샘물중학교는 시작부터 네트워크가 갖추어져 있었습니다. 지금 현재도 우리 중학교 교무 담당 선생님이 핀란드 쪽 학교와도 네트워크를 만들기 위해 가 있습니다. 나중에 우리 학생들도 그 학교에 갈 수 있는 기회가 있을 것입니다. 상대 학교 쪽에서 우리 학교 학생들이 1년 와 있어도 좋고, 교사 교류나 또 아이들이 원하는 경우에는 1학년 모두가 와도 좋다고 하더군요. 하여튼 저쪽에서 우리가 기대했던 이상으로 적극적 호의를 보이고 있습니다. 그 학교에서는 우리 학교에 대해 아주 좋게 평가하고 있는 것 같아요.

정기원 : 저희가 가지고 있는 해외 네트워크는 학교를 설립할 때 준비하면서 탐방했던 학교들입니다. 일본 동경에 있는 와꼬소학교 같은 경우는 제가 2003년 7월에 방문했습니다. 그리고 2004년부터 2007년

까지는 매년 그 학교에 갔었습니다. 그러다가 두레학교가 개교하면서 자연스럽게 교류가 시작되었고 자매결연까지 연결됐었죠. 또 중국 항주에 있는 녹성육화소학교는 2005년 3월에 제의가 들어와 교류하고 있습니다. 그래서 지금은 이 학교들과 서로 자매학교를 맺고 있습니다. 일본과는 중등학교까지 교류가 확산되었습니다. 저희가 와꼬중학교까지 교류하는데 겨울방학 때는 중등 선생님들이 그 학교에 1-2주간 머무르면서 수업에 참관합니다. 초등 선생님들도 3주씩 혹은 1주씩 보냈어요. 그래서 교환교사 겸 수업참관을 해서 교육을 듣게 했습니다. 중국에는 2007년 5월에 1주일 동안 선생님 2명을 보냈는데, 그 학교에서 굉장히 적극적으로 나오고 있습니다. "아예 교환교사로 하자. 서로 6개월만이라도 정식으로 교사를 보내서 원어민 교사로 쓸 수 있도록 하자." 이런 제의까지 하시더라고요. 그래서 이제는 아이들만 오가는 교류가 아니라 교사 교류까지 확대되는 것이 바람직하다고 생각합니다. 우리는 중국의 녹성육화소학교가 싱가포르 학교와 자매결연을 맺고 있기에 한중일에 싱가포르까지 포함해서 함께 가자고 제의했습니다. 그래서 우리는 2월에 싱가포르에 있는 학교에 가기로 했습니다. 그렇게 되면 올해는 4개의 학교가 서로 결연을 맺게 됩니다.

　이런 네트워크를 통해 우리가 얻는 이익은 일단 수업입니다. 교사들의 수업방식을 서로 교류할 수 있는 장점이 있습니다. 또 학교 경영에서 서로의 방식들을 교류하고, 특별히 제가 원하는 것은 우리 학생들이 그 학교에서 배울 수 있는 기회를 누리는 것까지 생각하고 있습니다. 우리 학생들도 교사가 교환교사로 갈 때 따라갈 수 있도록 할 것입니다. 그 학교에 가서 한 6개월이나 1년 정도 있으면 언어를 쉽게 습득할 수 있으니까 그런 루트를 만들었으면 좋겠다는 생각이 듭니다. 그쪽의 요구도 마찬가지고요. 서로 문화를 배우고 언어도 습득할 수 있는 기회가 되지 않겠나 싶습니다.

그러기 위해서는 서로 학력이 교류되어야 합니다. 저희는 그곳에서 공부한 것을 이곳에서도 인정받도록 했습니다. 왜냐하면 그 학교 선생님도 교환교사로 오면 그 선생님이 부족한 것은 도와줄 수 있으니까요. 물론 우리 학생들이 외국에 있는 다른 학교에 갈 수도 있습니다. 그렇지만 학교 입학금을 내야 하고, 또 생활비도 따로 드니까 경제적 비용이 만만치 않죠. 그래서 저는 어떤 요구를 했느냐면 우리 학생들 5명이 중국이나 일본에 가면 기숙사 생활이나 홈스테이를 하게 해 달라는 겁니다. 그렇게 되면 유학비용이 줄지 않겠어요? 그 대신 우리는 그쪽에서 온 5명을 받아 주는 거죠. 그러면 경제적으로 서로 부담이 없습니다. 입학금도 내지 않게 만들자는 겁니다. 등록금은 자기 학교에만 내는 거죠. 그러면 단지 학생들만 서로 교환하는 것이 되니까 학교가 재정적으로 큰 어려움은 없지 않겠나 생각합니다. 저는 그렇게 제의했고, 지금 고려 중입니다. 행정적으로 어느 선 안에서 가능한지 그런 것만 좀 얘기하고 통과시키려고 합니다. 중국은 기숙사가 있으니까 문제없고, 일본은 홈스테이를 하면 되니까요.

생각할 문제

1. 기독교학교의 교육과정은 일반학교의 교육과정과 어떻게 달라야 합니까? 당신이 꿈꾸는 학교가 추구하는 교육과정의 특색을 3-5가지로 정리해 보세요.

2. 해외학교들과의 네트워크를 어떻게 형성할 수 있을까요? 교류의 방법과 유익에 대해서 나눠 봅시다.

★ 이것만은 꼭~!

교육과정이란 일반적으로 가르쳐야 할 내용 또는 교수요목으로 생각하지만 포괄적으로는 무엇을 어떻게 가르치면 학습자들이 보다 바람직한 삶을 살아갈 수 있는가에 대하여 숙고하고 결정하여 이를 전문적으로 계획·실천하고 반성하는 총체적인 과정입니다. 기독교학교의 교육과정은 학생들이 하나님의 창조세계를 이해하고, 바른 관계를 맺으며, 그 안에서 책임적인 삶을 살 수 있도록 학습활동을 계획하고 실행하는 일이라고 할 수 있습니다. 이를 위해 교육공동체는 지향해야 할 교육의 목적이 무엇인가 대한 교육비전을 함께 세우고 공유해 가는 노력이 필요합니다. 또한 성경석 관점에서 볼 때 가치 있는 지식(내용)이 무엇인지를 생각하고, 학생들이 그리스도인이 지녀야 할 책임적인 삶과 행함을 가꾸고 연습할 수 있는 학습활동이 무엇인지를 고민하면서 교육과정을 만들어 가야 합니다. 새로운 학교를 위한 교육과정개발은, 역사 속에서 다양한 연구를 통해 만들어지고 실행되고 있는 기존의 교육과정을 바탕으로 결정한 뒤, 그 교육과정을 실행해 가면서 기독교적 관점에서 더욱 온전하게 만들어 가는 과정이라고 생각합니다. 이러한 관점으로 몇 가지 차원에서 장기적으로 함께 노력해 가야 할 교육과정 개발의 방향을 생각해 보면 다음과 같습니다.

첫째, 기독교적 교육과정 개발을 위해 개별 교사나 소그룹 교사가 중심이 되어 기독교적 가르침을 구현하기 위한 단원수준의 교육과정을 개발해야 합니다. 단원수준의 교육과정 개발을 위해서는 기독교적 교육과정 개발모형(기독교적 교육과정을 소개하는 책 참고)을 학습하고 그것을 적용하기 위한 노력으로 우리의 기독교학교 실제에 보다 적합한 모형으로 재구성하여 개발하는 노력이 필요합니다. 기독교 세계관의 관점에서 단원수준의 교육과정을 개발하는 일은 개별교사나 소집단 동료교사들이 비교적 쉽게 접근하여 연구하고 개발을 시도해 볼 수 있는 하나의 방안이 될 수 있습니다. 그러나 이러한 노력이 실효를 거두기 위해서는 먼저 교사교육이나 자율학습을 통해 이들 모델의 기초가 되는 기독교 세계관의 관점에서 교육과정의 목적과 내용선정 및 교수-학습 원리 그리고 평가에 이르는 교육과정 철학을 이해하는 것이 선행되어야 합니다. 아울러 이러한 모델의 도움을 받아 실제로 한 단원씩 기독교적 교육과정을 개발하고 실행해 보는 과정을 통해 모델의 장단점을 평가하고, 우리의 교육과정 현실에 더 적합한 모델로 새롭게 구안하여 개발할 수 있는 방안을 마련해 가는 것이 필요합니다. 그러나 이러한 단원중심 교육과정개발은 교육의 핵심이 되는 수업을 통해 성경적 세계관을 형성하도록 돕기 위해 한걸음 더 나아가 한사람의 아동이 학교교육과정 속에서 일정 기간 동안 전체적인 교육내용으로서의 지식을 어떻게 학습하고 경험하는지를 총체적으로 살피고 구조화할 수 있는 보다 큰 구조로서의 교육과정 모델과 유기적인 관계 속에서 개발되어야 합니다.

둘째, 기독교적인 교육과정개발은 현재의 교육과정을 이해하고 보다 온전한 기독교적 교육과정으로 개선해 가기 위한 문제의 발견과 해결 또는 전략의 수립과 실행 과정으로 접근해야 합니다. 이것은 기독교학교 공동체의 구성원들이 학교의 시작과 함께 저마다에게 주신 지혜로 실행해 가던 교육과정의 전체적인 실상을 학교공동체가 때를 따라 함께 나열해 보고 기독교적 관점에서 분석하면서 귀납적으로 문제해결 또는 개선의 점진적 방안을 찾아가는 것입니다. 그리하여 기독교학교의 비전과 사명의 진술로부터 시작해서 학습목표 설정과 내용 선정, 교수학습방법 및 평가에 이르기까지 교육과정의 일관성과 체계성을 갖추어 가는 것입니다. 이를 위해 학교공동체가 협력해서 현재 가르치고 있는 교육과정 내용과 방법을 전체적으로 나열하여 점검하고 학습내용과 활동의 일관성과 체계성을 살펴서 수정·보완해 가야 합니다. 또한 통합적으로 연결해서 학교의 교육철학에 맞는 교육내용으로 변경하고 구성해야 할 영역을 찾아가며 개선해야 합니다. 이러한 교육과정 개발 노력은 기독교학교가 저마다 알고 있는 교육과정을 가르치는 개별교사 집단이 아닌 학교의 기독교적 비전 구현을 위해 함께 협력하는 교육과정 개발 공동체가 형성되도록 도와주고 교사의 교육과정 전문성 향상이 이루어져 교육의 질적 개신을 도모할 수 있게 해 줍니다.

셋째, 기독교학교 연합체나 연구소와 교사들이 협력해서 기독교학교 교육을 위한 교육적 인간상과 그 인간이 지녀야 할 능력과 태도 및 성품을 규명하고, 내용선정과 교수-학습의 원리 및 평가 방안을 포함한 교육과정 철학을 정리하며, 그것을 구현할 교육과정의 전체적인 구조 또는 모델로서의 교육과정을 개발하는 것입니다. 이를 위해 주요 영역별 연구 과제를 생각해 보면 다음과 같습니다. 1) 목표설정 영역에 있어서 미래 사회에 그리스도의 제자로서 살아갈 인간은 어떤 도덕적·영적 그리고 지적 핵심역량을 갖춘 사람이 되어야 할지 교육적 인간상에 대한 연구가 필요하고, 그러한 인간상이 사명진술에서 수업과 평가에 이르기까지 일관되게 구현되도록 하는 교육과정의 유기적 체제에 대한 연구가 필요합니다. 2) 학습내용 선정에 있어서는 일반 교육과정 내용 선정 및 조직 원리와는 다르게, 기독교적 교육과정 내용은 어떻게 선정되고 조직되어야 하는지에 대한 연구, 기독교적 삶의 원리와 가치를 가르치기에 더 적합한 통합교과적이고 초학문적 주제는 무엇으로 선정할 것인지에 대한 연구, 그리고 기독교적 가르침에 보다 적합한 살아 있는 지식으로서 교과교육 자료를 선정하고 수집하여 활용할 수 있도록 지원하는 연구가 필요합니다. 3) 교수학습 방법에 있어서는 기독교적 삶의 방식 또는 성향을 형성하는 학습경험은 어떤 교수-학습 모델로 구현할 수 있는지에 대한 사례 연구가 필요합니다. 4) 평가영역에서도 기독교적인 평가철학을 수립하고 평가영역의 설정과 다양한 평가방식을 통한 평가사례와 효과에 대한 연구들이 선행되어야 합니다. 이러한 연구 결과들을 바탕으로 기독교학교의 교육과정은 어떤 목적을 위해 무엇을 어떻게 가르치고 평가할 것인지에 대한 이해를 종합하여 기독교학교의 기준이 되고 공적으로 소통할 수 있는 교육과정을 개발하는 것이 필요합니다.

　기독교학교가 지향해야 할 교육과정은 합리적인 질서요, 이론적인 체계로서의 지식을 많이 받아들여 소유하도록 전달해서 가르침으로 가장 합리적이고 이성적인 인간을 기르고자 하는 교육과정이 아닙니다. 또한 가능한 한 다양한 경험을 하면서 스스로 학습하고 가치 있게 여길 수 있는 의미를 구성하도록 학습활동을 촉진하여 자유롭고 자율적인 인간을 기르고자 하는 교육과정도 아닙니다. 기독교학교가 지향해야 할 교육과정은 학생들이 하나님에 의해 창조 세계에 부여된 질서와 의미를 발견하고, 문화명령을 수행하기 위해 주신 달란트와 소명을 계발하여 세상 가운데서 책임 있게 행하도록 인도하는 것입니다. 기독교적 교육과정 개발은 이러한 방향을 가지고 교육실천을 바꾸어 가는 방안들을 찾아 실현해 가는 것입니다.

　이러한 교육과정 개발은 교재로서의 교육과정 개발이 아니라 교육

내용과 교육과정 설계에 대한 새로운 시대사회적 요구들을 반영하고 기독교적 교육과정 철학을 담아 교육을 실현할 교육과정의 전체적 구조와 원리를 구조화하고 그것을 실현해 갈 수 있는 절차와 과정을 구체적으로 제시하여 개별학교들이 현재의 교육과정을 그러한 방향으로 재구조화해 갈 수 있도록 교육과 감독을 통해 지원하는 교육과정 개발을 의미합니다. 이렇게 교육과정 설계의 기본구조와 원리를 제시하는 교육과정 개발은 단위학교 차원에서는 교사공동체가 제시된 교육과정 설계의 원리를 이해하고 함께 협력해서 만들어 가는 과정을 수반하는 교육과정 개발로 교육과정 코디네이터 같은 전문 인력의 역할이 중요하고 필요합니다.

궁극적으로는 기독교적 교육과정 교재(자료)개발이 필요합니다. 기독교학교 교육과정의 핵심은 기독교적 가르침을 구현할 수 있는 교사이고, 교사는 실행되는 교육과정의 실질적인 결정자 역할을 하는 위치에 있기에 교사 수준의 기독교적 교육과정 개발은 중요합니다. 그러나 현실적으로 많은 시간의 수업을 날마다 감당해야 하는 교사가 매번의 수업 지도안을 개발하고 가르친다는 것은 어려운 일입니다. 또한 한 사람의 교사가 기독교적 교육과정의 철학과 가르침의 원리를 이해하고 가르칠 수 있는 교사로 서기까지는 오랜 시간이 소요됩니다. 그러므로 미리 전문적으로 연구하고 가르쳐 본 경험이 있는 교사들이 협력하여 기독교적 교육과정의 철학과 원리를 정리하고 그것을 기초로 교과서(교재)를 개발하는 일은 기독교학교 교육의 실천을 위해 필요하고 중요합니다.

6장
학교운영의 실제 1

☞ 이 과의 질문 포인트

1. 기독교학교 운영에서 가장 고려해야 할 점은 무엇인가요?
2. 학교를 하면서 생기는 예상치 못했던 어려움은 무엇입니까?

풀무학교 모내기 행사

6장 학교운영의 실제 1

 기독교학교를 운영하면서 가장 고려해야 할 점이 있다면 무엇일까요?

홍배식 : 저는 '비전'과 '사명선언문(mission statement)', '건학이념'을 확고하게 세우는 것이 가장 중요하다고 생각합니다. 애매한 철학으로 훌륭한 기독교학교 하나 만들어 보겠다는 것은 잘못된 생각입니다.

물론 돈이 많이 드는 문제이기 때문에 대충하지는 않겠지만, 기독교학교를 운영하려는 분들은 많이 고민해 보고, 또 많이 방문해 보고 '어떤 철학으로 어떤 기독교학교를 하겠다.'는 생각을 갖는 게 가장 중요합니다. 왜냐하면 그 생각에 따라 모든 것을 결정해야 하니까요. 결정할 일이 너무 많은데 기준이 흔들리면 혼란스러워집니다. 그럼 학교도 중심이 흔들리게 되죠. 그러니까 비전과 미션, 건학이념을 확고하게 잘 만들어 놓는 게 제일 중요합니다.

김선봉 : 제가 강조하고 싶은 것은 학교 커트라인이 올라간다고 학교가 잘되는 것은 아니라는 점입니다. 저는 교사들에게 "공부 잘하는 학생, 행실 바른 학생들을 데리고 와서 학교가 신경 안 써도 알아서 공부 잘하고 생활 잘하다가 3년 후에 서울대 가는 거 바라지 마라. 그럼 우리가 하는 게 뭐가 있느냐, 어떻게든 학생을 끌어안고 사랑으로 새 사람 만드는 것이 학교 수준을 올리고 교육하는 것이지 학원처럼 영어,

수학 조금 가르쳐서 대학 괜찮은 데 보내는 것이 우리가 할 일은 아니다."라고 말합니다.

요즘 우리 교육은 입시 위주라서 학생들이 어느 대학에 갔는지만 중요하게 봅니다. 그러나 그것은 진짜 교육이 아닙니다. 학생들이 졸업을 해도 학교에서 배운 대로 세상에서 빛과 소금의 역할을 하고, 하나님의 사랑을 실천하도록 가르쳐야 합니다.

저도 뜻은 원대한데 좀 말뿐이 아닌가 싶어서 말만 하는 사람이 될까 봐 두렵습니다.

우리 학교 학생 중 300명이 기숙사 생활을 하는데, 그중에 헤매거나 정신 못 차리는 학생 하나 잡고 내 모든 것을 투자할 수 있으려나 생각하면 겁이 납니다. 교육이라는 것이 예전에는 몇 년 하면 할수록 학생들을 더 잘 가르칠 수 있다고 생각했는데, 지금은 하면 할수록 벌벌 떨리고 두렵습니다. 정말로 '선생하면 안 되겠구나!' 하는 생각밖에 안 듭니다.

김요셉 : 저는 핵심적으로 설립주체들의 소명이 제일 중요하다고 생각합니다. 설립을 주도하는 분들이 목사님이 될 수 있고 어떤 그룹이 될 수도 있는데, 이건 제가 조심스럽게 말씀드립니다만, 다른 부수적인 동기도 있을 수 있습니다.

우리는 '교회건물을 활용해서 학교를 하자. 우리 교회에는 단지 교회건물만 존재하는 게 아니다. 학교시설을 활용해서 교회시설로 쓴다.' 라는 동기가 있었거든요.

그 밖에도 '전도를 목적으로 학교를 하자.', '사회정의를 실현하기 위해서 하자.'와 같은 다양한 동기들이 있을 수 있지만, 저는 제일 먼저 정말 기독교학교라면 기독교학교의 가장 본질인 기독교 세계관을 다음 세대에게 온전히 양육하고자 하는 그 소명이 있어야 한다고 생각합니다. 이것이 투철하지 않으면 학교를 운영하기가 너무 힘이 듭니다.

기독교학교는 경제적으로 막대한 재정적 투자가 있어야 하는데, 문제는 돈 자체가 부족한 게 아니고, 왜 그것을 해야 하는지에 대해 사람들의 동의가 부족하다는 겁니다. 그래서 매일 싸워야 합니다. "사립학교 아니냐? 부잣집 귀족 애들을 가르치기 위한 것인데 왜 교회 예산을 써야 하느냐?" 제가 이런 말들에 뭐라고 대답할 수 있겠습니까? 하지만 기독교학교가 부잣집 아이들을 교육하기 위한 곳이라면 처음부터 하지 않았을 것입니다.

그러면 "장학금 제도를 만들고 특수 아동들이 이곳에 들어올 수 있도록 하면서 우리가 법인을 만들어 결국 교회와 교인들이 도와주는 헌금에서 5, 6억씩 투자하는 이유가 무엇이냐?"라고 할 때, "기독교 세계관이 온전히 존재하는 다음 세대를 만들기 위해서"라고 말하고 싶습니다. 비기독교, 그러니까 인본주의적 세계관이 얼마나 무섭고 교회에 암적이고 독소적인 요소인지를 잘 각인하지 못하면 이것의 필수성은 사라집니다. 그래서 저희는 기독교학교의 핵심은 소명이라고 생각합니다. 또 장애인을 비롯한 사회적 소외계층들을 돌보는 일도 다 부수적으로 기독교학교의 요소가 될 수 있습니다.

박은조 : 기독교학교 운영에서 가장 고려해야 할 점은 기독교학교의 영성이 아닌가 싶습니다. 무엇보다 우선적으로 살펴봐야 할 것은 기독교학교를 왜 해야 하는지에 대한 부분입니다. 기독교학교(크리스천 스쿨)라고 이름이 붙어 있어도 사실 학교마다 추구하는 목표가 조금씩 다

를 수 있습니다. 저희의 경우 '그리스도의 제자로 삼는다.', '제자 삼는 일은 부모 책임이기에 교회와 함께 우리 학교는 부모를 돕는다.'라는 목표가 존재합니다. 그래서 자기 아이를 '제자 삼는 일에 앞장서겠다, 학교가 도와 달라, 학교와 더불어서 일하겠다.'라고 생각하는 학부모의 학생만 받습니다. 왜냐하면 아이 교육에 있어 학부모의 영성이 매우 중요하기 때문입니다. 그렇지 않으면 아이들이 학교에서 순종훈련, 성품훈련을 아무리 받아도 집에 가면 다 깨져 버립니다. 이렇게 되면 교육 자체가 무효가 되기 때문에 그런 수고를 우리가 할 수는 없습니다. 우리 학교는 '기독교 선교학교(미션스쿨)'가 아니기 때문입니다.

그런 영성 위에 재정적인 문제를 생각해야 합니다. 현재 우리 학교의 재정 문제는, 그동안 경험해 보니까 성도들이 내 아이를 크리스천으로 키우고자 하는 의욕만 있다면 넘지 못할 산은 아닙니다. 우리 아이를 크리스천으로 키우겠다는 의식으로 교회와 함께하면 큰돈 들지 않고 할 수 있습니다. 우리 교인들 절반 이상은 과외비로 자녀 한 명당 월 40-50만 원을 씁니다. 학교에 이 비용을 쓰는 대신 과외를 하지 않겠다는 신앙적인 결단이 필요한 부분입니다. 결론은 자기 주도적 학습을 해야 한다는 것입니다. 선생님께 가서 배우는 것은 장기적으로 볼 때 절대 좋은 방법이 아닙니다. 이런 학교 교육철학에 동의만 하면 재정 문제는 그 다음 문제라고 생각합니다.

정승관 : 기독교학교를 할 때 무엇보다 학교 철학을 분명히 하는 것이 중요합니다. 그런데 우리나라 대안학교들이 처음 시작할 때 학교 자체에서 어떤 철학을 미리 끄집어 냈다기보다는 현재 우리나라 교육이 지니고 있는 문제점 즉 "우리나라는 학교에서 너무 공부만 시킨다. 그

러니까 공부 좀 덜해도 된다.", "애들을 학교에서 너무 규칙적으로 조여 놨다. 그러니까 규칙을 좀 풀어 줘도 된다."라는 식에 집중하다 보니까 그 학교의 교육철학조차 제대로 지키지 못한 측면이 있습니다. 따라서 기독교학교는 그 학교만의 건학정신을 분명히 해야 할 필요가 있습니다.

또 한 가지는 학교의 철학을 정할 때 너무 명분에 치중한 경향이 있다는 점입니다. 예를 들어 "학생, 학부모, 교사가 학교의 주인이다. 세 바퀴가 같이 간다."라는 식의 말들을 많이 합니다. 그런데 학교 설립 초기에 학부모님들 때문에 학교가 많은 어려움을 겪었습니다. 왜냐하면 대안학교를 처음 시작할 때 대안학교 진영에 포함됐던 그 학부모들이 그 당시에 굉장한 사람들이었거든요. 자기 아이들을 대안학교에 보낼 정도면 상당히 강한 사람들이에요. 그렇지 않겠습니까? 그러다 보니까 학교와 학부모의 관계가 제대로 안정을 찾지 못한 측면들이 많이 있었습니다.

우리 학교의 경우 처음에는 대안학교가 아니라고 생각했는데, 어느 날 갑자기 아무 준비도 안 되어 있는 상태에서 색다른 학부모님들이 막 왔습니다. 예를 들어 우리가 어떤 하나의 목표를 향해 간다고 할 때 한 길만 있는 것은 아니거든요. A, B, C, D, E. 어느 방향으로 가도 거기에 도달할 수는 있습니다. 그런데 어떤 부모가 생각할 때 A길이 내 아이한테 딱 맞아 떨어진단 말이죠. 그러면 그분은 절대로 그것을 포기하지 않습니다. 그럴 때 학교가 분명하게 학교의 정신을 지켜 나갈 필요가 있습니다. 목표는 같으니까 얼마든지 가능합니다. 그럴 때는 학교도 원칙을 분명하게 지니고 가야 합니다. 저희 같은 경우에 처음에는 부모님들이 학교가 좀 경직돼 있다고 하셨습니다. 그런데 한 2년 쯤 지나가니까 저희들을 확실하게 신뢰하는 것 같아요. 그것이 '이 학교는 이러한 정신으로 결국 우리가 원하는 곳에 가는구나.'라는 생각이 들게 하니까요.

대개 학교 교육목표를 하나의 모토처럼 올려놓는 경우가 많습니다. 그러나 그것을 분명하게 해야 합니다. 그것을 놓치면 학생들도 놓치게 되고 모든 걸 놓치게 됩니다. 특히 기독교학교는 더 합니다. '신앙적인 측면을 어떻게 함께 가느냐?' 이것이 굉장히 어려운 문제입니다.

김혜선 : 제가 볼 땐 교장의 역할이 굉장히 중요한 것 같습니다. 리더의 마인드에 따라 학교 전체가 바뀌니까요. 성가대의 지휘자가 누구냐에 따라 목소리가 확 바뀌는 것과 같은 이치입니다. 그러니까 '리더의 중심에 뭐가 있느냐?'가 가장 중요한 것이지요.

그리고 그 다음은 교사가 중요합니다. 왜냐하면 직접적으로 전투에 나가야 하는 사람이기 때문입니다. 교사가 어떠한 장비를 지니고 있느냐가 중요합니다. 실제로 교사들의 마음을 새롭게 하는 교사교육 프로그램 체제가 굉장히 중요하다는 것을 지금 아주 뼈저리게 느끼고 있습니다. 그러한 통로를 통해서 뭔가 변화가 일어나길 기대합니다. 그런 것이 전혀 없이 그냥 고용하고 나서 "알아서 하십시오. 알아서 교수방법 찾으시고, 알아서 공부하시고, 알아서 연구하셔서, 알아서 가르치십시오."라는 것은 아니라는 거죠. 하지만 현 체제가 그렇게 되어 있다는 것이 굉장히 안타깝습니다. 교사교육 체계가 기독교교육에 대한 이해와 회복으로 잘 이루어진다면 뭐가 문제가 되겠습니까?

신기영 : 제가 볼 때도 지도자가 제일 중요합니다. 제가 이 부분을 제일 뼈저리게 느꼈습니다. 기독교교육은 지도자가 어떻게 하느냐에 달

려 있습니다. 저는 지금까지 일반적인 리더십 분야에서 강조하지 못했던 2가지 지도력이 필요하다고 생각합니다.

첫째, 가르침의 리더십이 있어야 합니다. 교장이 '전문성 있는 가르침을 지니고 있어야 하는가?', 아니면 '행정가가 되어야 하는가?'에 관해 갈수록 후자 쪽으로 움직이고 있는데, 제가 볼 때 교장에게는 가르치는 리더십이 있어야 합니다. 교사들이 만든 수업계획서에 전문적인 조언을 해 주어야 합니다.

둘째, 영적 리더십이 있어야 합니다. 공동체에 주시는 하나님의 말씀은 지도자에게 임합니다. 지도자가 듣지 못하면 끝나는 것입니다. 우리가 왜 이런 행사를 하는지, 왜 이런 교육을 하는지에 대해 하나님으로부터 말씀을 들어야 합니다. 우리는 행정회의를 하면 그 다음 달에 있는 주요 행사를 왜 하는지에 대해 교장, 교감 선생님이 그 이유를 다 써오게 되어 있습니다. 예를 들어 '학교 평가는 왜 받는지'에 대해 교장, 교감 선생님이 기도 가운데 그 답을 받고 준비하면 선생님과 학생들에게 알려 줍니다.

닐 포스트만의 책 『교육의 종말』의 핵심은 더 이상 북미에 있는 교육자들이 '왜?'라는 질문을 하지 않는다는 것입니다. 우리는 교육현장에서 '왜?'를 물어보게 하고 작성하게 하는 워크숍을 해야 합니다. 이 일을 계속 하다 보면 '창조-타락-구속'의 세계관에 의해 정리가 됩니다.

정기원 : 기독교학교를 교회에서 설립할 때와 개인이 기독교적 정신에 입각해서 설립할 때는 그 경우가 서로 다른 거 같습니다. 교회에서 설립하는 학교 형태라면, 교회 안에서 학교 설립의 중요성에 대한 성도들의 인식이 어느 정도인지가 제일 중요합니다. 저는 아무리 당회장 목

사님이 그 중요성을 인식하고 있고 그에 대해 수차례 반복하면서 말씀을 강조하셨다고 성도들이 그만큼 비례해서 성숙한 상태로 가지 않는다는 사실을 발견했습니다. 그래서 그 전에 시간이 좀 걸리더라도 교회 성도 간에 '우리 교회가 학교를 지어야 할 분명한 필요성이 있구나! 정말 그렇게 가야겠구나!' 하고 공감대를 형성하는 게 제일 중요하다고 봅니다. 공감대가 형성되지 않으면 어려움이 생기는 것을 저희가 경험했으니까요. 또 목사님이 갖고 계신 생각도 성도들의 반응에 따라 달라질 수 있다는 것을 느꼈습니다. 목사님은 분명한 생각을 갖고 계시는데, 많은 성도들이 학교에 대한 중요성을 느끼지 못하고 '왜 굳이 학교여야 하느냐?'라는 식으로 자꾸 생각하면 목사님도 약간 동요하는 경우가 생기거든요. 그린 부분에서 분명해야 합니다. 성도들 안에서 성숙한 분위기가 만들어지고 난 후에 학교를 설립해야 합니다.

오늘도 강원도의 어느 교회에서 내년에 학교를 설립한다고 하면서 우리 학교를 방문했는데, 저는 이걸 꼭 말씀드리고 싶습니다. '교회 안에서 얼마만큼 성도들이 학교의 중요성을 인지하고 있는가?'가 가장 중요하다고요. 목사님과 장로님들만 학교 설립을 준비하기보다 성도들에게 좀 더 홍보하고 성도들을 교육시키는 게 필요하다고 생각합니다. 지금은 밀어붙이기로 이끌어 갈 수 있지만, 정말 성도들이 인정해 주지 않는 학교라면 고달프고 외롭고 힘이 듭니다. 학교가 교회 건물 안에 있는 경우인 저희는 그걸 많이 느꼈습니다. 이제 4년이 지났는데 지금은 전보다 많이 좋아졌습니다. 초창기는 이 과정이 너무 힘들었거든요.

더군다나 교회가 새로 지어지고 학교가 이쪽으로 이사 오면서 초창기에 교회와의 갈등이 표출됐던 적이 있습니다. 성도들은 새로 교회 건물을 지으면 공간을 많이 쓸 줄 알았는데 자기들 쓸 공간이 없다는 거예요. 학교가 다 차지하고 있다고…. 사실 주일날 학교 교실을 다 오픈 하는데도 장소가 학교로 되어 있으니까 성도들 입장에서는 자기들 공간이 절대 아닌 거예요. 예를 들어 제1남전도회실로 되어 있어야 하는데, 이 방이 4학년 반으로 되어 있으니까 실제 일주일에 한 번 남전도회 공간으로 쓰는 건데도 별도의 장소로 여겨지는 거죠. 학교의 허락을 받아야 하는 것처럼 느껴지고, 그 안에서 오는 괴리감들이 많았어요. '학교 때문에 우리 공간이 없어졌다. 학교를 어떻게 해야 하나?'라는 이런 현실적인 문제 때문에 불만이 나오는 것을 보면서 많이 힘들었죠. 그래도 다행히 이제 1년 지나고 나니까 정리가 많이 됐습니다.

김요셉 : 부수적인 것인지는 몰라도 입학과 관련된 원칙도 필요한 것 같습니다. 저희는 누구를 통해 추천받아 입학시키는 것을 허용하지 않고 있습니다. 이에 대해서는 설립자님과 이사장님도 동일한 생각을 갖고 있습니다. 그래서 15년 동안 그분들을 통해 우리 학교에 입학한 사람은 단 1명도 없습니다. 우리 학교는 그런 부분들이 철저하게 지켜지고 있습니다. 그런데 외부에서 볼 때는 기독교 기관이기 때문에 '목사님과 친하면 들어갈 수 있지 않느냐?'라는 생각을 많이 합니다. 예를 들어 '우리 김장환 목사님(중앙기독초등학교 설립자)과 친한 아무개 목사님이 부탁하면 되지 않겠느냐?'라고 생각하는 분이 많습니다. 그러나 이것은 잘못된 생각입니다. 목사님이 철저하게 이 원칙을 지키고 계시기 때문에 그런 게 이루어질 수가 없습니다. 그렇게 하니까 실제 현장에서 일하시는 분들이 굉장히 좋아합니다.

또 교사 선발도 마찬가지인데, 저희는 서류를 받을 때 목회자 추천서를 받지 않습니다. 진짜 추천서가 오는 경우가 드물기 때문입니다. 오히려 훈련받은 것들이 있으면 그 내용을 더 많이 참고합니다.

우리 학교는 교사를 초빙할 때 공고문 제일 밑의 줄에 "교사채용과 관련된 어떠한 청탁이라도 우리에게 들어오면 자격 자체를 박탈해 버립니다."라는 내용을 씁니다. 그러면 "우리 교회 누군데 잘 좀 봐 줘."와 같은 청탁이 하나도 안 들어옵니다. 처음에는 우리 이사장님한테 몇 번 전화가 왔었는데, 이사장님께서 "나한테 이런 전화했다는 사실이 알려지면 지원 자체가 무효가 됩니다."라고 말씀하시니까 그분들도 "그냥 없었던 걸로 해 주세요."라는 말만 하고 전화를 끊었습니다. 위에 계신 분들이 교사 채용이나 입학과 같은 단계들을 철저하게 하기 때문에 지금은 우리 학교를 신뢰하는 분들이 많습니다. 이것이 기독교학교에서 굉장히 중요한 부분입니다.

 학교를 하면서 생기는 예상치 못했던 어려움이 있다면, 어떤 것이 있나요?

정승관 : 학교를 하면서 생기는 예상치 못했던 어려움은 사실 순간 순간마다 있습니다. 예를 들어 아주 작은 부분이지만 어떤 학생이 저와 방금 어떤 것에 대해 약속했는데 돌아가자마자 저와 얘기한 것을 지키지 않는 경우가 있습니다. 선생을 하다 보면 그런 경우가 많습니다. 그러면 선생님들은 '너는 나를 기만했다.'라는 식으로 생각합니다. 그런데 그건 기만이 아닙니다. 예를 들어 "너 담배 피우니?" "저는 안 피우는데요." 그러고서 뒤에 가서 폈단 말이에요. 그 아이가 저한테 담배를 안 핀다고 말한 것은 거짓말이지만, 그건 저한테 예의를 갖춘 것입니다. 거기서 "그래요, 나 담배 펴요. 왜요?"라는 식으로 나오면 선생님들은

그 아이를 인간 취급도 안 합니다. 교육은 생명이 있는 사람과 함께하는 일이기 때문에 언제든지 돌발 상황이 발생할 수 있습니다. 상상도 못 했던 일은 언제나 일어나니까. 역시 이런 부분들은 우리가 기도하면서 갈 수밖에 없다고 생각합니다. 교사란 베테랑이 될 수 없는 거 같습니다. 시간이 가면 갈수록 더 불안해집니다. 왜냐하면 아이들의 마음을 더 읽는 만큼 더 불안하고 더 연민이 생기기 때문이죠.

신기영 : 예상치 못한 어려움은 교사 공동체에서 일어납니다. 토지를 사기 위해 기도하고 빚을 갚기 위해 기도하면 결국은 다 해결됩니다. 대부분 기도제목들은 이루어집니다. 하지만 공동체에 대한 기도만은 끝나지 않습니다. 제가 7년간 교장으로 있으면서 별의별 일이 다 있었습니다. 저도 학자였지만, 지금은 학자가 제일 부럽습니다. 한 공동체를 이끌어 나가는 것은 공부처럼 서론, 본론, 결론이 자기 마음대로 나지 않습니다. 그러나 지도자가 하나님을 경외하면 그 공동체는 회복됩니다. 중요한 것은 "누가 먼저 수술대에 오를래?"라고 할 때, 먼저 수술대에 오르는 한 사람이 필요하다는 것입니다. 리더의 자리는 사실 환상적이고 멋진 자리가 아닙니다. 공동체를 품는 것, 맨 먼저 공동체의 연약함을 위해 수술대에 오르는 자가 리더입니다. 그런 공동체는 해가 지날수록 성장하고 결실을 봅니다. 하나님께서 일하시는 방법은 참 희한합니다. 100% 헌신해야 그때 일이 나타납니다. 아무도 헌신하지 않는데 하나님께서 어떻게 일하시겠습니까?

김의환 : 가장 힘들었던 적은 교사 간에 갈등이 있었을 때였습니다. 제가 전에는 방송국 PD로 활동했었습니다. 방송국에서는 PD의 말이

라면 그 밑에 누구라도 무조건 순종했습니다. '불순종'은 곧 '사표제출'이었지요. 저는 학교 초창기에 방송생활과 교사생활을 잘 구별하지 못했던 것 같습니다.

어떤 문제가 있었느냐 하면, 저는 '남녀가 같이 쓰는 기숙사학교이다 보니까 이성 간에 벌어지는 성적(性的) 문제는 엄단해야 한다.'라는 학교교칙을 만들었습니다. 밤새 토론을 해서 '1:1의 이성 교제는 퇴학이다.'라고 결정했는데 다음날 일이 터진 겁니다. 밤 10시 반에 '어느 소나무 밑 바위로 나와.'라는 쪽지를, 한 남학생과 여학생이 몰래 주고받으면서 기숙사를 빠져 나와 둘이서 뽀뽀하는 일이 생긴 겁니다. 그리고 '이게 퇴학이냐, 아니냐.' 하는 문제로 교사들 간에 갈등이 생겼습니다. 결국에는 이 문제 때문에 상당히 많은 교사들이 학교를 떠났습니다. 교사들 간에 "무슨 기독교학교가 이런 일로 학생들을 퇴학시키느냐? 현실을 알아야지, 그 정도가 무슨 퇴학 거리가 되느냐?" 하면서 격론이 붙었는데, 결국은 다수결로 그 학생 둘을 퇴학시키기로 했습니다. 교사들 간에는 "너희들이 무슨 기독 교사냐?"라고 하면서 험한 말이 오가고 엉망이 되었습니다. 이 일로 많은 교사들이 학교를 떠났습니다.

최근에 겪는 갈등은 고 2,3학년 진학(입시)준비 문제입니다. '명문대학을 제대로 못 보내는 학교가 무슨 기독교학교냐?'라는 문제가 발등에 떨어진 불이 되고 있습니다. 그래서 대학 입시준비를 시키려다 보니 수능을 피할 수 없고, 또 이 수능을 준비하려다 보니 학교가 계획한 여러 본질적인 교육 프로그램에 고3이 참여하지 못하는 일이 생기게 되었습니다. 그러다 보니 "그러려면 우리가 왜 대안학교에 와 있느냐? 공교육으로 가지." 하는 목소리가 나옵니다. 또한 "대안학교에서 성경적 교육에 초점을 맞춘다고 해 놓고 대학을 제대로 못 보내면 하나님께 영광이 되느냐?" 하는 갈등이 끝없이 터져 나옵니다. 그리고 교사들 간에는 대학입시에 관한 의견 차이로 미묘한 기류가 형성되었습니다. 어떤 교사들은 철저히 입시중심의 교육을 하면 안 된다고 하고, 또 어떤 교사들은 현실을 인정하고 "학생들의 진학 문제를 외면하면서 무슨 기독교교육을 하느냐?"라고 주장하기도 하고…. 아무튼 저도 어떤 게 옳은지는 잘 모르겠습니다. 다만 제가 기대하는 것은 '말씀에 입각해서 사람을 잘 키워 놓으면 대학이 알아서 이런 학생들을 뽑아 주지 않겠느냐?' 하는 근거 없는 믿음입니다. 그래야 정상이 아닐까요?

그래도 세월이 지나 멋지게 자란 아이들을 보면 감동을 받습니다. 아이들이 성장하는 모습을 보면 '우리가 잘했나 보다.'라는 생각이 듭니다. 중학교 다닐 때만 해도 말썽 피우고 미래가 안 보이던 아이들이 고 2-3이 되고 나서는 어느덧 꽤 근사한 아이로 성장해 있습니다. 졸업한 선배 중에는 1년 동안 TA(Teaching Assistant)로 와서 학교에서 봉사하는 사람도 있습니다. 세계적으로 유명한 대학을 간 경우는 없지만, 졸업한 아이들을 보면 '참 하나님의 사람으로 멋지게 성장해 가는구나!' 하는 생각이 듭니다. 자기 사명을 발견하고 즐겁게 자기의 길을 달려가고 있는 졸업생들이 많이 나와서 저는 참으로 보람을 느낍니다.

김혜선 : 저는 사실 대단한 사람도 아니고, 경험이 풍부한 사람도 아닌데 지금까지 큰 어려움 없이 온 걸 보면 하나님이 저를 굉장히 사랑하시는 것 같다는 생각이 듭니다. 가장 힘든 것이 사실 월요일과 수요일 날 하는 교직원 경건회인데, 한 선생님이 모든 사안에 일일이 반대하면 제일 심적으로 힘이 듭니다. 하지만 뭐 그만한 힘든 거 없이 무슨 학교를 이끌어 나가겠습니까? 솔직히 그분들 때문에 제가 더 성숙해지

는 것 같아서 사실은 감사합니다.

정기원 : 학교를 하면서 생기는 예상치 못한 어려움은 많이 있습니다. 한두 가지가 아닙니다. 저는 교사를 하다가 경찰서에 갈 거라는 생각은 전혀 해 보지 못했습니다. 그냥 교사는 교육만 열심히 하면 되는 줄 알았는데, 예기치 못했던 민원이 들어와서 교실을 옮기고 이사만 몇 번을 했는지 모릅니다. 1년에 한 번씩 이사했으니까 거의 매년 이사를 한 거지요. 포장 이사는 이제 자신 있습니다.

또 비인가 학교로서 재산세, 등록세, 취득세를 내야 하는 문제도 예상하지 못했습니다.

힘들 거라고 생각하긴 했는데, 솔직히 제가 예상했던 것보다 한 3-4배는 더 힘들었습니다. 2005년도에 학교를 설립하면서 이런 일들이 벌어질 것이라고 하나님께서 보여 주셨다면 아마 안 했을 수도 있을 것 같습니다. 그런데 몰랐으니까 '이 고비만 지나면 좋아지겠지.' 하는 생각으로 버텨 왔습니다. 만약 4년 동안 이런 일이 있을 거라고 미리 다 보여 주셨다면 아마 저는 그냥 화랑초등학교에 계속 있지 않았을까 싶기도 합니다. '그 조건이 다 갖추어지면 하자.'라고 생각했을 겁니다. 예를 들어 교회가 학교건물을 다 지어 주고 모든 게 준비된 상태에서 시작하자고 했을 가능성이 많았겠죠. 그런데 주변에 건물을 먼저 세우고 시작한 학교를 보니까 또 그건 아닌 거예요. 어느 게 맞는 것인지는 모르겠습니다. 교사들이 모든 게 준비되고 들어갔을 때는 기도도 덜 하게 되고, 준비도 덜 하게 되는 것 같습니다. 걱정할 게 없으니까 교사들 간에 함께 고민하고, 기도하고, 얘기하는 시간이 줄어들면서 결속력도 좀 약화되는 거 같고요.

김요셉 : 사실 제일 힘든 것은 교육청이나 우리가 말하는 비기독교인들이 주는 어려움이 아닙니다. 저는 원수는 가까운 데 있고, 적은 내부에 있다고 생각합니다. 우리들이 진짜 헌신된 마음으로 기독교교육을 할 수 있는 팀워크를 만들고, 또 그 내부의 반대 요소들을 물리치고, 인본주의적 사고를 극복하는 것이 제일 힘든 부분입니다.

그러니까 제일 힘든 것, 가장 솎아 내기 힘든 것이 무엇인가 하면 크리스천 교사든, 목사든, 이사든, 장로든, 기독교인들 안에 깊이 스며들어 있는 인본주의적인 사고입니다. 물고기가 물을 의식하지 못하듯 우리들이 인본주의를 의식하지 못하는 것은 학계뿐 아니라 모든 부분에 스며 있습니다. 그런 부분들을 솎아 내는 일이 제일 큰 어려움인 것 같습니다. 예를 들어 부모들이 "아, 그래요, 신앙교육 해야죠."라고 말하지만 막상 "대학교 입시에 떨어지는데도 신앙교육을 하겠습니까?"라고 물어보면 "아, 그 문제에 대해서는 다시 생각해 봐야겠는데요."라고 말하는 것이 인본주의의 표현입니다. 이해가 되시죠?

장애인 통합교육도 그래요. "아, 그래요, 우리 그럼 더불어 같이 잘 살아야죠."라고 대부분의 학부모님들은 말합니다. 하지만 "당신 자녀가 피해를 받아도 장애인이랑 같이 짝이 되겠어요?"라고 물으면, "아, 그건 다시 생각해 봐야겠는데요."라고 답한다는 것이죠. 이런 것들이 기독교교육을 하는 데 제일 큰 어려움인 것 같습니다. 이런 문제를 제가 어떻게 묘사하기는 쉽지 않은데, 그런 부분들이 사실 더 힘들지, 세상에서 뭐 우릴 반대하거나 핍박한다거나 인가를 안 내준다거나 욕먹는 것은 힘들지 않습니다. 진짜 힘든 것은 자신 안에 있는 인본주의를 보지 못하는 우리들의 그 블라인드 스팟(Blind Spot)입니다. 왜 운전할 때 보면 사고가 나는 이유는 백미러에도 안 잡히고, 사이드미러에도 안 잡히는 그 사각 지대 때문이잖아요. 그러니까 우리들, 운영주체들 안에도 인본주의적 생각이 있다는 것입니다. 교회를 운영하는데도 인본적인 생각으로 합니다. 그러면 교회도 결국은 '가게'와 다를 게 없습니다. 목 좋은 곳에 건물을 크게 짓고 사람을 많이 끌어서 돈 놓고 돈 먹기, 뭐 이런 식의 가치들이 우리 안에 스며 있는 한, 기독교학교가 온전히 기독교학교가 되기는 힘듭니다. 그것을 거울을 보듯 우리들이 계속해서 자성할 수 있어야 합니다. 학교 자체에 자정 능력이 있어야 합니다. 외부인들을 끌어들일 수 있어야 합니다. 교사들이 자기 교실을 열고, 나를 봐 달라고 문턱을 낮추고 열어 놓으며 "내가 어떻게 인본주의적으로 하는 것 같아요? 내가 뭘 잘못하는 것 같아요?"라고 묻는 자정능력이 기독교학교 안에 반드시 있어야 한다고 생각합니다.

박은조 : 아마 교장이나 교사들에게 물어보면 할 말이 많을 텐데, 학교를 경영하는 이사장 입장에서 예상치 못했던 어려움은 아직 별로 없는 것 같습니다. 너무 많은 경우들을 예상하면서 걸어왔는데, 아마 저는 실무진이 아니어서 그렇게 느끼는 것 같습니다.

학교를 경영하면 학교 방침에 다 동의하고 아이를 입학시켰는데도 "영어 시간이 왜 이리 짧으냐?"라고 불평하고, "이래서 애들이 공부를 제대로 하겠냐?" 하면서 부모들이 문제를 일으키고…. 뭐 그런 변수들이 굉장히 많습니다. "애들한테 이렇게 신앙만 강조해서 어떡할 거냐?"라고 하면서 교육 방향에 대해 회의를 표하는 사람들도 있고요.

생각할 문제

1. 학교를 설립한다고 할 때 당신이 꿈꾸는 기독교학교의 교육철학의 핵심요소를 몇 가지 적어보고, 그것을 구성원들과 공유하기 위한 방법들을 생각해 봅시다.

　

2. 이번 과에서는 학교운영의 실제에 있어서 고려해야 할 점으로 '교육철학(구성원의 철학공유)', '리더십', '교사', '교회와의 관계' 등이 언급되었습니다. 이것 외에 또 고려해야 할 중요한 문제에는 무엇이 있을까요?

★ 이것만은 꼭~!

기독교학교 운영에 있어서 나타나는 대부분의 문제는 기독교학교의 정체성과 관련된 것입니다. 기독교학교라는 명칭을 가지고 있더라도 기독교학교는 다양한 의미의 정체성을 지닐 수 있습니다. 기독교학교라는 이름은 크게 두 가지 단어의 합성어인데, '기독교'와 '학교'를 어떻게 강조하느냐에 따라 그 정체성은 달라집니다.

만약 기독교학교가 '기독교'만을 강조하고 '학교'로서의 역할을 제대로 감당하지 못한다면 교회모델이라고 부를 수 있습니다. 이런 학교는 '기독교성'은 강조되지만 '학교성'은 약합니다. 예배와 부흥회, 성경 시간이 강조되고, 선도와 제자훈련이 중요시되지만 '학교'로서의 기능이 부족합니다. 만약 기독교학교가 '학교'만을 강조하고 '기독교'적 영향력이 약하다면 세속모델이라고 부를 수 있습니다. 기독교학교임에도 불구하고 입시 위주의 교육을 통해 명문대학 합격자 수를 늘리는 데 온갖 관심을 기울인다면 세속학교와 큰 차이가 없기 때문입니다. 만약 기독교학교가 '기독교'와 '학교'를 각각 강조하지만, 이 두 가지가 연결되어 있지 못하다면 이는 분리모델이라고 부를 수 있습니다. 신앙도 학업도 강조하지만 이 두 가지가 연계되지 않는 경우입니다. 기독교학교의 보다 올바른 정체성은 '기독교'와 '학교'가 통합되어 있는 통합모델이라고 할 수 있습니다. 기독교적인 가치관이 학교의 모든 영역 속에 스며들어 있어서, 기독교적 학교경영, 기독교적 교과수업, 기독교적 학급운영, 기독교적 학생상담이 이루어지는 학교입니다. 기독교학교가 자신의 정체성을 분명히 할 때 모든 운영의 기준이 확고히 설정될 수 있고, 운영의 어려움을 극복할 수 있습니다.

기독교학교의 비전은 구체화되어야 합니다. 일반적으로 건학이념은 추상적인 형태를 띠고 있기 때문에 그 자체만으로는 기독교학교운영을 위한 구체적인 지침이 되기가 어렵습니다. 기독교학교의 설립정신으로서 건학이념은 비전 선언문이나 사명 선언문 형태로 구체화되어야 합니다. 그래서 기독교학교 구성원들이 이를 기준 삼아서 판단할 수 있도록 해야 합니다. 그리고 이러한 기독교학교의 비전과 사명을 모든 기독교학교 구성원들이 공유할 수 있도록 해야 합니다. 물론 기독교학교의 이사진, 교육행정가, 교사, 직원, 학부모 그리고 학생들은 다양한 사람들로 구성되어 있기 때문에 의견이 다를 수 있습니다. 그러나 동일한 비전으로 하나 될 수 있을 때 기독교학교는 방향을 상실하지 않고 앞으로 나아갈 수 있습니다. 다른 위치에서 역할을 감당해야 하지만 그들이 갖고 있는 나침반은 동일해야 합니다. 기독교학교의 이사진들은 이러한 비전에 동의하는 사람들로 구성되어야 하고, 교사들을 채용할 때에는 이러한 비전에 동의하는지를 꼭 물어야 합니다. 뿐만 아니라 학생 선발 시에 학생들과 학부모들에게 기독교학교의 비전을 알려 주고 이를 동의하는 자에 한하여 선발 대상으로 삼아야 할 것입니다. 기독교학교는 비전이 인도하는 학교가 될 때 운영상에 있어서 겪게 되는 다양한 어려움을 극복할 수 있는 바탕이 형성될 수 있습니다.

기독교학교의 설립정신과 건학이념이 학생들의 삶의 변화에까지 이어지기 위해서는 '누수현상'을 막아야 합니다. 요한계시록 2장에 보면 에베소 교회가 첫사랑을 버린 것을 지적하면서 책망하고 있습니다. "그러나 너를 책망할 것이 있나니 너의 처음 사랑을 버렸느니라. 그러므로 어디서 떨어졌는지를 생각하고 회개하여 처음 행위를 가지라. 만일 그리하지 아니하고 회개하지 아니하면 내가 네게 가서 네 촛대를 그 자리에서 옮기리라."(계 2:4-5) 기독교학교의 첫사랑은 '설립정신'이라고 할 수 있는데, 그것이 어디서 떨어졌다면 이를 찾아서 '처음 행위'를 회복해야 합니다. 기독교학교의 건학이념이 이사회에서 누수현상이 생기고 있는지, 아니면 교사인지 학부모인지를 생각하고 그 누수현상을 막음으로 말미암아 건학이념이 교실의 수업 속에서, 학생들의 삶 속에서 구현될 때 비로소 기독교학교의 운영이 제대로 이루어지고 있다고 말할 수 있을 것입니다.

7장
학교운영의 실제 2

☞ 이 과의 질문 포인트

1. 기독교학교의 위기요인과 그 극복방안은?

① 이념이 다른 교사
② 학생이 안 모이는 경우 혹은 그만두는 경우
③ 학부모가 학교철학에 도전하는 경우
④ 학생이 규율을 지키지 않아 문제가 되는 경우 (예: 흡연, 폭력, 임신)
⑤ 교사 분파 간의 갈등
⑥ 교육철학이 다음 세대로 전달이 안 되는 경우
⑦ 지역사회와 갈등
⑧ 정부와의 갈등 요소
⑨ (복지 문제에 따른) 교사의 잦은 전입 전출
⑩ 통합교육 운영의 실제적인 어려움
⑪ 학교 준비팀의 운영과 준비

숭덕여자고등학교 채플

7장 학교운영의 실제 2

기독교학교를 운영하면서 여러 가지 위기요인들이 있을 텐데요. 그 요인과 그 극복방안은 무엇입니까?

① 이념이 다른 교사

홍배식 : 이념이 다른 교사가 기독교학교의 위기요인이 될 수 있을 것 같습니다. 교사가 학교 설립이념에 동의하지 않을 때 참 힘이 듭니다. 옛날에는 교회를 다니지 않아도 다니겠다고 약속하면 선발하기도 했습니다. 하지만 세례는 받았지만 신앙생활을 하지 않는 분, 교회에서는 중직자이지만 학교에서는 선교에 대한 열정이 없는 분이 있기 때문에 처음부터 신앙이 확고하고 선교에 대한 열정을 갖고 계신 분들을 모셔야 한다고 생각합니다.

정승관 : 그런 교사는 저희도 물론 있습니다. 그리고 늘 있다고 생각합니다. 어느 집단도 그런 사람이 없는 곳은 없습니다. 그런데 집단 구성원 중 30%가 확실하게 자리 잡고 있으면 그 집단은 건강합니다. 왜냐하면 그 30%는 학교의 설립이념에 동의를 해서 뿌리를 내린 사람들이니까요. 나머지는 학교의 설립이념은 알고 있지만 뿌리를 내리지 않은 사람들입니다. 하지만 그런 분들을 너무 두려워하거나 배제하지 말

고 같이 끌어안고 가야 한다고 생각합니다. 그렇게 하면서도 학교 원칙을 명확하게 해야 합니다. 학교를 무공해 지역으로 만들려고 하면 절대로 해결하기 어렵습니다.

박은조 : 이념이 다른 교사는 선발할 때, 잘 뽑으면 실패 요인까지는 아니라고 생각합니다. 뭐 한두 사람 정도는 잘못 뽑은 교사들이 있지만, 현재까지는 괜찮았습니다. 우리 학교가 설립한 지 몇 년 안 됐고 워낙 열악한 상황에서 시작하다 보니 오는 분들이 다 헌신적인 분들입니다. 우리가 사실 공교육과 월급을 똑같이 준다고 해도 같은 게 아니니까요. 신분이 불안정하거든요. 미인가 대안학교는 학교가 없어질 수도 있고, 또 이사회에서 그만두라고 하면 그만둘 수밖에 없습니다. 그런데도 이분들은 자기 인생을 걸고 헌신을 합니다. 그러나 앞으로 학교가 더 안정되면 그렇지 않은 교사들도 있을 수 있겠지요.

② 학생 모집 미달의 경우 혹은 그만두는 경우

박은조 : 기독교대안학교에 있어서 그보다 더 큰 문제는 학생 모집에 관한 부분입니다. 학생이 모이지 않거나 그만두는 경우가 제일 곤란합니다. 왜냐하면 이것이 재정과 직결되어 있기 때문이죠. 중학교를 개교하면서 한 학년에 3개 학급 총 74명을 뽑았습니다. 우리가 예상한 최악의 시나리오는 모집인원이 한 반밖에 안 될 경우인데, 그러면 재단 전입금이 한 6억 필요합니다. 학생들이 적게 와도 교사는 필요한 만큼 뽑아야 하고 다른 시설은 거의 다 그대로 있어야 하기 때문이죠. 만약 두 반이 구성되면 4억의 전입금이 필요하고, 계획대로 세 반이 구성되면 2

억의 전입금이 있어야 합니다. 그러니까 3학년까지 아홉 반이 다 차면 전입금을 마련해야 하는 부담이 줄어들지요. 한 학교의 관계자에 따르면 한 학년에 6학급씩 만들면, 재정운영이 가장 좋다고 하더라고요. 1시간 강의하는 선생님도 전임으로 뽑을 수 있으니까요. 그런데 한 학년에 6학급씩, 18학급이 되면 학교 규모가 좀 커집니다. 그러면 교육적 측면에서 문제가 좀 있다고 생각합니다. 저는 학생들이 너무 많이 모인다면, 작은 학교를 만들고, 또 만드는 게 좋지 않을까 생각합니다.

정기원 : 저희는 아직까지 학생모집이 안 되는 경우는 없었는데, 그만두는 경우는 의외로 많았습니다. 4년 동안 중도탈락자가 거의 30명이 넘었으니까요. 160명 중에 30명이면 거의 20%이잖아요. 저는 심각성을 깨닫고 그 원인을 분석해 봤습니다. 그랬더니 외국에 간 학생들이 많았습니다. 부모님이 이민가면서 그만둔 아이들이 중도탈락자의 약 20%는 되고요. 그리고 나머지는 지방으로 이사 간 아이들이 15% 정도, 학교교육에 불만을 품고 나간 경우가 10% 되더라고요. 그러니까 그분들은 학교에 대해서 아주 다른 생각을 지니고 있었던 것 같아요. 학교교육에 만족하지 못한 경우이지요. 또 10%에 해당하는 아이들은 학교에서 권고해서 나간 경우예요. 폭력성 때문에 다른 아이들이 위험해지니까 치료받고 오라고 보낸 경우이지요. 그렇게 보면 다 나가야 할 이유는 있었던 건데 전체로 보니까 너무 많더라고요.

 그렇게 학생이 그만두면 학교 재정에 문제는 없나요?

정기원 : 저희는 학생들이 나간 만큼 바로 중도입학자들이 들어와서 재정적으로 어려운 것은 없었습니다. 적으면 4명, 많으면 10명 정도 중도입학자들이 기다리고 있거든요. 저학년, 주로 1-3학년이 많습니다. 제가 일반 사립학교에도 있어 봤는데, 거기도 마찬가지예요.

정승관 : 저희 같은 경우는 학생 2명을 데리고 학기를 시작한 적도 있었습니다. 하지만 졸업할 때는 7명으로 늘어났지요. 학교가 시골에 있어서 늘 많은 아이들이 모이지는 않았습니다. 학생 모집이 안 되니까 "일반 학교로 가자."라는 의견도 있었고요. 그러나 "안 된다. 그래도 우리는 설립정신을 지켜가야 한다."라는 쪽이 늘 이겨서 2-3명 데리고 학기를 시작하기도 하고 그랬습니다. 이것은 뭐 장담할 수 있는 일은 아니지만, 학교의 본질을 바꾸면서까지 학교를 유지한다는 것은 제가 볼 때 그렇게 큰 의미가 없다고 생각합니다.

저도 그랬지만 선생님들이 "이 아이는 안 되겠다."라고 해서 학생이 그만두는 경우도 있는데, 저는 아이들이 학교를 그만두지 않게 해야 한다고 생각합니다. 왜 지하수를 파다 보면 아무리 파도 물이 안 나올 때가 있잖아요. 그러면 대부분의 사람들은 '이제 할 수 없다. 다른 곳으로 가서 파자.'라고 생각하거든요. 그런데 한 치만 파면 물이 있는 경우가 많아요. 사람들이 그것을 모르고 다른 곳으로 가는 거예요. 깊이의 문제지요. 사람도 역시 파면 그 사람의 속이 나와요. 누구라도 나오게 되어 있어요. 마음속에 좋은 것을 지니고 있지 않은 아이는 하나도 없어요. 그것만 끄집어내면 싹 다 해결돼요. 그런 점을 생각해서 아이들을 그만두게 하는 경우는 없어야 한다는 생각이 듭니다.

김혜선 : 말씀을 들어보니 대안학교에서는 학생모집과 중도탈락이 정말 큰 문제겠네요. 서울에서는 2010년부터 학교선택제가 시작되었습니다. 그래서 학교에서는 학생이 안 모이면 어떻게 하나 걱정했었는데, 저는 학생이 안 모이면 안 모이는 대로 열심히 하면 된다고 생각합니다. 어떤 상황에서든지 최선을 다하는 것을 하나님이 기뻐하시니까요.

홍배식 : 인천시는 학생들이 학교 순위를 매겨서 선택하도록 합니다. 우리 학교의 경우 다행히 학생들이 선호해서 금년에 우수한 학생들이 많이 왔습니다. 신입생 중 장학생만 50명입니다. 또한 우리 학교를 지원해서 떨어진 학생들도 많이 있습니다.

이렇게 학생들이 선택해서 오니까 채플을 드리고 성경을 배우는 것에 불만이 없습니다. 우리가 그런 학교라고 광고했고, 그럼에도 불구하고 여기 와야겠다고 하는 아이들이 왔으니까요. 심지어 어떤 엄마는 본인도 교회에 안 다니고 아이도 교회에 안 다니는데, 학교에 잘 적응하게 하려고 6개월 전부터 아이를 교회에 보냈다고 하더군요. 예전에는 믿는 가정, 심지어 목사님 가정에서도 우리 학교를 안 보냈어요. 대학을 잘 보내는 학교에 보냈거든요.

그렇다면 한국에서 기독교학교는 어떤 학교가 되어야 하느냐? 어떤 분들은 신앙과 공부는 서로 반대라고 생각하시는 분이 있지만, 저는 이와는 생각이 좀 다릅니다. 신앙과 공부는 하나라고 생각해요. 물론 하나님보다 앞서는 것은 잘못이죠. 예를 들어 주일까지도 학교에서 공부시키는 것은 잘못이지만, 6일 동안 열심히 공부시키고, 주일 성수하도록 가르치는 기독교학교가 한국적 상황에서 필요하다고 생각합니다. 우리는 미션스쿨에서도 이런 기독교학교가 가능하다는 것을 보여 주고 싶어요.

물론 다 그렇게 될 수는 없겠지만 제가 볼 때 한국적인 상황에서 기독교학교의 실제는 외국의 많은 학자들이 말하는 것과 다르다고 생각합니다. 그런데 왜 우리는 외국에서 하는 것을 똑같이 해야 한다고 고집하는지 모르겠습니다. 저는 그걸 고집하면 안 된다고 봐요. 기독교학교는 분명히 공부를 열심히 가르쳐서 대학을 잘 보내는 것을 사명처럼 생각해야 합니다.

③ 학부모가 학교철학에 도전하는 경우

박은조 : 참, 학부모가 학교철학에 도전하는 경우도 있습니다. 학부모가 동의서에 서명까지 다하고 들어와서는 "공부를 너무 안 시킨다. 교장이 이렇게 할 수 있냐?"라면서 지속적으로 문제제기를 하곤 합니다. 이런 학부모들이 많지는 않아도 꼭 있습니다. 과외 문제도 그렇습니다. 처음에는 안 시키겠다고 동의해 놓고는 나중에는 학교 교사가 그 부분을 왜 커버해 주지 않느냐고 항의합니다. 이런 문제로 교사들이 많이 힘들어합니다.

정승관 : 저희는 지금 이 문제에 대해 확실한 해결 방법이 있습니다. 저희는 학부모회가 전국에 5개 권역으로 있습니다. 겨울방학이면 '학부모 하나 되기'라는 프로그램을 하는데, 저와 학부모 임원들이 그 지역을 돌아다닙니다. 수도권에 가면 재학생 학부모들, 신입생 학부모들, 또 이미 졸업했던 학부모들이 다 모입니다. 거기에서 이 학교는 어떤 철학을 지니고 있다는 것에 대해 충분히 이야기합니다. 신입생 부모님들은

학교에 대해 잘 알지 못하기 때문에 자기의 생각을 강하게 주장합니다. 하지만 그것이 언어로는 부딪히지만 대화로 풀어 보면 '아, 그게 같은 이야기였구나!' 하는 경우가 많이 있습니다. 그래서 그 과정을 통해 거의 학부모들이 학교의 교육이념을 이해하고 거의 공감합니다. 물론 학부모들의 의견을 학교에 제시하기도 합니다.

기본적으로 저희는 부모님들께 첫 번째로 "내 아이의 부모가 아니라 우리 아이들의 부모가 좀 되어 주십시오."라고 당부합니다. 그리고 부모님들이 직접 학교 교육활동에 참여할 수 있도록 합니다. 예를 들어 부모님들의 직업이 다양하기 때문에 아이들에게 진로를 지도할 때 좋습니다. 저희는 부모님들과 아이들이 원하는 직업을 매치한 후 강의를 듣게 합니다. 어떤 진로 전문가보다 학부모님들이 와서 말씀해 주실 때, 아이들이 훨씬 공감을 더 많이 합니다. 이렇게 학부모들이 학교 안에 녹아들어 오면 학교에 도전할 필요는 별로 없습니다. 한 학부모가 학교에 도전하는 것이 아니라 학부모회 안에서 먼저 소화한 후, 학교에 의견을 건의하면 훨씬 더 원활하게 진행할 수 있습니다.

홍배식 : 앞에서 한 이야기와 같은 맥락인데, 저희는 1지망에 우리 학교를 지원하고 온 것이기 때문에 학부모가 학교철학에 도전하는 경우가 별로 없습니다. 우리 학교 홍보 책자를 한번 보세요. 우리는 학생들한테 대충 감추거나 숨기거나 그러지 않습니다. 제가 홍보하러 중학교에 가면, 그때 "우리는 채플을 드려야 합니다. 대충이 아니고 잘 드려야 합니다."라고 말합니다. 우리 학교 홍보의 첫 번째, 두 번째, 세 번째가 다 기독교학교에 관한 이야기입니다. 이에 동의하지 않으면 오지 말라는 뜻이죠.

김요셉 : 이런 경우가 있었습니다. 우리가 지금은 건물이 2개지만, 건물이 하나만 있던 시절에, 실내 쪽으로 난 창은 있는데 외부로 난 창이 없는 교실이 하나 있었습니다. 그런데 이게 학교를 지을 당시에는 보건법상 전혀 문제가 되지 않았습니다. 그런데 그 교실에 햇빛이 잘 안 들어오니까 자연채광이 안 된다는 이유로 학부모 한 분이 항의하셨습니다. 그래서 기획국장이 일단 설명을 드렸습니다. "이러한 사정이 있고, 이런 문제들은 우리가 충분히 이해하고 있고, 현행법상으로는 전혀 문제가 되지 않지만, 어머님이 느낀 것을 우리도 충분히 공감하고 있기 때문에 이를 해결하기 위해 건물을 짓고 있습니다. 지금 당장에는 해택을 받을 수 없지만, 한 1-2년만 있으면 건물이 지어지고 이 문제가 해결됩니다." 그런데 그분이 그것 때문에 시비를 계속 걸고 하나가 끝내는 참지 못하고 전학을 가셨습니다.

알고 보니 다른 아이들이 그 교실을 사용할 때는 가만히 있다가 자기 아이가 그 반에 딱 배정되니까 문제를 삼은 겁니다. 자기 아이가 안 쓰는데 그런 이야기를 했다면 사실 우리가 그 부분을 너무 감사하게 생각하고 그분을 존경할 수도 있었는데, '다른 아이가 쓰는 것은 괜찮고, 내 아이가 쓰는 것은 안 된다.'라는 식으로 직접 이야기하니까 사실 대화가 어렵더라고요.

이 문제가 당시에는 굉장히 힘들었습니다. 그리고 나머지 학부모님들과의 관계는 저희가 신앙 안에 있다 보니까 학교가 설명하고 이해시키면 거의 다 저희 뜻을 따라주셨어요. 그래서 참 감사했죠.

정기원 : 저희도 학부모님 한 분과 있었던 일이 생각납니다. 굉장히 폭력적인 아이가 있었는데, 우리 학교 같은 경우는 친구에게 폭력을 행

사하면 등교정지가 바로 들어가거든요. 이유 불문하고 폭력을 행사한 학생은 하루 간 등교정지예요. 그리고 7차 징계까지 가면 퇴교가 돼요. 그래서 지금은 아이들이 거의 폭력을 사용하지 않고, 말로 해결합니다. 욕하는 것은 제재하지만, 말로 싸우는 것은 괜찮아요. 폭력을 행사하면 1차, 2차, 3차 … 계속 징계가 주어져요. 그 아이가 3차까지 징계를 받으니까 그분이 이의제기를 했어요. "6차까지 가면 그 다음엔 어떻게 되는 거냐?"라고 물어보시기에 "7차가 되면 진짜 등교정지가 되어서 퇴교해야 한다."라고 대답해 주었어요. 그랬더니 그분이 "들어온 지 한 달 만에 3차를 받았는데 그럼 뻔한 것 아니겠냐?"라고 하시는 거예요. 그래서 "7차까지 가는 과정에 웬만하면 다 고쳐지지 않겠냐?"라고 했더니 그 부모님이 강력하게 이의 제기를 하셨어요. 그러고 나서는 "그렇게 될 거면 지금 그만두겠다." 하고 나가시더라고요. 나중에 알고 봤더니 그 아이가 ADHD였는데, 그 사실을 학교에 말하지 않은 거예요. 처음부터 이 사실을 알았더라면 좋았을 텐데 아이가 치료받으면서 약 먹고 있는 것을 비밀로 해서 우리는 그것도 모르고 일반적인 학교 기준을 적용했던 거지요. 아마 미리 알았다면, 우리가 그렇게 엄격하게 적용하지는 않았을 겁니다.

 정기원 교장 선생님께서 학생들의 폭력에 관한 이야기를 해 주셨는데요. 학생들이 학교의 규율을 지키지 않는 문제 때문에 학교가 어려운 경우는 없었나요?

④ 학생이 규율을 지키지 않아 문제가 되는 경우

정승관 : 우리 학교의 10가지 약속을 보면 늘 문제가 되는 게 '담배를 피거나 술을 마시지 않겠습니다.'와 '1대1 이성교제를 하지 않겠습니다.'라는 항목입니다.

우리 학교는 음주나 흡연 문제가 생기면 우선 학우회에서 아이들이 먼저 논의합니다. 학우회에서 "이 아이는 봉사활동을 시켜서 뉘우치게 하는 게 좋겠다."라든지 아니면 "이 아이는 어떤 조치도 취하지 않았으면 좋겠다. 그 대신 그냥 넘어갈 순 없으니까 우리가 다 같이 한 끼 굶겠다. 그리고 그 식비를 모아서 북한을 돕는 데 쓰겠다."라고 합니다. 아니면 "그 아이는 우리도 정말 방법이 없으니까 선생님들이 알아서 해주세요."라고 하기도 합니다.

선생님들이 일방적으로 조치를 내릴 때에는 아이들은 불만을 갖게 됩니다. "왜 저 아이는 그렇게 하고 이 아이는 저렇게 해요?"라고요. 사실은 가장 평등한 방법으로 선생님들이 징계를 내린 것인데 말입니다. 규칙이라고 하는 게 선생님들의 발목을 잡습니다. 규칙이라 해 놓고서 그것대로 안하면 나중에 할 말이 없으니까요. 그래서 우리는 "규칙은 갖고 있지만, 모든 문제를 '개별사안(Case by Case)'에 따라 생각하고, 전례는 따지지 말자. 그리고 그 규칙은 80% 정도 신축성을 가지고 적용하자."라고 말합니다. 그러니까 결국 이 기준이라고 하는 것은 논의를 위한 틀이라고 생각하면 됩니다.

이성 문제 같은 경우는 아이들이 자기들끼리 가려도 주고, 메신저 역할(다리 역할)도 해 주고 합니다. 그런데 어느 순간이 지나면 갈등상황이 분명히 옵니다. 주변 아이들이 힘들어지면 선생님들과 협의하기 시작합니다. 그래도 정말 어려워지면 저희가 한 달에 1번씩 선생님과 학생 모두가 모이는 전교 회의를 가집니다. 그 시간에는 10가지 약속 중 한 가지를 놓고 토론합니다. 이번에는 "9번(이성교제)에 대해 토의를 하자."라고 말하면, 아이들도 자신의 생각을 이야기하면서 오해를 풉니다. 저는 이러한 문제들을 진심으로 같이 풀어가는 과정이 필요하다고 생각합니다.

폭력의 경우는 거의 없다고 봐도 과언이 아닌데, 몇 년 전에 한 번 있었습니다. 전통적으로 4월 1일 만우절이 되면 아이들끼리 장난을 칩니다. 그런데 선배들이 장난으로 운동장 뒤로 후배를 데리고 가서 한 대씩 때려 주자고 한 겁니다. 장난으로 한다고 한 게 일이 커져서 후배들과 선배들 간에 진짜로 싸움이 붙어 버렸습니다. 그때는 수업을 일체 중단하고, 대강당에서 예배하면서 토론하는 과정을 거쳤습니다. 이렇게 저희는 아주 작은 일이라도 전체가 모여 늘 토론합니다. 어떤 문제든지 진지하게 함께 푸는 것이 필요하다고 생각합니다. 문제를 해결하는 것보다 그 문제를 같이 풀어 나가는 게 중요한 것 같습니다.

김혜선 : 저희는 학생들과의 상담이 잘 이루어지고 있습니다. 일단 선생님들이 아이들을 잘 받아주는 마음을 갖고 계십니다. 상담부도 있고 교목실도 있어서 학교 전체가 학생들에게 잘해 주고 쓰다듬어 주는 분위기입니다. 그래도 여러 문제가 발생하는데, 저는 이런 문제에 있어서는 아이들이 감동하고 회개해서 해결해야 한다고 생각합니다. 오히려 선생님들이 무섭기 때문에 아이들이 무서워지는 것 같습니다. 그런데 선생님들이 무섭게 되는 것은 교장이 무섭기 때문인 것 같습니다. 저는 그렇게 생각합니다. 교장인 제가 아주 유하게, 딱딱 집지 말아야 선생님

들도 좀 편안하게 아이들을 가르칠 수 있지 않나 하는 생각이 듭니다.

⑤ 교사 분파 간의 갈등

박은조 : 또 다른 위기요인으로 교사 분파 간의 갈등을 들 수 있습니다. 어쩔 수 없이 교사 사이에 친소 관계가 생기니까, 교장과 더 친한 사람이 있고 덜 친한 사람이 있습니다. 그러니까 교장에 대해서도 못마땅한 사람이 있을 수 있고요. 이것은 식구가 많아지면 꼭 생기는 어려움입니다. 그런데 그 문제야말로 교장의 리더십에 달려 있습니다. 포용해 주고 들어 줘야 합니다. 이 문제는 극복해야 할 아주 중요한 과제 중 하나입니다.

⑥ 교육철학이 다음 세대로 전달되지 않는 경우

정승관 : 저는 교육철학이 다음 세대로 잘 전달되지 않는 것이 가장 큰 위기요인이라고 생각합니다. 풀무학교가 생긴 지 50년이 됐고 사람들은 그만하면 안정돼서 탄탄하다고 생각하지만, 저는 지금 풀무학교가 위기라고 생각합니다. 우리 학교의 경우 초창기에 학교를 이끌어 왔던 분들은 다 정년퇴임을 하셔서 지금은 대부분이 제 또래 선생님들입니다. 그 옛날에 큰 정신을 가졌던 분들을 보좌했던 사람들이 지금 주류를 이루고 있는데, 그 사람들마저 10년 정도가 지나면 다 나갑니다. 그러니까 이게 지금 우리 학교의 제일 큰 문제입니다. 저희도 아직 해결하고 있지는 못하지만, 깊이 고민하고 있는 문제입니다.

박은조 : 맞습니다. 교육철학을 다음 세대로 전달하는 것은 정말 크고 어려운 과제입니다. 우리가 제일 염려하는 것 중 하나가 초기 멤버들은 이런 교육철학을 지니고 시작하는데, 과연 언제까지 이것이 유지되고 발전될 것인가 하는 것입니다.

홍배식 : 교육철학이 다음 세대로 전달되지 않는 경우를 대비해서 교사교육을 철저히 시켜야 합니다. 우리 학교는 어떤 학교이고, 선생님들은 여기 왜 있고, 여기서 무엇을 해야 하는지에 대해 우리가 선생님들한테 계속 이야기하지 않으면 문제가 생길 수 있습니다.

신기영 : 지도자는 자신이 지도자로 올라서면서부터 다음 지도자를 세워야 합니다. 이것은 제가 폴팽 박사님으로부터 받은 가장 큰 메시지였습니다. 예수님의 공생애는 시작부터 제자 3명을 부르셨습니다. 예수님 나라가 도래할 때까지 교육은 계속되어야 하지 않겠습니까? 하나님의 나라에 대한 염려가 있어야 합니다. 제가 죽고 나서 후임자가 없으면 안 되지 않겠습니까? 폴 팽 박사님이 저에게 "너 몇 살이냐?"라고 물어보셔서 제가 "47살입니다."라고 말했더니, "너도 늦었다. 내일 하나님이 너를 데려가면 그 일은 누구에게 맡길 거냐? 당장 다음 세대를 세워라."라고 말씀하셨습니다. 그런데 절대 1명만 세워서는 안 됩니다. 적어도 3명 이상을 훈련시키다 마지막 때 1명을 선택해야 합니다. 마지막으로 선택된 사람도 부임하면 다음 지도자를 위해 적어도 3명을 키워야 합니다. 그렇게 다음 세대에 또 다른 헌신된 지도자를 세워야 합니다.

 다음 세대로 학교 철학을 전수하는 것이 매우 중요하다는 생각이 드네요. 그것 외에도 또 다른 위기요인이 있을까요?

⑦ 지역사회와의 갈등

정기원 : 저희는 지역사회가 학교와 갈등하는 부분은 아니지만, 마을 주민들이 주차 문제 때문에 학교를 설립한 교회와 갈등이 있었던 적은 있었습니다. 지금은 거의 해결 단계에 접어들었는데, 다행인 것은 지역사회가 우리 학교에 대해서는 우호적이라는 점입니다. 마을 유지이신 분들을 만나서 이야기를 하다 보면 학교가 있어서 오히려 아이들이 동네에 돌아다니니까 생기가 돌고 좋다고 하십니다.

학교와 지역사회 사이에 특별한 갈등은 없는 거 같습니다.

홍배식 : 저희도 지역사회와의 갈등은 별로 없습니다. 이번에도 체육관을 아파트와 가깝게 지었는데 큰 무리 없이 잘 지었습니다. 저희는 평소에 노인정에 가서 봉사하고, 우리가 축제할 때 모셔서 식사대접하고, 또 지역 학생들에게 무료로 원어민 교사 강의를 듣게 해 주고… 이런 일들을 3년 동안 쭉 해 왔습니다. 지역과 좋은 관계를 맺기 위해서 학교가 도움을 줄 수 있는 일들을 계속 하고 있습니다. 그래서 학교가 지역사회를 지원하는 일은 꼭 필요한 것 같습니다.

정승관 : 맞습니다. 풀무학교는 홍동면에 있는데, 홍동면은 풀무면이라고 봐도 과언이 아닐 정도입니다. 그 지역에 모든 농산물은 풀무학교에서 제공합니다. 또 생협이라는 게 있는데 이 지역에 나오는 모든 유

기농 생산품을 1년에 한 150억 내지 200억 원 정도 판매하고 … 풀무 신협이라는 게 있어서 지역의 금융을 다하고 …. 그래서 홍동면 전체가 풀무와 관련이 있습니다.

　그렇다고 해서 갈등이 전혀 없었다는 것은 아닙니다. 무슨 말이냐 하면 시골에 있는 조그만 학교에다가 기독교학교이면 지역에서 상당히 배타적입니다. 그래서 옛날부터 풀무학교에 대해서 아주 배타적인 게 많았습니다. 그런데 지금 그런 것이 사라진 이유는 오랫동안 풀무학교가 지역사회에 기여한 것이 많다 보니까 그런 것 같습니다. 지역 분들이 나름대로 학교와 관련된 기관의 혜택을 다 받고 있습니다. 또 그것들을 학교에서 쥐고 있는 것이 아니라 지역에서 하도록 하고 있습니다. 그래서 배타적이었던 것이 사라진 것입니다.

　풀무학교의 가장 중요한 개념이 지역사회와의 관계입니다. 옛날에 남강 이승훈 선생과 오산학교에 있던 분들이 여기로 오셔서 풀무학교가 시작되었습니다. 그런데 오산학교도 그렇고 풀무학교도 그렇고, 지역과 함께 가는 학교를 표방합니다. 학교가 지역이고 지역이 학교라는 개념을 갖고 있습니다. 옛날에 오산학교에서 생각했던 그 개념을 풀무학교에서 지금 어느 정도 갖고 있다고 볼 수 있습니다.

 혹시 학교를 하다 보면 정부와 갈등이 생기는 경우도 있지 않은가요?

⑧ 정부와의 갈등요소

전성은[6] : 옛날이야기이긴 하지만, 박정희 정부 때는 성경을 가르치지 못하게 했습니다. 그런데 1977년 우리 학교가 학생들에게 성경을 가르치다가 적발되었습니다. 결국 송 목사님에게 6년 동안 지급한 월급을 물어내라고 하더군요. 그분이 교사 자격증이 없었거든요. 저희는 자격증이 없어도 실력 좋고 사람 괜찮으면 채용해서 썼는데… 그 때문에 그 월급을 물어내느라 힘들었습니다. 그래도 우리는 성경을 계속 가르쳤습니다. 법적으로 못 가르친다고 해서 안 가르치면 기독교 신앙이 전수가 되겠습니까? 그때 서울에 있는 역사가 오래된 유명한 학교들은 성경을 가르치지 않기 시작했습니다. 제 생각에 그 학교들이 소신 있게 계속 성경을 가르치지 못하고 정부 지침을 따를 수밖에 없었던 이유가 학교 재정운영 문제 때문이 아닌가 싶습니다. 이런저런 이유로 감사를 받으면 다 걸리기 때문에 교장이 처벌당할 수 있거든요. 우리는 감사해도 걸리는 것이 없도록 최선을 다합니다. 털면 먼지 안 나는 곳이 있냐고 하지만, 기독교학교라면 털어도 먼지 안 나게 경영해야 한다고 생각합니다. 전 이것이 제일 중요하고, 또 이것이 아이들에게 잠재적 교육과정이 된다고 생각합니다. 학생들이 이심전심으로 다 알아서 학교의 정신을 배우게 되니까요. 기독교로 말하면 성령의 역사라고 하고, 교육학으로 말하면 잠재적 교육과정이라고 합니다. 저는 커리큘럼이나 무슨 프로그램이 교육이라고 생각하지는 않습니다. 기독교학교교육에 프로그램과 방법론이 전부라고 생각하면 큰 착각입니다. 소위 눈에 보이지 않는 교육과정을 통해 아이들이 배우거든요. 학생들은 다 압니다. 기독

---

6) 거창고등학교 김선봉 교장님을 인터뷰할 때, 전성은 전 교장님과 함께 대화한 부분.

교학교라고 하면서 재단 비리로 운영하면 아이들이 다 압니다. 그러니까 이사장, 교장, 교감, 서무과장은 황금을 가져다 놓아도 눈 하나 깜짝하면 안 되고, 돈은 10원짜리 한 장 털어도 먼지가 나면 안 됩니다. 우리 학교는 별의별 감사를 다 받아보았지만, 서류 때문에 걸려는 보았어도, 돈 때문에 걸려본 적은 없습니다.

도재원 전 교장 선생님에 관한 이야기는 대한민국 교육사에 길이 남아야 합니다. 전두환 대통령 때, 정부기관에서 거창고를 잡으려고 작심하고 내려왔습니다. 교육감이 처벌할 거리를 잡아오라고 했는데 아무리해도 걸릴 게 없었습니다. 이 조그만 학교에 4명이 나와서 매일 처벌할 거리를 찾느라 고생했습니다. 결국은 처벌한 게 도재원 선생님 3개월 감봉처분이었습니다. 무엇 때문인지 아십니까? 학교 자판기 커피와 기숙사 학생들 점심을 싸게 판다는 이유였습니다. 그게 걸릴 일입니까? 재정지원을 받는 학교가 커피 300원 받아야 하는데 100원 받고, 점심값을 1500원 받아야 하는데 500원 받아서 국고를 절약하지 못했다고 3개월 감봉했습니다. 어이없는 이야기이지요?

 기독교학교가 기독교학교다워지려면 교육과정도 중요하지만, 학교운영을 기독교적으로 하는 것이 참 중요하겠네요.

전성은 : 또 다른 이야기 하나 해 드릴까요? 전두환 대통령 때 남학생이 있는 학교에 학생 삼청교육대 할당이 내려왔습니다. 경상남도에 60명 할당이 내려오면 도교육청은 학교 할당을 하는데 거창에 2명을 할당했습니다. 그래도 우린 안 보냈습니다. 거기만 갔다 오면 애가 바보가 된다는 것을 부모들도 다 알고 있었거든요. 그러니까 보낼 수 없었

습니다. 학생들을 계속 안 보내니까 하루는 주일 예배를 마치고 나오는데, 공문이 아니라 전화로 "내일 아침 교감을 데리고 오라."라고 하더군요. 교장에게 아무리 말해도 안 통하니까 교감을 오라고 하는 거지요. 그래서 교감 선생님이 갔더니 도교육청 학무국장이 "이 양반아, 교장이 고집을 부리고 안 보내면 교감이 알아서 살짝 보내고 그래야지, 학생 하나 보호하려다 학교 망하고 싶냐?"라고 하더래요. 교감 선생님은 "첫째, 우린 기독교학교인데 물과 성령으로 거듭나지 않으면 결단코 하늘나라에 갈 수 없다. 즉, 인간의 인격적 변화는 신앙으로 되는 것이기에 아이들을 삼청교육대에 보낼 수 없다. 둘째, 학교 학생들은 학교교칙에 의하는 것이지 다른 기관에 의할 수 없기에 만약 학생들이 국가법을 어기면 모를까 그 외에는 안 된다. 셋째, 우리가 교육전문가이니까 군내에서 하다가 안 되면 우리한테 보내야지, 왜 우리가 우리 학생들 교육을 군대에 맡겨야 하나?"라고 항변했지요. 그랬더니 그분이 머리를 푹 숙이면서 위에서 시키는 것이라 자신도 어쩔 수 없다고 하더군요. 사실 우리는 학교 휴교까지 각오하고 있었어요. 그래도 그곳에 보내지 않는 것이 '교육'이라고 생각했으니까요. 그래야 학교가 문을 닫아도 교육이 살아야지, 학교를 살리자고 교육을 죽이면 안 된다고 생각했습니다.

사실 학생들도 이 사실을 다 알았습니다. 저는 이런 교육적인 분위기와 철학을 통해 학생들에게 뭔가를 심어 줄 수 있다고 생각합니다. 단지 성경을 가르치고 예배 시간에 설교해 주는 것으로만 만족하면 안 됩니다. 만약 성경을 가르치고 예배만 드려서 교육이 된다면 기독교교육을 누가 못하겠습니까? 저는 학교의 보이지 않는 교육과정이 쌓여서 교육이 되는 것이라고 생각합니다. "어떻게 학교를 운영해야 하느냐?"에 대한 질문에 전 "목숨 걸고 해야 한다."라고 말하고 싶습니다.

김선봉 : 전성은 선생님이 옛날이야기를 해 주셨는데, 거기에 비하면 지금 우리 학교는 정말 편합니다. 저는 '편하기 때문에 망하는 것은 아닌가?' 하는 고민을 많이 합니다. 사실 우리는 팽이 체질이거든요. 맞아야 정신을 차리고 똑바로 섭니다. 건물 지원받고 돈 지원받고 성적 높은 애들 데리고 오면 학교가 발전할 것이라는 생각은 500% 착각입니다. 우리 선생님들도 커트라인이 높아지면 학교가 좋아질 것으로 생각하는데, 저는 그것은 절대 아니라고 말하고 싶습니다. 선생님들이 얼마나 하나님의 사랑을 알고 학생들에게 자신을 내어 주느냐에 따라 학교가 발전하는 것입니다. 교사들이 대학입시나 자기 취미생활에만 관심을 가진다면 학교는 곧 망할 것입니다.

지금은 공부 잘하는 학생들이 우리 학교로 많이 오는데, 전 농땡이 치고 다른 학교 갔으면 절대 졸업도 못하고 방황할 그런 애들이 우리 학교에 1명이라도 더 왔으면 좋겠습니다. 물론 그 아이들을 3년 동안 가르치려면 교사가 죽어납니다. 성질내고 혼내고 때로는 욕해야 하고, 그래도 그 아이들을 어떻게든 붙잡아 졸업시켜서 대학교라도 가게 하면 좋겠습니다. 공부는 잘하는데, 철두철미하게 이기적이고, 일류대 인기 학과만 가려 하고, 그런 아이들이 많아져서 안타깝습니다. 인문계 고등학교이기 때문에 입시교육에서 벗어날 순 없겠지만, 그것보다는 '사람 만들기 교육'을 끝까지 하고 싶습니다. 애들이 설교를 듣고 성경말씀을 안다고 해서 변하는 게 아니니까요. 인격과 인격이 만나야 사람이 달라지는 거잖아요. 하나님이 보내신 소중한 아이들에게 사랑을 쏟고 새 사람 만들어서 이 경쟁 시대에 남을 밟고 올라가는 게 아니라 제일 밑자리로 가서 다른 사람들에게 영생의 길, 구원의 길을 열어 주는 예수님과 같은 삶을 살 수 있게 해 주고 싶습니다.

⑨ (복지 문제에 따른) 교사의 잦은 전입 전출

박은조 : 또 다른 위기요인으로 교사의 잦은 전출입을 들 수 있습니다. 사실 대안학교에서 이 문제도 참 심각합니다. 일반적으로 이런 문제가 생기는 이유는 대안학교가 처음 시작하면서 재정 문제가 해결되지 않아 교사 월급을 100만 원, 150만 원 이렇게 책정해 주었기 때문입니다. 새로 들어오는 분들은 직장이 안정되지 않으니까 다시 나가게 되고요. 결국 교사의 질이 떨어질 수밖에 없었습니다.

그래서 저희는 이러한 대안학교의 문제를 보면서, 초등학교를 시작할 때 무조건 일반학교와 같은 월급을 주려고 했습니다. 학교에도 좋은 교사가 필요한데, 월급은 조금밖에 안 주면서 오라고 하면 아무리 크리스천들이라도 그렇게는 못합니다. 초등학교부터 이런 방식으로 해 나갔는데 그건 앞으로도 지킬 생각입니다. 그리고 교사들을 잘 대우하는 것이 학교를 잘 만들어 가는 지름길이라고 생각합니다. 그래서 지금은 해외연수 경비도 본인이 반, 학교가 반 정도 부담합니다. 이것도 앞으로 재정이 허락되면 100% 부담하고, 교사 후생 문제, 특히 자녀들 장학금 문제도 최대한 지원할 생각입니다.

⑩ 통합교육 운영의 실제적인 어려움

정기원 : 저는 많은 대안학교들이 장애인 통합교육을 하고 있는데, 새롭게 설립하려는 학교들은 이 문제를 깊이 있게 고민해 봐야 한다고 생각합니다. 통합교육이 지금 저희 안에서는 실제적인 어려움이기 때문입니다. 저희가 안목이 짧았다는 생각이 드는 게 통합교육이 초등과정

까지는 괜찮은 것 같은데 중학과정에서는 아이들 사이에서 차이가 생기니까 문제가 생긴다는 것입니다. 중학생 아이들의 정서로 봤을 때 통합이 안 되는 겁니다. 아이들의 정신 연령이 중학생일 때 굉장히 높아지는데, 장애인들은 아직 초등학교 수준을 못 벗어나니까 어울리지 못하는 겁니다. 그래서 늘 장애인은 장애인끼리 어울리게 됩니다.

또 이 친구들은 이 친구들대로 관계성에서 어려움을 겪으면서 외로움을 느낍니다. 그래서 지도할 때 자꾸 "일반 친구들이랑 만나서 얘기하라."라고 말해도 한계가 있습니다. 형이 동생을 데리고 노는 듯한 느낌이 들거든요. 투정을 받아 주고 하는 것도 한계가 있는 거고 …. 중고등학교 또래 아이들은 자기와 마음이 맞는 친구들한테 몰리니까요. 그러니까 비장애인과 장애인 간 구분이 너무 뚜렷해지는 겁니다. 우리가 계속 일반 아이들한테 "이 친구들을 돌봐야 한다, 돌봐야 한다."라고 하니까 의무감으로 대해 주는 거지 진짜 챙겨 주고 같이 함께할 수 있는 친구로는 여기지 않는 거죠. 그런 문제가 통합교육에 있어서 큰 어려움이 아닌가 싶습니다.

앞으로 이 친구들의 진로지도 부분에 대해서도 우리가 어느 정도까지 해 줘야 할지 고민입니다. 초등 과정에서는 잘 돌봐 주고 학습지도만 해 주면 됐는데, 중등과정은 진로지도도 같이 해 줘야 하니까요. 그런데 우리가 이것을 다뤄 본 경험이 없습니다. 이 친구들에 대한 뒷마무리를 어떻게 해 줘야 할지 저희도 노하우가 부족합니다.

그래서 그런 분야의 전문가들이 있으면 좋은데 그건 재정 문제가 결부되어 있어서 쉽지가 않습니다. 특수교사로 정교사 1명을 더 채용해야 하는데 그게 또 재정상 여의치 않거든요. 실제로 중등 과정에 특수교사가 있어야 하고, 초등 과정에도 있어야 하니까요.

이렇게 간단치 않은 게 통합교육이지만 기독교학교로서의 의미는 있습니다. 통합교육을 잘 살리기 위해서는 사실 특수교사가 한 학년에 1명씩 있어야 합니다. 특수교사 1명이 다른 학년을 커버한다는 것은 실제 허점이 많습니다. 여러 가지 면에서 실제적인 어려움이 있습니다.

박은조 : 지금 우리 초등학교에는 특수교사 1명이 있습니다. 그리고 우리 중학교에도 개교하면서 특수교사 1명을 세웠습니다. 그런데 어려운 점은 장애인 지원자가 많다는 겁니다. 이번에 우리가 3명을 뽑는데 장애인 6명이 왔습니다. 하지만 6명을 다 받을 수가 없는 겁니다. 6명을 받으면 교사 1명이 더 있어야 하는데 학생들의 등록금으로는 교사 1명의 연봉을 감당할 수가 없으니까요. 3명이 72만 원씩 낸다고 해 봐야 210만 원정도이고, 뭐 1년에 내는 돈을 합해 봐야 2000여만 원인데…. 돈이 그것만 드는 게 아니고 그 외의 비용도 있으니까요.

그래도 명색이 교회가 학교를 한다면서 장애인을 받지 않을 수는 없죠. 안타깝게도 어쩔 수 없이 6명 중에 3명을 받았는데, 제비를 뽑았습니다. 그런데 안 뽑힌 3명은 울고불고 난리가 났습니다. 이 학교에 오면 아이가 돌봄을 받을 수 있으니까요. 기독교학교이기 때문에 아이가 좀 부족해도 왕따를 당하지 않는다는 것을 아니까요.

그중에 사실 2명은 불신자인데 학교 짓는 것을 알고 우리 교회에 등록한 사람이었어요. 우리 교회에 대해 누구한테 물어봤던 모양이에요. "학교를 세운다는데, 그러면 교회를 다녀야 한다. 우리 교인 자녀가 우선이다."라는 이야기를 들은 거예요. 실제로 초등학교 학생을 선발할 때 정원의 70%는 샘물교회 아이들을 우선으로 뽑거든요. 그래서 교회에 등록까지 했는데, 떨어진 거죠. 마음 같아서는 다 받아 주고 싶지만 그럴 수 없어 안타까운 마음뿐입니다.

정승관 : 저희가 처음 장애인 학생을 받겠다고 했을 때는 별로 준비된 게 없었습니다. 이런 아이들을 우리가 품어야겠다고 해서 시작하긴 했는데, 처음에는 신체적인 어려움이 있는 아이들만 생각했습니다. 그런데 지금 우리나라에는 정신적 어려움을 겪고 있는 아이들이 너무 많습니다. 그 아이들을 키우시는 학부모님들은 자신의 아이를 경계인이라고 합니다. 그러니까 장애도 아니고 정상도 아닌 듯한 아이들이 굉장히 많은 거죠.

저희는 이런 아이들을 위한 프로그램을 따로 기획하지 않습니다. 그냥 보통 아이들과 섞여서 함께 있게 합니다. 그런데 그들은 맡은 일을 혼자서도 아주 잘합니다. 우리 학교에는 자기가 해야 할 역할이 분명히 있거든요. 그러니까 아이들도 자신감을 갖는 거 같고요. 그래서 중학교 다닐 때까지는 완전히 아무것도 못했는데, 우리 학교에 다니고 나서는 모범생이 된 아이도 있습니다.

지금은 3학년 학생 중에 다운증후군 아이가 하나 있습니다. 그런데 그 아이가 들어올 때 학교에서 고민을 많이 했습니다. '우리가 그 아이를 교육할 수 있을까?' 하고요. 그리고 최종적으로 결정할 때 학부모님에게 이렇게 말했습니다. "당신이 판단하십시오. 정말 당신이 생각하기에 풀무학교가 이 아이에게 좋은 학교입니까?" 왜냐하면 이 지역에 있는 학교들 중에 특수 교사들이 배치되어 있는 학교를 다 알고 있으니까 우리 학교보다는 거기가 낫겠다는 생각이 들었기 때문이죠. 그런데 그분이 "이 학교가 제일 좋아요. 우리 아이가 그곳에 감으로 이 학교 교육환경이 굉장히 좋아질 겁니다."라고 말씀하시는 거예요. 그러니까 그 아이가 있는 것이 우리 학교교육에 훨씬 더 도움이 된다는 뜻이죠. 정말 실제로도 그렇게 됐고요.

우리가 오늘 아침 예배를 드렸는데 그 아이가 사회를 봤습니다. 그러고 나서 그 아이에게 굉장히 자신감이 생겼어요. 그런데 그 아이만이 아니라 도움을 준 아이도, 이를 보는 모든 아이들도 그 모습을 배우는 거예요. 그래서 통합교육이라고 하는 것이 우리가 그 아이에게 자꾸 해주기보다는, 아이들 안에서 스스로 이루어져야 한다고 생각합니다. 그런데 문제는 일반학교에서는 그게 잘 안 된다는 점이에요. 그리고 일반학교는 한두 아이가 장애인들을 맡죠. 그런데 저희는 늘 모든 아이들이 장애인들과 함께하거든요. 그러면서 많은 아이들이 장애를 극복하는 모습을 봅니다. 그래서 통합교육이 매우 중요하다고 생각합니다.

그런데 통합교육을 제대로 하지 않으면 차별을 훨씬 더 명확하게 해버릴 가능성이 있기 때문에 통합교육에 대해서는 좀 더 많은 연구가 필요합니다. 우리 같은 경우는 무대포로 덤벼들었는데, 그래도 가능할 수 있었던 것이 소규모 학교였기 때문입니다. 통합교육이 중요하긴 한데, 역시 신중해야 한다고 생각합니다.

김요셉 : 저희도 장애인 통합교육을 합니다. 지금 우리 학교는 유치원에 2개 학년, 초등학교에 6개 학년, 중학교에 3개 학년 총 11개 학년이 있습니다. 그래서 특수교사 선생님도 11명이 있습니다. 특수학교를 제외하고 대한민국 어느 학교에도 특수교사 11명이 있는 학교는 없습니다. 그런데 많은 사람들이 생각하기에 저희가 하는 통합교육에 중심이 되는 사람이 특수교사라고 생각합니다. 하지만 사실은 그렇지 않습니다. 그분들의 역할은 통합교육을 할 수 있도록 옆에서 지원해 주는 것

뿐입니다. 일반학급에 있는 담임선생님과 친구들이 통합교육의 주체가 돼야지, 특수교사가 주체가 되면 안 됩니다. 특수교사가 주체가 되면 그건 특수교육이 되는 것이지 통합교육이 아닙니다. 특수교사가 해야 할 일은 특수교육 전문가이기 때문에 학생들의 필요를 파악하는 것입니다. 그렇게 그 아이들의 속성을 파악해서 담임선생님에게 "이 학생을 이런 식으로 도와줘야 합니다. 이 학생한테는 이런 교육이 필요합니다."와 같은 것을 계속 알려 주는 역할을 해야 합니다. 물론 그 학생의 인지적인 부분을 따로 훈련시키는 시간도 필요하지만, 한 학생당 그 부분은 하루에 30분이 넘지 않도록 해야 합니다. 한 학년에 장애인들이 한 8명 정도씩 있는데, 그 사람들을 도와주기 위해 선생님 1명과 섬김이 어머니 2명이 있습니다. 그분들이 교실에 들어가서 필요한 부분들 도와줍니다. 전국 초·중·고 교감, 교장선생님들이 통합교육과 관련된 연수를 하게 되면 우리 학교에 많이 옵니다.

네, 오랜 시간 인터뷰해 주셔서 감사합니다. 마지막으로 학교를 설립하기 위해 준비하고 있는 팀들에게 준비를 어떻게 해야 할지에 대해서도 말씀해 주시면 좋겠습니다.

⑪ 학교 준비팀의 운영과 준비

정기원 : 저희 경험을 좀 나눌까요? 저희가 학교를 구성하면서 준비팀을 꾸린 후에 어느 정도의 시간이 필요할까를 생각해 봤는데, 최소 4-5년은 함께 얘기를 나누는 과정이 필요한 것 같습니다. 저희는 4년 정도 준비모임을 해 왔지만, 학교를 시작하면서 보니까 준비가 너무 안

되어 있다는 느낌이 들었습니다. 4년 동안 모여서 무성한 논의를 했는데, 실제적인 부분에 대한 준비가 너무 미약했던 것 같습니다. 그런 문제를 다 감안하면 진짜 한 6-7년 준비해야 하는데, 그럼 또 문제가 6-7년 동안 준비만 하다 보면 학교 설립 의지가 약해진다는 것입니다. 그래서 학교 설립에 대한 준비기간이 한 4-5년 정도면 좋겠다는 생각이 듭니다. 그런데 6개월 만에, 혹은 3개월 만에 교사진을 꾸려서 학교를 설립하는 사람들을 보니 겁도 나고, 그렇게 해도 되나 하는 염려가 솔직히 들기도 합니다.

저는 교사들이 서로 생각을 공유하고 나누는 것이 정말 중요하다고 생각합니다. 학교를 설립하고 나서 첫 해에 느낀 것이 학부모님들은 우리 학교가 너무 좋다고 하지만, 막상 얘기를 들어보면 각각 다른 학교상을 가지고 있다는 것입니다. 학부모님 60여 분이 앉아 계시면 각자가 그리고 있는 학교의 모습이 다 다릅니다. 그건 교사도 마찬가지입니다. 교사도 학교 설립팀과 함께하려고 왔을 때는 자기가 생각하는 학교상이 있기 때문에, 반드시 이것을 끄집어내서 얘기를 나누고 공통부분을 찾아 나가야 합니다. 그런데 이 과정이 없으면 시작하면서 갈등이 발생하고 어려워지겠다는 생각이 듭니다. 학교 설립에서의 시행착오를 줄이려면 오랜 준비시간이 필요하지 않겠나 싶습니다.

기본적인 기독교학교에 대한 이해를 하는 데 1년이 필요하고, 그 다음 준비위원 각자가 지닌 학교상을 구상하는 데 1년 걸립니다. 거기에다 교회 담임목사님이 한번 의견을 반대로 틀어 버리면 진짜 어려워집니다. 따라서 담임목사님과도 먼저 충분한 얘기를 나누는 것이 필요합니다.

생각할 문제

1. 이 과를 읽고 그동안은 미처 생각하지 못했던 기독교학교의 위기 요인이 있다면 무엇인지 함께 나누고, 그것을 어떻게 대비해 나가야 할지 고민해 봅시다.

2. 만약 당신이 지금 설립운영팀을 조직한다고 할 때, 다음의 항목들을 구체화함으로써 당신이 설립할 기독교학교의 청사진을 그려봅시다.

영역					
1. 설립준비팀의 구성					
설립 중장기 계획					
	1년차	2년차	3년차	4년차	5년차
2. 기독교학교 관련 자료 수집					
3. 학교철학, 교육이념, 인간상 결정					
4. 학교목표, 학교유형, 리더십 (의사결정구조) 결정					
5. 교회와의 관계, 사회와의 관계 설정					
6. 기독교시 교육 프로그램 운영					
7. 국가 교육과정 분석 및 기독 교육과정 연구 및 수립					
8. 법인 설립 및 학교 인가					
9. 학교 설계 및 건축					
10. 최종 교사선발 및 신입생 선발					

★ 이것만은 꼭~!

    기독교학교를 운영할 때 다양한 어려움을 겪게 됩니다. 어떤 때에는 기독교학교의 존립 위기라고 생각할 정도로 극심한 어려움을 겪는 경우도 있습니다. 그런데 먼저 기억할 것이 문제를 경험하는 것은 살아 있다는 증거라는 사실입니다. "머리가 없다면 두통도 없다(No brain, no headache)."라는 격언이 있습니다. 아이들이 자라나면서 성장통이 있는 것처럼 기독교학교가 겪는 어려움은 성장을 위해 당연히 겪는 과정임을 인식할 필요가 있습니다. '위기'는 위험하지만 기회(opportunity)가 되듯 기독교학교가 겪는 어려움은 기독교학교가 성숙할 수 있는 기회가 됩니다.

    기독교학교가 겪는 어려움 중 가장 큰 문제가 교사로부터 시작됩니다. 교사들이 지니고 있는 이념과 사상이 다르기 때문에 발생하는 의견 충돌이 기독교학교의 운영을 어렵게 만들 수 있습니다. 이 문제는 교사선발 과정에서부터 기독교학교의 건학정신에 공감하는지를 정확히 확인하는 과정이 존재하느냐와 연결됩니다. 그러나 교사로 선발된 이후에도 얼마든지 생각이 달라질 수 있기 때문에 지속적으로 교육철학을 공유하는 노력이 필요합니다. 기독교학교가 학생들을 가르치는 공동체로만 이해하는 경향이 있는데, 그 이전에 교사들과 동일한 비전을 공유하는 노력이 절실히 요청됩니다. 그리고 근본적인 이념의 문제가 아니라면 다양성을 포용하는 분위기도 중요합니다. '다름'이 '틀림'이 아닌 '나름'임을 인식할 때 마치 다양한 지체가 한 몸을 이루듯 다양성이 조화를 이루어 성숙한 기독교교육을 구현해 갈 수 있습니다. 또한 기독교학교가 교사의 헌신만을 요구하는 것이 아니라 교사의 안정적 지위와 복지를 보장하려는 노력을 통해, 기독교학교의 교사들이 교사직을 자신의 평생 사역으로 인식할 수 있을 것입니다.

또 많은 기독교학교들이 학부모와의 갈등을 경험할 수 있습니다. 기독교학교의 방향이 학부모의 요구와 일치하지 않을 때 갈등이 발생할 수밖에 없습니다. 교회가 설립한 기독교학교라고 하더라도 학부모의 욕구에 부합하지 않으면 담임목사에게 거세게 항의하는 경우를 종종 보게 됩니다. 학부모를 기독교학교의 비전 동역자로 삼기 위해서는 기독학부모교육이 필수적입니다. 학생을 선발할 때부터 학부모에게 건학이념에 동의할 것을 요구하지만, 중요한 것은 그들의 내면적인 생각에까지 기독교학교의 건학이념을 공유할 수 있도록 돕는 것입니다. 이것은 학부모의 신앙 성장과도 분리될 수 없습니다. 진정 부모보다 자녀를 더 잘 알고, 더 사랑하고, 더 잘되기를 원하시는 분이 하나님이심을 인정하고, 하나님의 교육원리를 따르기로 결단할 수 있어야 합니다. 무엇이 진정한 자녀교육의 성공인지에 대한 기준을 성경적인 관점에서 재정립할 수 있도록 해야 합니다. 그리고 기독교학교가 학부모와 긴밀하고도 진실된 소통을 통해서 서로를 이해해야 합니다. 그래서 자신의 자녀만이 아니라 '우리들의 자녀'에 대한 관심으로 성숙할 수 있도록 격려해야 합니다. 장애인과 함께 공부하는 통합교육의 경우, 이러한 인식이 절실히 요청됩니다.

마지막으로 기독교학교는 교회와 긴밀한 협력관계를 도모해야 합니다. 교회가 설립한 기독교학교인 경우에는 교회와의 소통이 너무 중요합니다. 이는 긴밀성과 함께 자율성이 보장되는 것이 필요한데 기독교학교의 이사회가 교회의 당회와 협력적인 관계를 맺으면서도 독립적인 운영이 가능하도록 '건강한 분리'가 이루어져야 합니다. 대부분의 교회 설립 기독교학교의 경우 교회 공간은 물론 교회 재정, 인적 자원 등 다양한 영역에 있어서 진지한 협력이 필요하고 이를 조절할 수 있는 기능이 필요합니다. 또한 장기적으로는 교회의 리더십 교체가 학교운영의 불안정성의 요인이 되지 않도록 하는 장치도 필요합니다. 또한 기독교학교는 공간적으로 지역사회 안에 존재합니다. 지역사회 안에서 환영받는 기독교학교가 될 때 지속적인 성장이 보장될 수 있습니다. 기독교학교는 지역사회 안에서 '외딴 섬'이 되지 않도록 지역사회와 소통하고, 지역사회 봉사와 생태 보전, 그리고 지역사회 발전을 도모함으로 지역사회가 그 기독교학교를 자랑스럽게 생각할 수 있도록 노력해야 합니다. 정부와의 관계도 기독교학교의 정체성에 위배되지 않는 한 최대한 협조하는 것이 바람직할 것입니다. 이는 수동적으로 국가의 법과 제도를 따르는 것만이 아니라 능동적으로 새로운 법과 제도를 촉구하고 이를 설득하는 노력도 포함하여야 할 것입니다.

부록 1

기독교학교 설립 관련 글 모음

밀알두레학교 학생들

한국교회가 기독교학교를 설립해야 하는 이유7

박상진(기독교학교교육연구소 소장, 장신대 기독교교육과 교수)

1. 들어가는 말

지난 2007년은 평양대부흥운동 100주년을 맞이하는 해로서, 100년 전의 한국교회의 부흥을 기억하고 감사하는 해이며, 동시에 오늘날 다시금 한국교회가 부흥하기를 소망하는 해였다. 1907년의 평양대부흥운동에서 주목해야 할 점은 한국교회의 부흥이 교회 내적인 부흥으로 그친 것이 아니라 사회의 변화와 민족의 각성으로 이어지게 되었다는 사실이다. 이 점은 교육 분야에서 두드러지게 나타나는데 평양대부흥운동을 계기로 소위 '1교회 1학교 운동'이 일어나 교회가 수많은 기독교학교를 세워 민족의 지도자를 양성하는 교육구국운동으로 번져나간 것이다. 한국의 중등교육은 선교사들에 의해서 시작되었다면, 초등교육은 한국교회의 기독초등학교 설립 운동에 의해서 이루어졌다고 볼 수 있다. 1909년에 장로교 초등학교가 589개교, 감리교 초등학교가

---

7) 2008년 기독교학교교육연구소 주최 〈제2회 기독교학교 설립세미나〉 자료집에서 발췌

194개교에 달했으니 얼마나 한국교회가 교육에 관심을 가졌는지를 알 수 있다. 오늘날 한국교회가 평양대부흥운동을 통해서 배워야 할 가장 중요한 점이 바로 교육에 대한 관심이며, 기독교학교 설립을 통해 기독교 인재를 양성하는 일이다.

오늘날 한국교회는 기독교 인재를 양성하고 있는가? 물론 교회마다 교회학교가 있고, 각종 교회교육 프로그램이 있다. 그러나 그 교회교육을 통해 과연 기독교 인재가 양성되고 있는가? 언제부터인가 기독교교육은 교회교육으로 축소 이해되고, 교회교육은 다시 교회학교 교육으로 축소 이해되며, 교회학교 교육은 다시 분반공부로 축소 이해되고 있다. 일주일에 30분도 채 되지 않는 분반공부로 기독교교육을 하고 있다고 말할 수가 있는가? 우리의 아동이나 청소년들을 기독교적으로 양육하는 전체 기독교교육 중 그야말로 일부분을 담당하고 있을 뿐이다. 한국교회가 축소될 대로 축소된 주일학교 분반공부만을 붙잡고 있는 동안 가정은 기독교교육에서 멀어져 갔고, 더욱이 학교는 기독교교육이 아닌 세속교육의 영역에 내맡겨지고 말았다. 가정과 학교가 제외된 기독교교육은 더 이상 온전한 기독교교육일 수 없다. 가정에서 부모를 통해 신앙적으로 양육되고 기독교적 생활습관을 획득하고 자연스럽게 성품교육이 이루어지지 않는다면, 지, 정, 의가 통합된 기독교교육이 이루어질 수 없다. 학교에서 다양한 교과목을 배우되, 이 모든 내용이 어떻게 하나님과 연관되는지를 알지 못하고, 또한 기독교적 관점으로 사고하는 법을 배우지 않는다면 기독교적 인재로 양성될 수 없다.

2. 하나님 나라에 대한 비전과 기독교학교

한국교회가 교육을 새롭게 하고 기독교 인재를 양성하려면 먼저 하나님 나라의 비전으로 충만해야 한다. 한국교회가 이 사회에 대한 비전을 갖고 있는가? 이 땅에 대한 하나님 나라의 비전을 갖고 있는가? 한국교회는 단지 그 교회에 출석하는 교인들과 그 가정이 복을 받는 것을 넘어서서 이 사회가 어떻게 변혁되어 하나님의 공의와 사랑이 넘치는 하나님 나라로 구현될 수 있을지에 대한 비전을 지녀야 한다. 정치, 경제, 사회, 예술, 문화, 의료, 교육 등 각 분야에서 하나님의 의가 실현되는 모습을 환상 가운데 바라볼 수 있어야 한다. 이러한 비전은 이 사회에 대한 애통함과 분리될 수 없다. 왜곡되고 뒤틀린 현실 속에서 신음하는 사람들의 고통을 함께 느끼면서 애통할 때, 그 애통의 깊이만큼 소명은 깊어질 수 있을 것이며, 애통의 깊이만큼 헌신할 수 있을 것이다. 목회자에게는 이런 사회에 대한 애통함이 있어야 하며, 한국교회는 공동체적으로 이런 애통함을 느끼면서 그 고통을 해결할 수 있는 하나님의 지혜를 구해야 할 것이다.

언제부터인가 교육은 축복이 아니라 고통이 되었다. 오늘날 우리 사회의 수많은 사람들이 교육으로 인해 고통당하고 있다. 학업으로 인한 고민과 고통 때문에 자살을 택하는 학생들이 끊이지 않고 있다. 청소년의 사망원인 중 자살이 차지하는 비중이 교통사고로 인한 사망에 이어 두 번째로 높은 것은 학생들에게 있어서 교육이 얼마나 고통이 되고 있는지를 분명하게 보여 준다. 비록 자살을 택하지 않았어도 한해 7-8만 명의 학교중도탈락자가 발생하고 있으며, 지금도 교실에서, 가정에서, 학원에서, 그리고 사회의 그늘진 곳에서 고통하며 신음하는 수많은 학생들이 있다. 또한 이러한 학생들의 고통 때문에 눈물 흘리는 이 땅의 수많은 학부모들의 아픔이 있다.

한국교회는 그동안 여러 다른 신음소리에는 어느 정도 응답해 왔다고 할 수 있다. 민주화 운동을 통해 정치적인 억압을 받는 사람들의 신음소리에 응답했으며, 여성이나 장애인, 노숙자, 경제적인 고통을 당하는 자 등 소외받는 사람들을 위해서도 부족하지만 약간의 공헌을 하고 있는 것이 사실이다. 최근에는 환경 문제에 관심을 갖고 자연의 신음소리에도 응답하려고 노력하고 있다. 그러나 유독 교육 문제만큼은 그 신음소리에 응답하지 못하고 있다. 한국교회는 이 교육의 고통의 소리를 들을 수 있어야 하고, 하나님의 방식으로 응답할 수 있어야 한다. 원래의 교육, 하나님이 원하시는 교육은 고통이 아니라 축복이다. 하나님은 죄와 타락으로 뒤틀리고 왜곡된 교육을 회복하기를 원하신다. 교육의 영역에서 하나님 나라를 이루시기를 원하신다. 하나님께서 호렙산에서 "이제 가라 이스라엘 자손의 부르짖음이 내게 달하고 애굽 사람이 그들을 괴롭히는 학대도 내가 보았으니."(출 3:9)라고 말씀하시면서 모세를 파송하신다. 하나님은 이 땅에서도 학생들의 고통의 소리를 들으시고 이 교육을 변화시킬 모세를 찾고 계신다.

누구보다 그 고통의 문제를 해결하기를 원하시는 분은 하나님이시며, 그분은 사실 친히 역사하셔서 역사를 변화시켜 나가신다. 그런데 하나님은 인간을 통해 역사하기를 원하시기에 언제나 그 뜻에 순종하는 인간을 부르신다. 한국교회가 사람을 키우고 인재를 양성해야 하는 이유는 이런 하나님의 부르심에 순종하기 위한 것이다. 제도나 환경의 변화가 아니라 궁극적으로 고통의 문제를 해결하고 비전을 이루는 사람이 중요하다면 교육은 어떤 혁명보다도 강력한 하나님의 역사의 도구가 된다. 한국교회가 사람을 키워서 사회를 변화시키고 하나님의 나라를 확장할 수 있어야 한다. 개교회의 일꾼을 키우는 것으로 머무르지 말고 하나님 나라의 일꾼을 양성해야 한다. 기독교계와 종교계의 지도

자를 키우는 것만이 아니라 이 민족과 사회를 이끌어 갈 지도자를 양성해야 한다. 교회는 단지 교회의 유지와 성장을 위해서만 존재하는 것이 아니라 하나님 나라의 센터로서 존재하는 것이다. 기독교교육은 교회교육과 동일시되기보다는 교육을 통해 하나님 나라를 회복하는 운동이다. 한국교회는 죄로 인해 부패하고 썩어 가는 이 사회에 비전과 소망의 생수를 공급하는 역할을 감당해야 한다.

그러므로 한국교회는 자라나는 세대들에 대한 기독교교육의 비전을 지니고, 전체 기독교교육의 청사진을 제시할 필요가 있다. 한국교회에서 자라는 모든 영유아, 아동들과 청소년들은 기독교교육을 받을 권리가 있고, 한국교회는 그들에게 기독교교육을 실천해야 할 책임이 있다. 이때의 기독교교육은 교회교육이나 주일학교로 제한된 교육을 의미하는 것이 아니다. 그들의 삶에 대한 전체 조망을 갖는 것이다. 우리가 사랑해야 할 대상은 주일날 교회학교에 나오는 그 시간만의 삶이 아니다. 그들이 이 땅 안에서 어떤 하나님의 사람으로 자라나야 하고, 이 사회 안에서 어떤 사명을 감당해야 하는 인물로 성장해야 하는지를 바라볼 수 있어야 한다. 성경에 대한 지식만이 아니라 국어, 영어, 수학을 비롯한 모든 교과목들도 포함되며, 겸손과 온유, 용기와 절제를 담는 성품교육, 그리고 마침내 이들이 사회 각 영역인 정치, 경제, 과학, 문화, 예술, 교육 각 분야 안에서 기독교적 영향력을 발휘할 수 있는 비전도 포함된 커리큘럼을 지니고 있어야 한다. 교회는 하나님 나라의 센터가 되어야 하고, 하나님 나라의 일꾼을 양성하는 일은 교회의 주된 관심이다. 교회가 이렇듯 전체 기독교교육을 조망할 수 있고, 자라나는 세대는 이 교회 안에서 자신의 삶에 대한 그림을 갖게 되고 기독교적 비전을 찾을 수 있어야 한다.

3. 한국교회와 기독교설립운동

한국교회가 인재를 양성하기 위해 할 수 있는 교육운동 가운데 오늘 이 시대에 가장 필요한 운동이 있다면 기독교학교 설립운동이다. 물론 오늘날 학교가 부족한 것은 아니다. 사실 학교는 남아돌고 있고, 농촌지역의 학교들은 많은 학교가 학생 수의 부족으로 인해 폐교되고 있는 실정이다. 그러나 오늘날 학교교육은 황폐하여 국민들에게 더 이상 소망을 주지 못하고 있다. 원래 하나님이 창조하신 교육은 생명을 살리고 더 풍성케 하는 교육이었는데, 오늘날의 교육은 사람을 죽이고 고통스럽게 만들고 있다. 그렇기 때문에 이제 참다운 교육에 소망을 갖는 이들이 교육을 살리는 일에 동참해야 한다. 교육에서 가장 중요한 것은 교육자이다. 교육은 누가 교육하느냐에 달려 있다. 그리스도인이야말로 아름다운 교육의지를 갖고 하나님이 기뻐하시는 원안교육을 실천할 수 있다.

이 땅에 필요한 것은 새로운 교육운동이다. 교육의 의지가 없는 자들이 교육을 하고 있고, 사립학교마저 국공립화되어 관료화되고 획일화되어 있는 교육의 현실 속에서 '하나님 형상의 회복'이라는 참된 교육의지를 지닌 자들이 대안적 기독교교육을 추구할 수 있어야 한다. 교육의 영역에서도 하나님이 주인이심을 선포할 수 있어야 한다. 만약 기존의 미션스쿨도 제도권 내에서 온전한 기독교교육을 실현하기 어렵다면 대안학교의 형태로라도 기독교교육을 시행하여야 한다. 한국교회가 교육에 대한 비전을 갖고 교육에 동참하려는 의지만 있다면 얼마든지 기독교대안학교를 세울 수 있다. 교육은 적절한 시설과 환경이 필요하지만 그보다 더 중요한 것이 교육에 대한 비전과 소명이다. 이미 몇몇 교회들이 기독교학교를 설립해서 하나님께서 원하시는 바로 그 교육을 추구하려고 애쓰고 있다. 1907년 평양대부흥운동 당시에도 그러했듯이 한 교회가 한 학교를 세울 수 있고, 힘이 모자라는 교회들은 몇 교회가 모여서 한 학교를 세울 수 있다. 오늘날의 왜곡된 교육의 대안으로서 기독교학교들이 여기저기 세워져 하나님의 일꾼을 양성할 때 교육을 통한 하나님 나라의 확장이 이루어질 것이다. 한국교회가 기독교학교를 설립해야 하는 이유를 보다 구체적으로 설명하면 다음과 같다.

1) 교인들의 필요에 대한 관심

오늘날 우리나라 국민의 가장 큰 관심 중의 하나가 '교육 문제'이고, 한국교회 성도들의 가장 중요한 기도제목 중의 하나가 '자녀교육'에 관한 것이라 할 수 있다. 교회가 교인들의 삶의 문제를 진지하게 생각한다면 맞부딪힐 수밖에 없는 주제가 바로 자녀들의 교육 문제인데, 이는 교회학교교육이나 신앙교육만을 의미하는 것이 아니라 학교교육을 포함하는 것이다. 얼마나 많은 부모들이 자녀들의 학교교육 문제로 눈물을 흘리면서 기도하는가? 교회가 그 교인들의 고민을 함께 느끼며 해결하려는 노력을 기울이려고 한다면 기독교학교 설립에 관해서 관심을 갖지 않을 수 없다.

2) 기독교교육의 요청

기독교교육(Christian education)은 교회교육(Church education)과 동일시될 수 없다. 종전까지 기독교교육은 교회 울타리를 넘지 못한 채 교회 안의 교육만을 의미하는 것으로 생각하는 경향이 있어 왔다. 그 대상은 자라나는 세대로 제한되어 심지어는 주일학교교육(Sunday School education)과 동일시되곤 하였다. 그러나 기독교교육은 그 장(場)을 교회로만 제한하지 아니하고 학교, 가정, 사회, 더 나아가 사이버 공간까지를 모두 포함한다. 기독교교육의 장으로서 학교는 학생들이 일주일 중 6일이라는 가장 많은 시간을 보내는 장으로서 그 영향력에 있어서도 가장 심대할 수 있다. 또한 교회라는 개념을 넘어서서 '하나님 나라'라는 관점으로 바라볼 수 있다면 교육의 장은 확대된다. 기독교교육이 형식적인 의미만이 아니라 참된 의미를 지니려면 학교라는 장을 결코 그 영역에서 제외시킬 수 없으며, 기독교교육의 중심적인 장으로 인정하여야 한다. 기독교교육은 본질상 학교교육이 기독교적이기를 요청하고 있는 것이다.

3) 전인적 신앙교육의 요청

기독교 신앙교육은 좁은 의미의 '신앙생활' 또는 '교회생활'만을 의미하지 않는다. 모든 삶의 영역에서 '주님되심'(Lordship)을 인정하는 것을 의미하고, 전인(whole person)을 그 관심으로 포함한다. "예수는 지혜와 그 키가 자라가며 하나님과 사람에게 더욱 사랑스러워 가시더라."(눅 2:52)라는 말씀은 기독교교육이 영적인 차원만이 아니라 지적 차원, 신체적 차원, 정서적 차원, 관계적 차원 등을 포용함을 보여 준다. 사실 영적인 차원은 다른 차원으로부터 분리될 수 있는 것이 아니라 서로에게 스며들어 있는 것이다. 알버트 그린(Albert E. Greene)은 『기독교 세계관으로 가르치기』에서 "신앙과 학문이 통합되어야 한다."라는 말에 오히려 결함이 있음을 지적한다. 왜냐하면 애당초 신앙과 학문은 분리될 수 없는 것이기 때문이다. 가치중립적인 지식은 없으며, 신앙에 근거하지 않은 지식은 없다. 신앙은 아동(청소년)들이 공부하는 국어, 영어, 수학, 사회, 과학, 예술, 기술 등 모든 교과목과 관련되며 CA 활동을 비롯한 학교생활 전체와 관련된다. 전인적 신앙교육이 기독교학교교육을 요청하고 있다.

4) 기독교세계관의 요청

기독교세계관(Christian Worldview)이 기독교학교를 요청하고 있다. 하나님이 살아 계시고 모든 피조물은 하나님의 창조에 의한 것임을 믿는다면 아더 홈즈(Arthur Holmes)의 주장대로 '모든 진리는 하나님의 진리(All truth is Gods truth)'임을 인정하여야 한다. 이는 "만물이 그에게서 창조되되 하늘과 땅에서 보이는 것들과 보이지 않는 것들과 … 만물이 다 그로 말미암고 그를 위하여 창조되었고 … 이는 친히 만물의 으뜸이 되려 하심이요."(골 1:16-18)라는 사도바울의 말씀과 일맥상통한다. 창조, 타락, 구속을 축으로 하는 성경적이고 하나님 중심적인 세계관은 다른 인본주의적 세계관 -그것이 과학적 휴머니즘이든, 낭만주의적 휴머니즘이든, 실존주의적 휴머니즘이든, 아니면 마르크스적 휴머니즘이든- 에 의한 지식과 교과, 교육내용을 기독교적으로 비판(Christian critique)하고 원래의 모습의 회복을 추구한다. "하나님 아는 것을 대적하여 높아진 것을 다 무너뜨리고 모든 생각을 사로잡아 그리스도에게 복종하게 하니."(고후 10:5)를 의미한다. 기독교세계관은 교육의 영역에서 이러한 변화를 요청하고, 그 요청에 응하는 하나의 방식이 '기독교학교'라고 할 수 있다.

5) 한국 교육의 대안 제시

기독교는 이 세상에 대해 대안을 제시할 수 있어야 한다. 예수 그리스도의 복음은 우리를 영원한 천국으로 인도할 뿐 아니라 이 땅에서 하나님 나라를 실현하도록 촉구한다. 오늘날 한국 교육은 어떤 영역보다도 심각한 문제를 지니고 있고, 많은 국민들은 이 땅에서 자녀교육에 대한 희망을 갖지 못한 채, 교육이민을 떠나거나 가정이 이산가족이 되는 한이 있어도 자녀들을 조기유학 보내는 아픔을 감내하고 있다. 누가 이러한 교육현실에 진정한 대안을 제시할 수 있는가? 한국교회가 복음을 통한 소망의 소식을 선포하며, 교육적 대안을 제시할 수 있어야 한다. 교육이 저주가 아니고 축복이며, 우리의 자녀들이 하나님의 사랑과 공의로 양육되는 것이 얼마나 가치 있는 것인가를 실천을 통해 입증할 필요가 있다. 오늘날의 교육현실이 암담하기에 절망하는 것이 아니라, 그리고 비판하거나 관망하고만 있는 것이 아니라, 기독교교육에 대한 분명한 의지를 지니고 기독교학교 설립을 통해 대안적 교육을 실천하는 일이 중요하다.

4. 나가는 말

한국교회가 기독교학교 설립을 통해 인재를 양성하되 엘리트주의에 빠지지 않도록 조심해야 한다. 인재양성은 모든 인간이 하나님의 형상으로 지음받았고, 하나님께서 모두에게 독특한 은사를 주셨기 때문에, 지적으로 뛰어난 영재들만을 대상으로 이루어지는 것이 아니다. 오히려 연약한 자를 더 존귀하게 여기시고 사랑하시는 하나님의 긍휼을 좇아 한국교회가 긍휼의 교육을 실천하여야 한다. 한국교회가 장애인들을 위한 학교, 탈북자들을 위한 학교, 중도탈락자들을 위한 학교, 가난하고 소외된 이웃들을 위한 학교를 세우고 이들이 하나님 나라에서 존귀한 일꾼이요 복의 통로임을 드러내야 한다. 모든 아동과 청소년들이 그들의 잠재적 가능성에 점화하여 타오르고, 사회의 각 영역에서 소명을 따라 하나님의 일꾼으로 헌신할 때, 부흥한국을 기대할 수 있다. 기독교학교 설립은 한국교회가 부흥한국을 이루는 좋은 축복의 통로이다. 기독교학교 설립을 통해 이 땅에 진정한 기독교교육이 회복되고 다음 세대가 복음화되며, 교회가 부흥하고 민족이 부흥하기를 갈망하며 기도한다.

기독교학교를 설립할 때 알아야 할 것들 [8]

유영업(샘물기독초등학교 교장, 전 독수리기독학교 교감)

1. 들어가는 말

곳곳에서 기독교학교를 짓는다는 소리가 들려온다. 그 열기는 우리 학교를 방문하는 사람들을 보아도 느낄 수 있다. 그들은 한결같이 좋은 기독교학교를 만들겠다고 하면서 여러 질문을 열어 보인다. 그런데 그 질문 속에는 '기독교'와 '학교'의 의미가 제대로 담겨 있지 못한 것 같아 안타까움을 숨길 수 없다. 우리 학교 역시 기독교학교연구소[9]를 바탕으로 시작하기는 하였지만 처음의 꿈이 너무 컸던 까닭에 지금 생각해 보면 참으로 많은 길을 돌아서 왔다는 것을 고백하지 않을 수 없다.

어떻게 하면 제대로 된 기독교학교를 설립할 수 있을까? 하나님을 알고 하나님을 위해 사람을 양성하는 기독교학교, 교육의 전문성을 바탕으로 전인교육을 실현하는 기독교학교를 만들 수 있을까? 필자가 이

---

8) 2008년 기독교학교교육연구소 주최 〈제2회 기독교학교 설립세미나〉 자료집에서 발췌한 내용임. 당시 필자는 독수리기독중고등학교 교감으로 재직 중이었음.
9) 독수리 기독학교 안에 있는 기독교학교연구소를 말한다.

점에 대하여 피력하기에는 경험이 일천하고 가진 것이 너무 적다. 그러나 기독교학교의 현장에서 전투적인 교육을 구현하며 겪은 이야기를 함께 나눔으로써 기독교학교를 세우고자 하는 분들에게 생각거리를 하나 더 제공하는 기회가 되길 바란다.

2. 기독교학교를 설립할 때 알아야 할 10가지

기독교학교 설립은 교육의 희망이다. 교육의 가치와 방향이 근본부터 흔들리는 지금, 지난 20세기 동안 세계를 섬겨온 기독교는 진정한 희망이다. 그런데 성경적 기초 위에 기독교학교를 세운다는 것은 또 다른 과제들이 도사리고 있다. 마치 교회를 세우듯 학교를 세운다고 생각한다면 문제를 근본적으로 잉태할 수밖에 없을 것이다. 교회는 교회로서의 사명이 있고 학교는 학교로서의 사명이 있다. 교회를 설립할 때 고려해야 할 점과 학교를 설립할 때 고려해야 할 점은 다를 수밖에 없다. 그런데 학교를 설립하고자 하는 분들에게서 발견하는 인상은 '너무 쉽게 생각한다'는 점이다.[10]

독수리학교의 경우, 그 역사가 태동기부터 따지면 10년이 훌쩍 넘는다. 처음 5년 5개월은 성경공부소그룹과 방과후교실, 토요학교 등으로 운영했었고, 2001년부터는 전일제학교로 운영해 왔다. 전일제 학교를 세우기 전에 교육적 노하우를 축적하고 기독교학교로서의 사명을 인식하는 데 5년의 세월이 걸린 것이다. 그리고 학교를 세우기 전에 기독교학교연구소를 먼저 설립하고 현실적 고뇌와 교육적 필요를 살피면서 조심스럽게 시작한 것이 오늘에 이른 것이다. 그럼에도 불구하고 기

---

10) 주된 질문은 다음과 같다. '어떻게 시작해야 하는가?'라는 기본적인 질문부터 '학비는 얼마나 내야 하는가?', '교사는 어떻게 선발하는가?', '검정고시를 치러야 하는가?', '홍보는 어떻게 하며 신입생들의 경쟁률은 얼마나 되는가?' 등이다.

독교적으로든 교육적으로든 아직도 가야 할 길이 멀다는 고백을 솔직히 하지 않을 수 없다.

이런 심정으로 기독교학교를 시작하려는 분들을 대면하니 마음이 무겁다. 항간에 들려오는 독수리학교에 대한 찬사와 비평을 들으면서 기독교학교운동을 전개해 가는 동역자로서 부끄러운 마음과 섭섭한 마음을 동시에 갖게 된다. 그럼에도 불구하고 기독교학교 설립은 우리 시대의 자녀들과 가정들과 나라를 살리는 길이라고 믿기에 두려운 마음을 넘어 몇 가지 생각을 나누고자 한다.

1) 목적이 분명해야 한다

교육은 치열한 전쟁터와 같다. 성공주의와 입신양명은 우리 시대를 지배하는 가치가 되었다. 먼저 올라서고 앞서가기 위해 수단과 방법을 가리지 않는다. 시대정신의 한복판에 서 있는 교육현장은 입시라는 이름으로 장단을 맞추면서 정신없이 돌진하고 있다. 기독교학교는 이런 전쟁터에 새로운 전쟁거리를 갖고 선전포고하는 것이다. 그런데 지금까지는 큰 싸움에 비해 목소리가 너무 작아 사람들이 별로 귀를 기울이지 않았다. 기독교학교가 계속 늘어나고 있는 지금, 곱지 않은 시선이 우리를 향하고 있음을 부인할 수 없다.

대안학교는 분명히 전쟁의 방향을 어느 정도 바꾸는 데 성공하였다. 그런데 기독교대안학교가 들어서는 것에 대하여 대안학교 운동가들은 불편한 심정을 숨기지 못하고 있다. 우리가 대안학교를 세우는 목적이 무엇인지 제대로 알지 못하겠다는 것이다. 그런데 그 이면에는 뭔가 불편함이 도사리고 있다. 2005년도 기독교대안학교연맹 심포지엄[11]

---

[11] 2005년 7월 16일, 서울교총회관, 이수광 교감의 발제문은 인쇄물로 따로 배포되었다. 똑같은 내용이 다음 자료에 기록되어 있다. 이수광, '논의의 진일보를 위한 생각 덧대기', 『기

에서 이우학교의 이수광 교감이 말한 '언어코드의 문제를 넘어 그 이상의 차이' 때문이다. 다음과 같은 그의 말에서 기독교계 외부의 사람들이 보여 주는 염려의 핵심을 엿볼 수 있다.

"혹이나 한국 기독교의 외적 성장과 관련해서 만들어진 '성공신화에의 꿈'이 학교에 그대로 전이되는 것은 경계되어야 한다."

기독교로부터 민심이 떠난 것은 이미 오래되었다. 불과 몇십 년 전만해도 기독교는 민심의 중심에 서 있었다. 기독교가 하는 일은 무엇이든 새롭고 그저 좋은 때가 분명히 있었다. 크리스마스는 모든 국민이 즐거워하는 축제였다. 그러나 지금은 기독교라는 이름만 들어가도 싫어하는 현상이 곳곳에서 목격된다. 왜 이 모양이 되었는지 말하는 것은 이제 별 의미가 없다. 이런 상황에서 기독교의 이름으로 학교건설의 현장에 뛰어든다는 것이 어떤 의미로 비추어질지 우리는 알아야 한다.

적어도 기독교학교를 세우는 것은 강영택 교수가 지적했듯이 부모의 교육적 권리, 국민들의 종교적 자유, 공교육의 문제점에 대한 해결책 등의 측면에서 볼 때 그 정당성이 확보된다.[12] 그러나 기독교학교가 공교육의 진정한 대안이 되고자 한다면 교회의 우선순위에 있어서 그 진정성이 확인되어야 한다. 교육관과 기도원을 만들고 천국동산이라 이름 하는 묘지를 구입하는 맥락에서 학교를 하려 해서는 안 된다. 청교도들이 황무한 땅을 개척할 때 제일 먼저 학교를 세웠던 일을 오늘 우리가 학교를 세우는 데 인용하는 것은 무리가 있다는 사실을 우리가 처한 현실에서 겸손하게 인정할 필요가 있다. 우리 공동체(교회, 기독교기관, 개인 등)는 정말 어떤 어려움이 있더라도 그리스도인 2세 양육을 위

독교대안학교 평가, 어떻게 할 것인가』,(서울: 기독교대안학교연맹 기독교학교교육연구소, 2006), 15..

12) 강영택, "대안학교 법제화에 대한 기독교 대안학교 측의 일견해," 『2006 기독교대안학교 평가세미나 자료집』(서울: 기독교대안학교연맹 기독교학교교육연구소, 2006).

해 기독교 정신에 입각하여 한 길로 교육하는 학교를 세우고자 하는 의지가 있는지 점검해야 한다.

기독교학교의 목적은 광의적 의미에서 하나님의 주권과 성경의 절대 권위를 인정하는 인간을 양성하는 교육이 되어야 한다. 하나님의 영광을 위하여 세상을 변화시키는 그리스도의 제자를 길러 내는 교육으로 표현할 수도 있을 것이다. 어떻게 하든지 간에 중요한 것은 하나님 중심의 사람, 성경 중심의 사람, 교회 중심의 사람[13]을 길러 내는 것을 목적으로 삼아야 한다. 여기서 흔들리면 모든 것이 흔들리게 된다.

혹이라도 명문대학에 많은 학생을 보내리라는 식의 목적을 세워서는 안 된다. 이것은 대형화를 지향하는 기독교에 대한 비판에서 기독교학교를 피할 수 없게 만들 것이다. 모든 기독교학교들이 잘 되어야 한다. 그래야 하나님께 영광을 돌릴 수 있다. 기독인재들을 양성해야 한다. 그래야 사회지도층에 있는 사람들도 복음화할 수 있을 것이다. 그러나 잘된다는 것이 명문대학을 가는 것과 같은 말이 되어 버린다면 문제가 있다. 하나님께서 은혜를 주셔서 명문대학을 간다면 감사할 일이다. 그러나 기독교학교의 학생들은 그것과 상관없이 최선을 다해 공부해야 한다. 명문대학에 가는 것 자체를 목적으로 하거나 그 결과를 자랑하기 시작하면 설립목적과 교육철학이 훼손될 것이다. 명문대학에 많이 보낸다는 것 때문에 학생들이 학교로 몰려들면 이것을 최고 가치로 생각하는 부모들이 점점 많아질 것이고 급기야 이 흐름에 맞들이고 편승하는 교사와 부모들에 의해 학교의 정체성이 구성원들도 모르는 사이에 바뀌어 버리는 일이 생길 것이라 사료된다.

기독교학교의 설립목적을 결정하고 사수하는 최후의 권위는 이사

---

13) 학생신앙운동(SFC) 강령의 생활원리를 보면 하나님 중심, 성경 중심, 교회 중심이 언급되고 있다.

회에 있을 것이다. 그러므로 이사회를 구성할 때 신학적으로나 교육학적으로 일치된 이사들을 뽑아야 한다. 그리고 자신들이 법적인 책임을 지고 있는 학교의 설립목적에 대하여 분명히 이해하고 동의해야 한다. 한국에서는 설립목적보다는 인간관계에 의해 이사로 추천되는 경우가 많은데 리차드 J. 에들린(Richard J Edlin)이 하는 말을 우리는 귀담아 들을 필요가 있다.

"이사회 구성원들이 사업, 경영 그리고 그 외의 전문적인 기술을 지니고 있는 것 역시 중요하지만, 그보다 더 중요하고 필수적인 것은 모든 이사회 임원들이 학교의 비전에 대해 분명하게 말할 수 있고 이에 동의할 수 있어야 한다는 점이다."[14]

학교를 세우는 목적이 교육적 언어로 기술될 필요가 있다. 하나님의 영광을 위한다는 것은 학교만의 독점물이 아니라 모든 그리스도인과 기독교 기관의 사명이다. 그렇다면 그 하위 개념으로서의 학교에 걸맞은 목적 진술이 필요하다. 이것은 교육으로 인해 고통당하는 부모들의 아픔과 교육의 현장에서 고통당하는 교사들의 아픔을 헤아릴 때 제대로 표현될 수 있다. 단지 홍보를 위한 수단으로 좋은 말을 동원하는 것은 많은 오해를 낳는다. 특별히, 글로 진술되어야 한다는 점이 중요하다. 구체적이고 명시적인 글은 불필요한 오해와 논쟁을 예방할 것이며 기독교사를 뽑을 때나 학생들을 선발할 때, 그리고 학교의 중요한 정책을 결정할 때 판단의 기준이 될 것이다.

2) 교육철학을 확정해야 한다

입시는 모든 교육철학을 무의미하게 만들고 있다. 진보적인 교육이

---

14) 리차드 J. 에들린, 『기독교교육의 기초』(서울: 그리심, 2004), 122.

든 보수적인 교육이든 우리나라의 교육현장에 들어오기가 무섭게 대학입시 앞에 줄서기를 하고 만다. 입시를 외면하고서는 교육할 수 없는 것이 엄연한 현실이기 때문이다. 그나마 대안학교들이 설립되면서 교육의 새로운 물꼬가 열리고 있지만, 정부도 손 쓸 수 없는 입시의 흐름은 기독교학교를 삼키고도 남음이 있다. 더군다나 공교육과 어깨를 나란히 하며 경쟁을 해야 한다면, 특별히 기독교학교가 대안학교들과 차별성을 지니려 한다면, 입시를 기독교적으로 재해석할 수 있어야 하고 입시를 극복하는 기독교적 논리가 있어야 한다.

한번은 강연회에서 "대안학교도 사교육이지요?"라는 질문을 받았던 적이 있었다. 기독교학교도 이런 관점에서 의심받지 않도록 주의해야 한다. 방선기 목사는 한 간담회 발표문에서 "지나친 사교육은 세속적인 염려와 욕심과 주변의 압력에서 나온다."라고 지적하고 있다.[15] 기독교학교가 입시 위주의 교육환경에서 탈(脫)입시가 아니라 극(克)입시가 되려면 분명한 교육철학으로 무장해야 한다.

인간의 경험으로부터 나오는 교육철학은 교육현장에서 일어나는 높은 파도를 이겨낼 수 없다. 보다 근본적인 절대 진리로 무장되어야 한다. 하나님께서 주신 말씀에 근거한 분명한 신학적 소양도 필요하다. 그저 '미래의 지도자'를 기른다는 것으로는 안 된다. 미래의 지도자에 대한 이해에 있어서 염려와 욕심의 잣대를 들이대면 뭐든지 만들어 낼 수 있기 때문이다. 이것은 논리의 문제가 아니다. 교육의 문제도 아니다. 훨씬 근본적인 것으로 학교적인 면에서는 신학의 문제이며 설립자의 면에서는 부르심의 문제이다.

특별히 교육을 지배하고 있는 인본주의적 세계관은 언급할 필요조

---

15) 입시 사교육 바로세우기 기독교운동 목회자 간담회, 2008.4.4, 여의도 렉싱턴호텔.

차 없을 정도로 강조되어 왔다. 전광식 교수는 그의 책에서 공교육을 지배하고 있는 것들에 대하여 다음과 같이 지적하고 있다.

"(공교육의) 학교교육을 통해 학생들은 종교상대주의와 다원주의, 세속주의와 물질주의, 명예주의와 출세주의, 개인주의와 음란문화, 그리고 거짓말과 '삶의 재주'를 배우게 된다."[16]

이러한 세계관은 무릇 학교만이 아니라 우리 시대를 장악하고 있으므로 분명한 교육철학으로 준비되지 않으면 현실적인 필요와 교사와 부모의 욕심이 교육철학으로 채택되는 결과를 초래할 수 있다. 그 뒤에 남는 것은 혼돈과 무질서, 욕심과 좌절 그리고 비난과 멸시가 될 것이다. 결국 교육의 현실에서 선택과 집중을 해야 하는데 이것은 확고한 교육철학이 있을 때 가능하다. 그렇게 해야 시행착오를 최소화할 수 있다. 우리 학교의 한 선생은 이렇게 말했다. "결과를 빨리 보려고 하는 것은 마약과 다름없다." 시간을 견딜 수 있는 힘이 철학이다. 결과를 기다릴 수 있는 힘이 철학이다. 교육철학으로 무장될 때 성령 안에서 열매를 맺는 날까지 인내를 지니고 기독교교육을 실천할 수 있을 것이다.

3) 교육의 결과로서의 인간상을 명문화해야 한다

수많은 학교들이 있는데 또 하나의 학교를 세우고자 하는 이유는 그 학교를 졸업하는 졸업생에 대한 특별한 기대가 있기 때문이다. 교사로서 학생의 변화에 대한 비전과 열정이 없다면 이미 자격을 상실한 '공부 방법을 가르치는 기술자'로 전락하고 말 것이다. 가르침은 필히 변화와 성장을 수반하고 변화와 성장은 자기 방향성을 갖기 마련이다. 같은 지식을 가르친다 할지라도 교사의 신념과 확신에 따라 전혀 다른

---

16) 전광식, 『기독교대안교육과 대안학교』, (서울: 독수리교육공동체, 2006), 37.

사람이 만들어지는 일은 이상한 일이 아니다. 왜냐하면 학생은 교사로부터 정보의 조각을 얻는 것이 아니라 지식의 조합을 배우기 때문이다. 지식을 어떻게 조합해야 최선인가 하는 것은 가르치는 자의 손에 달려 있다. 그러므로 학교가 교사를 통해 어떤 사람을 양성하고자 하는지 명문화하는 것은 매우 중요하다.

기독교학교가 지향하는 인간상을 표현할 때 인간에 대한 성경적 가르침에 근거하여 고민해야 한다. 인간에 대한 성경의 가르침은 "하나님의 형상으로 지음받았다."라는 것과 "하나님의 말씀을 어기고 타락한 죄인이다."라는 사실이다. 기독교의 오랜 전통은 죄인으로서의 인간에 대하여 보다 많이 강조해 왔다. 자신이 얼마나 비참한 죄인인가를 알아야만 하나님을 알게 되고 하나님의 은혜를 누릴 수 있다. 칼빈은 이 점에 대하여 기독교강요에서 매우 단호하게 말하고 있다.

"우리가 타락 후의 인간의 비참을 알게 될 때 우리는 우리 자신에 대한 증오심과 불쾌감, 그리고 동시에 진정한 겸손이 생기며, 아울러 우리가 완전히 잃어버린 선을 각각 하나님 안에서 회복하기 위해서 하나님을 찾겠다는 새로운 열성의 불길이 일어난다.(기독교강요 2.1.1)"

그런데 '타락한 죄인'은 작게 말하고 '하나님의 형상'만 강조하는 현상이 많이 목격된다. 이것은 신학적 균형을 잃은 처사이다. 이것은 마치 회개의 과정을 거치지 않은 채 축복으로 무조건 뛰어 들어가려 하는 기독교 일각에서 목격되는 경향처럼 순서가 잘못된 것이다. 기독교학교는 학생들로 하여금 먼저 죄인으로서의 실존적 축복을 누리게 해야 한다. 그리고 하나님의 형상으로서의 자기 재능을 찾아가야 한다. 그래야 하나님의 도구로 겸손히 쓰임 받을 수 있고 하나님께 영광을 돌릴 수 있다. 하나님의 형상은 회개를 통과해야만 그 위대함을 발휘할 수 있다. 기독교학교에서 학생을 교육하면서 은혜가 필요한 인간을 만들어야지 은혜가 필요 없는 인간을 만들어서는 안 된다. 스스로 할 수 있다는 것보다 위험한 일은 없다. 회개를 통한 자신의 구원으로, 회개를 통한 타인의 용서로 나아갈 때 하나님 나라의 진정한 백성이 될 수 있다. 칼빈은 사람의 본성은 망상적인 자기도취에 빠지는 경향이 있음을 경고한다.

"인간의 선한 특징만을 생각하라는 교사들의 말을 듣는 사람은 자기 인식이 향상되지 못할 것이며 도리어 최악의 깊은 무지에 빠지게 될 것이다.(기독교강요 2.1.2)"

학생들의 재능과 은사 찾기를 할 때마다 느끼는 것은 인간에 대한 기본적인 이해가 자기중심적으로 너무나 치우쳐 있다는 것이다. 재능과 은사 찾기가 어려운 이유는 분명하다. 욕심과 두려움 때문이다. 수많은 영상과 홍보를 통해 최고의 것에 물들어 버린 학생들은 그것을 차마 놓을 수 없으면서, 그것을 이루기에는 자신의 능력이나 준비가 부족하여 쉽게 목표로 삼을 수 없다는 딜레마에 빠져 있다.

기독교학교가 추구하는 인간상은 공립학교와 구별되는 대안성을 설명할 때 그 핵심이 되어야 한다. 이종태 박사는 대안교육에 대하여 '현대 문명의 위기와 비인간화'를 지적하면서 "대안학교는 변화된 사회, 지금처럼 경쟁적이고 자연 파괴적인 사회가 아니라 인간과 인간, 인간과 자연이 함께 어우러져 사는 사회에 적합한 인간을 기르기 위한 것이다."라고 서술하고 있다.[17] 대안교육이 인간과 인간, 인간과 자연이 함께 공존하는 사회를 위한 인간을 교육하는 것이라면 기독교교육이야말로 이 사회에 정의와 평화를 구현할 교양시민을 양성할 수 있는 검증

---

17) 이종태, 『대안교육과 대안학교』,(서울: 민들레, 2005), 27.

된 대안이기 때문이다.

공립학교에 재직 중인 한 교사가 한 말은 이런 면에서 의미심장하다.

"오늘날 공립학교는 소수 몇 명을 위해 존재한다. 그런데 그보다 더 큰 문제는 그 소수조차도 이 민족을 위한 사람으로 교육되고 있지 못하다는 점이다."

4) 인간상을 구현하는 교육과정을 정리해야 한다

실제로 그 학교가 표방한 인간상을 길러 낼 수 있는 교과가 교육과정에서 편성되어 있지 않다면 아무리 좋은 말로 표현했을지라도 인간상은 학교를 홍보하기 위한 수단으로 전락하게 된다. 그러므로 기독교학교는 홍보를 어떻게 할 것인가 고민하기 전에 교육과정을 어떻게 편성할 것인가를 먼저 고민해야 한다. 교육과정에서 그 학교의 설립목적과 교육철학, 그리고 교육을 통해 기르고자 하는 인간상을 매우 구체적인 진술로 표현할 수 있기 때문이다.

그런데 문제는 공립학교에서 사용하고 있는 국가 교육과정을 대체할 만한 기독교적 교육과정이 한국에는 없다는 점이다. 소위 기독교학교는 이 땅에서 시작된 지 100년이 넘었다. 그러나 선교를 사명으로 삼았던 미션스쿨들은 기독교교육과정에 대해서는 아무런 유산도 남기지 못한 채 소중한 세월을 보냈다. 이제 대안학교 운동의 바람을 타고 공교육의 문제에 대한 분명한 대안으로서 기독교학교를 세우고자 하는데 이를 뒷받침할 만한 교육과정이 없다. 이를 극복하기 위한 방안으로 다음 3가지를 제안하고자 한다.

첫째는 기독교학교의 교사를 기독교세계관으로 무장시키는 일이다. 이것은 결코 쉽지 않다. 기본적으로 한국 그리스도인들의 신학적 기초가 약하고 기독교세계관으로 분별하는 연습이 안 되어 있기 때문이다. 그러므로 기독교사가 교과내용 중에서 비성경적인 요소를 분별할 수 있도록 도와주고 함께 협력하는 것이 필요하다. 기독교교육과정은 고사하고 기독교세계관에 입각한 교재도 없는 마당에 교사들에게 이러한 것까지 요구한다는 것이 너무 힘든 일임에 틀림없다. 그래도 우리는 온전한 기독교교육과정을 향해 한걸음씩 나아가야 한다. 이는 기독교적 가르침의 최일선에서 있는 교사로부터 시작되어야 한다. 인본주의의 관점을 지적하고 기독교적 가르침을 찾는 데 있어서 루서스 존 러쉬두니(Rousas John Rushdoony)의 책은 매우 귀한 안내서가 될 것이다. 일례로 그는 "법은 국가의 송속물이거나 생산물이 아니라 하나님의 거룩하심과 질서의 표현"이라고 말한다.[18]

둘째는 국민공통기본교과 외의 재량활동과 특별활동을 적극 활용하는 일이다. 기독교학교는 국민공통기본교과를 가르칠 때 위에서 언급한 대로 기독교세계관적 분별을 가지고 주의 깊게 가르쳐야 하지만, 재량활동과 특별활동은 학교의 설립목적과 교육철학에 맞추어서 얼마든지 자율적으로 만들 수 있다. 작년 7월에 공포된 대안학교의 설립 운영에 관한 규정에 따르면 그 교과과정에 대한 자율적 운영의 폭은 더 넓어졌다.[19] 이우중학교는 그 홈페이지에서 밝힌 대로 7학년의 경우 연간 수업 1292시간 중 선택교과 및 특성화교과에 204시간, 창의적 재

---

18) 루서스 존 러쉬두니, 『기독교교육 무엇이 다른가』(서울: 꿈을 이루는 사람들, 2007), 27.
19) 대통령령 제20116호 '대안학교의 설립·운영에 관한 규정' 제9조(교육과정)에 따르면 "① 대안학교의 교육과정은 대안학교의 장이 학칙으로 정한다. 다만, 교육인적자원부장관이 정한 교육과정상 교과별 수업시간 수의 100분의 50 이상을 운영하여야 한다. ② 대안학교의 장은 제1항의 교육과정에 대하여 필요한 경우에 교육감이나 교육장의 승인을 받아 통합교과로 운영할 수 있다."라고 규정하여 그 자율적 폭을 더 넓혀 놓고 있다.

량활동에 34시간, 특별활동에 68시간을 사용하여 전체의 23.7%를 배정해 놓고 있다.[20] 이와 마찬가지로 기독교학교에서도 국민공통기본교과 외의 과목으로서 설립목적과 교육철학에 맞는 교과를 편성할 수 있을 것이다. 예를 들면 채플, 성경수업, 반별큐티, 품성수업, 명사특강, 절기학습(성탄절기학습, 부활절기학습), 노작활동, 고난학습(지리산종주, 국토순례 100Km 행군, 헤비타트집짓기), 단기선교여행, 봉사활동, 클럽활동, 동아리활동 등을 편성할 수 있을 것이다.[21]

셋째로 잠재적 교육과정으로서의 문화적 요소를 적극 활용하는 일이다. 교육은 문화의 강한 지배를 받는다. 우리가 아무리 정성스럽게 기독교적인 재량활동과 특별활동을 준비하여 교육한다고 할지라도 학생들을 지배하고 있는 문화가 바뀌지 않고 그 분위기가 개선되지 않으면 우리의 교육은 탁상공론에 그칠 가능성이 높다. 그러므로 학생들을 지배하고 있는 문화적 요소와 특징을 이해하고 분석하여 그것을 개선할 수 있도록 교육과정 운영의 방향을 잡아야 한다. 교육에 있어서 문화적인 영향에 대하여 이숙경 교수는 다음과 같이 말한다.

"우리는 교육의 효과를 높이기 위해서 문화를 커다란 잠재적 교육과정으로 이해할 필요가 있다. 그리고 그것이 교육에 미치는 영향을 조정할 수 있어야 한다."[22]

적어도 학교의 설립자들은 그 학교에 들어올 학생들을 지배하는 문

---

20) 이우중학교는 이 교과를 통해 생태입문, 농사체험, 지역활동과 NGO, 진로탐색, 공예, 우리 춤우리가락, 주제학습, 표현예술, 기악합주, 야외활동, 졸업작품 등을 시행하고 있다.
21) 이것은 현재 독수리학교가 시행하고 있는 재량활동과 특별활동이다. 이것을 아직 교육과정에 정교하게 편성해 넣지는 못했지만 실재로 교육현장에서 실행하고 있고 이를 통해 많은 학생들이 하나님 경외하는 법을 배우고 하나님과 이웃을 사랑하는 법을 배우고 있다. 독수리학교의 특별활동 중 '고난학습-지리산종주'에 대한 내용은 CTS의 다큐 '그 날'을 찾아보면 2회에 걸쳐 생동감 있게 편성된 영상을 접할 수 있을 것이다.=
22) 이숙경, 『기독교교육과 문화이해』,(서울: 도서출판 그리심, 2005), 59.

화가 무엇이며 그것을 변혁시킬 수 있는 핵심요소는 무엇인지, 그것을 바꾸어 낼 문화적 대응전략은 무엇인지 숙고하면서 이를 교육과정 속에 포함시켜 준비해야 한다.

5) 교육과정을 실체화할 수 있는 교사가 준비되어야 한다

교사는 적어도 3가지가 갖추어져야 한다. 신앙과 전문성 그리고 열정이다. 신앙은 단순히 입술에 머무는 것이 아니라 인격으로 체화된 신앙을 말한다. 기독교세계관을 이해하고 기독교세계관에 입각한 교육을 고민하는 사람이라면 더욱 좋다. 물론 머리로만 아는 신앙이 아니라 뜨거운 가슴으로 느끼고 성령의 능력으로 자신부터 개혁할 수 있는 신앙인이어야 할 것이다. 기독교학교가 기독교적 정체성을 유지하고자 한다면 이 점에 있어서 조금도 물러섬이 없어야 한다. 전문성이나 열정에 밀려 신앙에 대한 강조가 약화되면 수많은 구미의 기독교학교들처럼 세속화의 길을 면하기 어려울 것이다.

교사의 전문성은 아무리 강조해도 지나침이 없다. 왜냐하면 교육과정에 따라 실제로 가르쳐야 하기 때문이다. 자신이 아는 것이 무엇이며 그것을 어떻게 학생들이 이해할 수 있는 말로 전달할 것인가? 하는 것은 교사의 영원한 과제라 할 수 있다. 단지 '가르쳤다.'라고 말하는 교사가 아니라 '배움이 일어나는가?'라고 끝없이 질문하는 교사는 전문성의 향상을 반드시 수반하게 될 것이다. 그러므로 전문성은 현재의 상태에 머물지 않고 미래를 향하여 계속 발전하는 속성이 있다. 발전하는 것을 피곤해하거나 싫어하게 되면 교사의 전문성은 붕괴될 수밖에 없고, 이는 필히 기독교학교의 존재 가치에 타격을 줄 것이다. 그러므로 교사의 전문성을 고양할 수 있는 적절한 채찍과 당근은 시스템 가운데 녹아 있어야 한다. 그래서 교사들이 즐겁게 가르치면서 능동적으로 자랄 수 있는 환경을 구축하는 것이 중요하다.

교사의 열정은 가르침에 활력을 불어넣는 요소이다. 열정은 학생과 교사의 관계를 만들어 내고 가르침과 배움의 역동적 반응을 일으키게 한다. 단지 아는 것을 전달하는 것이 아니라 믿는 바를 전달하게 될 때 이 열정은 최고조가 된다. 그러므로 열정은 기독교사가 기독교학교에서 자연스럽게 경험하는 분위기가 되어야 하고 문화로 정착되어야 할 것이다. 이를 위해 칭찬과 격려를 아끼지 않으면서 교사의 자율성과 결정권을 최대한 보장해 주는 것이 필요하다. 물론 이것은 교사에 대한 냉정한 평가와 적절한 피드백을 전제로 해야 할 것이다.

미국의 펠라기독학교를 방문했을 때 100년 동안 기독교학교로서의 정체성을 상실하지 않을 수 있었던 비결이 무엇인지 물었더니 연간계약서를 보여 주었다. 이사장과 교장, 교장과 교사 사이에 매년마다 계약을 갱신하는 것이었다. 평생 직장으로 보장되는 한국의 교직과는 너무나 동떨어진 이야기였다. 그런데 이러한 제도가 기독교사로 하여금 사명과 긴장을 잃지 않게 하고 학교의 설립목적과 교육철학을 유지할 수 있는 길임을 강조하였다. 이런 이야기를 들었을 때 고용불안으로 인해 교육의 기저가 흔들리지 않을까 염려되기도 했는데 오히려 그 학교의 교사들은 최소 20년 이상 그곳에서 교편생활을 하고 있었다. 이러한 일은 학교와 교사가 교육과정에 대한 온전한 이해와 충실한 실행을 신뢰 가운데 함께 이루어 냄으로 가능했다.

현실적으로 준비된 기독교사가 많지 않다. 공립학교에서 안정된 교직생활을 하는 교사가 기독교학교로 이직을 하는 일은 결코 쉬운 일이 아니다. 그러므로 교사양성 프로그램을 계발하고 기독교사모임 등을 하면서 기독교학교운동에 관심 있는 교사를 찾아야 한다. 그뿐 아니라 모집된 교사들도 지속적으로 교육하며 재무장하는 일을 계속해야 한다. 교사들은 가르치는 자의 위치에 있으므로 쉽게 배움의 자리로 내려가려 하지 않는다. 그러므로 처음 설립 때부터 교사교육의 필요성과 방향성을 분명히 하고 교사교육을 위한 시간을 확보해 두는 것이 필요하다.

교육과정을 실체화함에 있어서 교사 상호간의 동역은 매우 중요하다. 교수학습방법이 발전하기 위해서는 가르침의 동역이 반드시 이루어져야 하기 때문이다. 함께 동역하게 되면 자기가 못 본 것을 볼 수 있고, 새로운 아이디어를 공유할 수 있다. 교육의 내용이나 방법 면에서 그 지성이 현저히 넓어지는 것을 경험하게 된다. 모든 기독교사는 스스로 교실왕국에 빠져들 것이 아니라 다른 교사와 함께 가르친다는 의식을 가져야 한다. 교육에 있어서의 공동체성은 학생에게만 필요한 것이 아니라 교사에게 훨씬 더 필요하고 중요하다 할 것이다.

교육과정 중에서 가장 중요한 것은 교수학습방법의 개발이다. 교사가 적은 시간 내에 효과적인 교육을 해내려면 뛰어난 교수학습방법이 계속해서 개발되어야 한다. 우리 시대는 많은 양의 지식을 안다고 해서 인정받는 것이 아니라 정보가 어디에 있고 그것을 얼마나 자기화할 수 있느냐에 따라 인정받는 시대이다. 그러므로 교수학습방법의 개발은 기독교학교의 경쟁력을 높이는 데 결정적 역할을 할 것이다. 기독교학교도 다른 공립학교들과 경쟁하지 않을 수 없으므로 부모들의 믿음 없음을 탓하기 전에 탁월한 가르침을 통해 학생들의 영적·지적·감성적 수준을 향상시켜야 한다. 이를 위해서 모든 교사는 동역하여 교수학습방법 개발에 매진해야 한다. 이 일이 지지부진하게 되면 국민공통기본

과목의 시간을 늘려 달라는 압력에서 자유로울 수 없고, 그것에 굴복해 버리는 순간 학교가 지향하는 인간상을 기를 수 있는 교육과정은 무너지고 말 것이다. 한 번 무너진 교육과정은 되돌리기가 어렵다.

6) 교육시스템이 마련되어야 한다

교육과정을 구현할 수 있는 최소한의 교육환경이 조성되어야 한다. 기본적인 교실은 물론이고 교장실과 교목실, 교무실과 행정실, 예배실과 기도실, 그리고 식당, 도서관, 체육관, 과학실, 음악실, 미술실, 컴퓨터실 등이 필요하다. 여기에 덧붙인다면 학생들을 위한 노작지, 지역주민과 함께하는 문화공간, 장애인을 위한 각종 시설, 교육을 위한 각종 기자재, 교직원 자녀를 위한 탁아방 등을 준비하면 좋을 것이다. 처음부터 모든 시설을 갖출 수는 없겠지만 가급적이면 제대로 된 교육환경을 구축하여 시작하도록 총력을 모아야 한다. 교육환경을 단계적으로 조성하는 것도 공동체적으로 의미가 있지만, 그 부담과 에너지를 교육으로부터 빼앗아 가버리는 경향이 있으므로 할 수 있다면 처음부터 기본적인 환경을 제대로 갖추고 시작하는 것이 좋다.

성경적인 교육행정과 경영을 실행해야 한다. 교육행정은 철저히 교육을 지원하는 위치를 가져야 하고 경영은 합리적이고 투명해야 한다. 행정이 교육의 실행여부를 결정하게 해서는 안 된다. 교육의 필요에 따라 행정이 철저히 서비스하는 형국을 취해야 한다. 학교에서 행정직원이 단지 예산을 관리한다는 이유로 권세를 부리는 일이 절대로 일어나지 않도록 제도적으로 마련하고 정신적으로 미리 교육해야 한다. 그리고 학교가 적절한 재정 규모에서 수입과 지출이 이루어지도록 경영하는 일은 교육 다음으로 중요한 일이다. 아무리 좋은 목적과 교육철학을 가졌어도 경영이 제대로 되지 않는다면 학교는 문을 닫거나 다른 철학을 가진 자들의 손에 인수될 수밖에 없기 때문이다. 그러나 경영 그 자체가 신입생 수를 결정하게 하거나 예산의 비중을 결정하게 해서는 절대로 안 된다.

위에서 언급한 교육과정을 비롯하여 교육환경의 조성, 성경적인 교육행정과 경영, 이외에 학교에 존재하는 모든 교육시스템은 하나님 안에서 온전히 통합되어야 한다. 프랭크 개블라인(Frank E. Gaebelein)은 이러한 통합의 필요성에 대하여 "기독교 교육에서의 통합은 교과, 교육방법, 교육행정 그리고 교직원들이 영원하고도 무한한 하나님의 진리와 생생한 유기적 연합체를 이루어 나가는 과정"이라고 주장하고 있다.[23] 왜냐하면 학교에서 행해지는 모든 일들은 그 자체가 교육이기 때문이다.

교육시스템은 궁극적으로 학생들이 배움의 기쁨을 누릴 수 있도록 하는 데 모든 역량을 집중해야 한다. 학생들이 학교에 오는 것이 즐겁고, 교사를 만나는 것이 행복하고, 교실에서 배우고 학교에서 친구들과 부대끼는 것이 기쁘도록 만드는 데 주력해야 한다. 단지 방법을 위한 방법, 시스템을 위한 시스템이 되지 않도록 주의해야 한다. 기독교학교의 존재목적이 하나님과 이웃을 사랑할 줄 아는 인간을 만드는 데 있다면 학생이 배움의 과정을 통해 진정한 기쁨과 행복을 누려야 한다는 점을 잊지 말아야 할 것이다.

7) 기독교학교 상호간의 연대와 협력이 필요하다

기독교학교가 공립학교와 다른 것은 교육에만 있는 것이 아니다.

---

23) 프랭크 개블라인, 『신본주의 교육』(서울: 기독교문서선교회, 1995), 44.

위에서 언급했듯이 행정과 경영에 있어서도 달라야 하고 특별히 단위학교들과의 연대와 협력에 있어서도 분명한 차이를 보여야 한다. 경쟁이 아니라 협력, 독주가 아니라 배려의 마음을 가질 때 기독교학교는 기독교정신에 걸맞은 교육을 이루어 낼 수 있을 것이다. 한국교회의 분열과 개체교회중심 의식이 이제 발돋움하는 기독교학교에서는 발현하지 않도록 마음과 지혜를 모아야 할 것이며, 이를 위한 지역적인 기독교교육협의체 같은 기구를 만들 필요가 있다. 이것은 지역을 넘어 전국적인 협의체로 발전되어야 하고, 이를 통해 교육의 특성상 단위학교로서는 할 수 없는 수많은 일을 헤쳐 가야 할 것이다. 현재로서는 기독교대안학교연맹이 한발 앞서서 기독교학교들의 협력을 도모하고 있으므로 기독교적 대안을 가지고 학교를 세우려고 하는 주체들은 분열되지 말고 힘을 함께 모아야 한다. 이러한 기독교학교들의 연대가 필요한 이유는 다음과 같다.

우선, 기독교학교의 중차대한 과제를 수행하기 위해서 필요하다. 기독교학교로서의 사명을 감당하기 위해서는 기독교교육과정, 기독교교사양성프로그램, 기독교교육지도자양성프로그램, 기독교교육환경, 기독교교육행정시스템 등에 대한 각종 연구와 개발이 반드시 이루어져야 한다. 현재로서는 국가 교육과정을 사용하면서 기독교세계관으로 준비된 교사, 재량활동과 특별활동 그리고 기독교적인 문화전략을 통해 기독교적 학교를 운영할 수 있지만, 이러한 전략이 항구적인 것이 될 수는 없다. 한국의 기독교학교도 성경에 근거한 제대로 된 교육과정을 만들어야 한다. 이에 대한 소망을 가지고 모든 기독교학교들이 기독교대안학교연맹과 기독교학교교육연구소를 중심으로 재정과 인력을 모아야 한다. 적어도 연간 예산의 1% 이상의 재정을 투자하고 전임교직원 30명당 1명의 교직원을 파송하여 장기적인 교육과제들을 지속적으로 연구하고 해결해야 한다.

둘째로 공교육정책에 효과적으로 대응하기 위해 필요하다. 우리가 하는 일은 '기독교적'이기도 하지만 '학교적'이다. 즉 학교로서의 사회적 공감대를 형성할 수 있어야 한다. 기독교적으로 표방하는 가치들이 사회적으로 어떤 의미가 있는지 그 공공성에 대하여 비기독교적인 말로 번역해 내는 작업이 필요하다. 이것은 매우 전문적인 일이며 모든 기독교학교들의 공통적인 과제이므로 함께 힘을 모아야 한다. 그리고 인본주의적 교육과정의 한계와 문제를 학문적으로나 역사적으로 분석하고 정리하여 제시하고, 기독교적 교육과정이 사회적 안녕과 질서를 위해 어떤 영향을 끼쳐 왔고 어떻게 기여할 수 있는지 교육적인 용어들로 진술할 수 있어야 한다. 그리하여 기독교학교가 기독교 물량주의에 편승한 대안학교의 모조품처럼 취급받을 것이 아니라 그야말로 현 시대의 대안으로서 교육계에서 인정받을 수 있도록 경험과 지혜를 모아야 한다.

셋째로, 지역사회와 협력하고 섬기기 위해 필요하다. 이웃을 사랑하라고 하신 예수님의 명령은 개인에게만 국한되는 것이 아니라 기독교 공동체에도 공히 적용되어야 한다. 교회가 예배드리는 바로 그 지역을 교회는 사랑해야 할 책임이 있다. 학교도 기독교공동체로서 학교가 설립되어 운영되고 있는 바로 그 지역을 사랑하고 섬겨야 한다. 이것은 교육의 측면에서든 교육적 메시지에 대한 공공성의 측면에서든 매우 중요하다. 성경적으로 굳이 따진다면 명문대학에 몇 명을 보내느냐를 홍보하기보다는 그 지역을 위해 어떤 섬김을 실천하고 있는지를 홍보하는 것이 학교를 위해서나 하나님 나라를 위해서 훨씬 가치 있는 일이 될 것이다.

단위학교는 교육의 세속화에 휩쓸릴 위험이 높다. 그러나 기독교학교들이 함께 어깨를 걸고 서로 권면하고 협력한다면 그 위험성을 현저히 낮출 수 있을 것이다. 기독교계에서 세속화 현상이 곳곳에서 나타나는 이유 중 하나는 교회의 교단성과 지역성이 약화되고 개체교회중심이 득세하기 때문이다. 이는 혼돈의 시대에 말씀을 떠나 각기 좋을 대로 살았던 어리석은 사람들의 전철을 밟는 것으로 하나님 나라 건설을 위해 고귀한 교육의 사명을 띤 기독교학교는 개체학교중심의 길로 걸어가지 말아야 할 것이다.

8) 부모와의 협력 구조를 지혜롭게 만들어야 한다

부모는 경영학의 용어를 빌려 말한다면 매우 능동적인 소비자이다. 교육의 상품을 수동적으로 소비하는 데 그치지 않고 매우 능동적으로 의견을 제시한다. 그 이면에 자녀에 대한 특별한 사랑이 도사리고 있기 때문일 것이다. 그리고 교육의 권리가 부모에게 있고 학교는 부모의 교육권을 위탁받아 교육한다고 볼 때, 부모는 단지 소비자에 머무는 것이 아니라 매우 중요한 교육정책의 동반자가 되기도 한다.

그러므로 기독교학교의 부모는 매우 중요한 위치를 차지하지 않을 수 없다. 그런데 문제는 기독교학교에 자녀를 맡기는 부모들 중 적지 않은 수가 기독교적인 교육에 대한 비전보다는 단지 자신의 자녀가 잘 되길 바라는 마음으로 지원한다는 점이다. 입학할 때는 기독교학교라는 사실을 알고 학교의 설립목적과 교육철학에 동의한다고 하였지만, 막상 입학하고 나면 태도가 많이 달라지는 것을 본다. 자녀가 학교에 잘 적응하고 좋아하면 기독교교육 예찬론자가 되고, 자녀가 어떤 일로 힘들어하거나 갈등하게 되면 기독교학교의 비관론자로 돌변하고 만다.

이를 예방하려면 기독교학교에서의 부모교육은 필연적이다. 이는 많은 학교들이 공감하는 바이다. 교육에 대해 항의하는 부모들 중 많은 경우는 기독교학교로서의 교육 방향이나 정책에 대한 고민도 아니고 기독교적 교육으로서의 대안도 아닌, 자녀에게 드러난 문제로 인한 원망과 넋두리의 차원에서 힘겨운 싸움을 해야 하기 때문이다. 아마도 기독교학교에서 부모와 갈등을 일으키게 되는 모든 문제의 뿌리에는 부모의 심령 깊은 곳에 자리 잡고 있는 '자녀의 우상성'일 것이다. 하나님께서는 엘리의 자녀들이 타락했던 이유를 부모가 자녀를 하나님보다 더 사랑했기 때문이라고 지적하고 있다(삼상 2:29). 오늘날 기독교 가정의 자녀들이 하나님을 경외하지 않는 경우가 많은 까닭은 그 부모가 자녀들에게 하나님을 경외하는 것보다 자녀를 사랑하는 것을 더 많이 보여 주었기 때문이다.

"문제 학생은 없다. 다만 문제 부모가 있을 뿐이다."라고 말하는 청소년 전문가들의 지적처럼 학생들의 문제는 가정에서부터 비롯되는 경우가 많다. 그러나 부모들이 자신의 문제를 인식하고 고치려 하기보다는 자녀의 문제에만 집중하는 경우가 훨씬 많다. 또한 여기저기서 듣고 보는 것이 많은지라 소위 성적 올리기에 좋은 것들은 다 듣고 와서 학교를 향해 '건의'라는 이름으로 요구하곤 한다. 그러므로 기독교학교는 처음부터 부모교육을 전제로 하여 학생들을 받아야 한다. 부모교육에 참여하지 않는 가정의 자녀들에 대해서는 보다 단호한 규제를 할 필요가 있다. 왜냐하면 한 사람의 무지한 부모가 학교를 흔들게 되면 수많은 다른 학생과 가정들이 피해를 당하기 때문이다.

부모교육을 할 때 적잖게 당황할 때가 있다. "교회에서는 왜 이런 걸 안 가르쳐 주죠?"라는 질문을 받았을 때 어떻게 대답할지 몰라 힘들었다. 모든 성도는 교회를 중심으로 살아야 한다. 교회의 영적인 권위 아래 날마다 자라야 한다. 그런데 학교에서 성경적인 자녀 양육에 대하여 강조하는 데 생소하다고 말한다면 어떻게 당황하지 않을 수 있겠는가. 여기에 더하여 기독교학교로 오는 부모들의 교회 배경이 다양하고 자신들도 인식하지 못하는 신학적 배경 또한 다양하다. 각 교회에서 배운 내용의 양도 다르고 배우는 신앙적 색깔도 다르니 이들을 대상으로 기독교교육에 대한 교육을 한다는 것은 결코 만만한 일이 아니다. 이런 현상을 미연에 방지하려면 학생들을 선발할 때 학교의 설립목적과 교육철학을 보다 구체적으로 알려 주는 것이 반드시 필요할 것이다. 이런 경험으로 미루어 볼 때 기독교학교가 잘 되기 위해서 필연코 지역교회가 잘 되어야 한다는 것을 강조하고 싶다. 지역교회가 말씀의 터 위에 견고히 서고 성경적으로 올바른 우선순위를 가질 수 있도록 힘을 다해 기도해야 한다. 이런 면에서 부모교육은 단지 자기 자녀를 위한 기도에 매몰될 것이 아니라 교회와 나라를 위한 간절한 기도에 온 정성을 다 모아야 할 것이다.

　부모가 기독교세계관에 대한 이해나 교육학적인 이해의 측면에서 부족함에도 불구하고 자녀에 대한 교육권을 가진 자로서 적절한 책임을 학교와 나누어 맡는 것은 필요하다. 기독교교육에 대한 전문적인 요소 외의 것들에 대해서 부모가 참여할 수 있는 길을 열어놓고 적극 활용할 필요가 있다. 학교의 이사회에 참여하는 방안, 예결산을 감사하는 일, 모금 캠페인을 전개하는 일, 학교의 여러 방면에서 봉사하는 것 등에 부모들이 적극적으로 참여하도록 학교가 선도해야 한다. 이것은 학교에 대한 부모의 신뢰도를 높이고 학교를 건강하고 투명하게 만들 것이다. 그리고 부모들에게는 자기 자녀에 집중되는 마음을 크게 확장시키는 계기가 될 것이다. 뿐만 아니라 자녀를 통해 기독교교육을 보는 시각에서 기독교교육을 통해 자녀를 보는 시각으로 조금씩 전이되도록 이끌게 될 것이다.

9) 지역사회의 일원으로서 역할을 찾아야 한다

교육은 교실 안에서만 이루어지지 않는다. 기독교적 신앙은 교실 밖에 존재하는 학교를 지배하는 문화적인 요소에 의해 훨씬 더 많이 결정된다. 뿐만 아니라 교육은 학교건물 안에서만 이루어지는 것이 아니다. 학교 밖의 세상과 어떤 관계를 맺느냐에 따라 교육의 질은 크게 달라진다. 자기 자신이 누군지 알고 하나님이 누군지를 알게 되면 필연코 이웃에 대하여 관심을 가지게 된다. 세상이 어떻게 돌아가고 있고 세상에 대한 나의 역할은 무엇인지 현장으로 들어가 부대끼며 찾아가야 하는 것이다. 결국 모든 학생은 학교 안에서 평생 사는 것이 아니라 학교 밖으로 뛰어나가야 하는 한시적인 신분이라는 점을 잊어서는 안 된다.

기독교교육이 살아 있는 교육이 되려면 현장성을 가져야 한다. 이를 위해서는 자기가 사는 지역에 대해 관심을 지니고 자기가 배운 바를 실천할 수 있는 장을 찾아야 한다. 그러면서 기독교에 반대하는 사람들과, 가난하고 고통받는 사람들과 직면해야 한다. 그래서 자신이 지닌 것이 무엇이고 그것을 어떻게 다른 사람과 나눌 수 있는지, 그 과정에서 일어나는 갈등과 기쁨은 무엇인지 삶을 통해 배워야 한다. 이를 위해 몇 가지 활동을 제안해 볼 수 있을 것이다.

첫째로 봉사활동이다. 이것은 학생들이 세상과 구별된 '하나님의 자녀'로서의 자의식을 지닐 때 보다 큰 의미를 갖게 될 것이다. 우리를 하나님의 자녀로 불러 주신 예수님의 사랑에 대하여 마음으로부터 반응할 때 진정한 봉사로 나아갈 수 있기 때문이다. 봉사는 선교를 위한 디딤돌이 된다. 더 이상 세상은 복음에 귀를 기울이려 하지 않는다. 그들의 귀를 열고 그들의 마음을 열게 하는 길은 예수님의 사랑으로 섬기는 일이다. 이 지혜를 터득하는 것은 매우 중요하다. 예수님께서도 공생애 기간 동안 죄인들과 병자들을 섬기셨다. 많은 무리가 예수님의 말씀을 듣고 하나님께 영광을 돌린 것은 자신을 철저히 낮추어 섬기신 예수님의 사랑이 그 바탕을 이루고 있는 것이다. "네 이웃을 사랑하라."라고 하실 때의 이웃은 도움이 필요한 모든 사람을 의미한다. 이웃이 누구든지 예수님의 사랑으로 봉사할 수 있는 사람이 되어야 한다.

둘째는 선교활동이다. 이것은 예수님을 알지 못하고 죽어가는 사람들을 긍휼히 여기는 '사랑의 전도자'로서의 정체성을 전제로 한다. 우리가 가진 것은 세상의 그 무엇과도 바꿀 수 없는 가장 소중한 보배이다. 그러나 세상은 죽으면 없어지고 말 것들을 소중하게 여기며 살고 있다. 어떤 사람이 아무리 많은 재물을 가지고 있고, 세상사람 모두가 흠모할 만한 아름다움을 갖고 있다고 할지라도 그것은 우리가 지닌 영원한 생명과 결코 비교할 수 없다. 그러므로 우리는 복음을 알지 못한 채 죽어가는 영혼들에 대하여 '창자가 끊어질 듯한 심장'으로 불쌍히 여기지 않을 수 없고 전도하지 않을 수 없는 것이다. "모든 족속으로 제자를 삼으라."라는 예수님의 명령은 오늘에도 살아 있다. 기독교학교가 이 점에 민감하지 못하다면 학생들은 자신들의 왕국에서 자신들끼리 배우다 흩어지는, 그야말로 '온실의 화초'로 전락할 것이다.

셋째로 계몽활동이다. 이것은 세상을 새롭게 하는 변혁의 대안이 말씀 속에 있음을 확신하고 연구하고 실천하는 '지혜로운 용사'가 되는 것을 출발점으로 삼는다. 하나님의 말씀을 떠난 세상은 갈수록 혼돈 속으로 빠져들고 있다. 세상을 창조하신 하나님께서 정의와 평화를 지속할 수 있는 방도를 말씀 속에 심어 두셨을진대 우리가 그것을 알리는 것은 매우 중요한 사명이다. 한국의 기독교인들이 사회적인 이슈들에 대하여 침묵하고 하나님의 말씀을 세상 속으로 흘러 보내지 않으면 하나님 앞에서 책임을 면하기 어려울 것이다. 기독교학교는 교회를 위한 학생을 넘어 세상을 위한 학생을 키워야 하고 궁극적으로 하나님을 위한 사람을 길러 내야 한다. 이는 이 땅의 유일하고 참되신 소망이 오직 예수님께 있다는 것을 전제할 때 지극히 당연하다고 할 것이다.

10) 지속적 모금캠페인 전략이 필요하다

교육에는 많은 재정이 필요하다. 한 모금 전문가의 말에 따르면 전 세계에 기부되는 모든 비용의 약 65%가 교육에 들어간다고 한다. 기부가 필요한 곳이 질병, 기근, 기아, 전쟁 등임을 상기하면 교육이 얼마나 많은 재정을 필요로 하는지를 짐작할 수 있다. 대안학교들이 안고 있는 가장 큰 문제 중 하나도 재정확보 방안일 것이다. 현재로서는 국가의 지원을 받지 않는 대안학교들이 많기 때문에 교육재정의 부담은 고스란히 부모에게 돌아간다.

2005년 12월 교육인적자원부와 한국교육개발원에서 발표한 OECD 교육지표에 따르면 우리나라 중등교육기관에 다니는 학생 1인당 연간 교육비(2002년 기준)가 5,882달러로 보고되었다.[24] 이것은 일본의 6,952달러, 미국의 9,098달러보다 낮은 금액이며 OECD 전체의 평균금액인 6,992달러보다 낮은 금액이다. 여기서 말하는 학생 1인당 연간교육

---

24) 교육인적자원부 한국교육개발원, 『OECD 교육지표』(서울: 한국교육개발원, 2005), 80.

비는 '해당 교육단계의 총 교육기관 교육비를 해당 단계의 전일제 재학생 수로 나눈 것'이다. 중등학교 한 반의 학생 수를 34명으로 잡으면 기독교학교의 한 반 학생수가 12명이 될 경우 학생 1인당 연간교육비는 2.83배 즉 16,646달러가 들어가게 되는 것이다. 몇 년이 흘렀다는 점과 환율의 오차범위를 떠나서 1달러당 1,000원으로 단순계산을 해도 한 반에 12명인 대안학교가 중등학교인 공립학교의 수준으로 교육을 하려면 학생 1인당 연간 1,600여만 원이 필요하다는 계산이 나오는 것이다.

2005년 3월에 국회를 통과한 대안학교법에 따른 설립규정을 만드는 과정에서 이종태 박사를 중심으로 한 '대안학교 법제화를 위한 프로젝트팀'은 공청회[25]를 통해 다음과 같이 제안한 바 있다.

"교육감은 의무교육단계 대안학교에 대해서는 학생 1인당 의무교육경비를 지원해야 한다."[26]

이것은 대안학교의 열악한 재정 현실을 직시한 당연한 제안이라 할 것이다. 이러한 주장은 교육세를 내는 부모의 교육권과 국민을 교육해야 하는 국가의 책무를 생각할 때 당위성이 있다고 볼 수 있다. 그럼에도 불구하고 2007년 7월에 공포된 '대안학교 설립 운영 규정'에는 이러한 재정지원에 대한 조항 자체가 빠져 버렸다.

이런 현실을 모른 채 기독교학교의 학비만으로 평가하여 귀족학교를 운운하는 것은 안타까운 현실이다. 그 학교가 가진 설립목적이나 교육철학에 대한 분석과 평가는 차치하고 기독교학교들이 재정적으로 겪는 고충이나 헤아려 줄 수 있다면 좋겠다. 적어도 기독교학교를 시작하

---

25) 일시: 2005년 11월 28일 13:00-17:00, 장소: 세종문화회관 컨퍼런스 홀, 주최: 교육인적자원부 정책연구프로젝트 대안교육법제화팀
26) '대안학교 법제화를 위한 프로젝트팀'의 팀장인 이종태 박사가 발표한 '대안학교 설립 운영규정(안)'의 제29조(대안학교에 대한 지원) ① 항.

고자 하는 기독교공동체는 교육재정의 총 소요금액과 확보전략에 있어서 분명한 대책을 가지고 있어야 한다.

재정적 확보를 위한 방안으로 모금 전문가를 채용한다든지, 모금을 위한 캠페인 위원회를 둔다든지, 모금 전문기관에 컨설팅을 의뢰한다든지 하는 방법들이 있을 것이다. 이를 통해 다양한 모금 기법을 창출하고 전개할 수도 있을 것이다. 모금을 위한 전제는 모금상품으로서의 학교가 후원자들이 이해하고 동참하기 쉽도록 명시적으로 정리되어 있어야 한다는 점이다. 또한 후원자들이 마음껏 후원할 수 있도록 법적 지위를 확보하는 것이 중요한데 기독교학교의 설립목적이 훼손되지 않는다면 대안학교로 인가를 받는 것이 가장 좋을 것이다.

3. 나오는 말

루서스 존 러쉬두니는 그의 책에서 이렇게 말하고 있다.

"기독교교육의 과제는 하나님의 부르심과 말씀에 따라 하나님의 계획에 순종하고 그것을 진전시키는 것이다."[27]

부르심에 대한 확인 방법을 논하고 싶은 마음은 추호도 없다. 그러나 부르심은 기독교학교 설립에 있어서 가장 중요한 요소이다. 부르심이 있어야 인간중심의 거대한 폭풍을 뚫고 갈 수 있기 때문이다. 하나님의 부르심에 대한 정직한 답변의 유무는 교육의 생명을 좌우할 것이다. 학생들은 학교로부터 흘러나오는 것을 먹고 자라기 때문이다.

말씀이 절대기준이 되어야 한다. 기독교학교가 세상의 유행이나 가치를 따라가지 않으려면 학교공동체에 말씀이 도도하게 흘러 다녀야 한다. 말씀을 붙들고 씨름하고 말씀을 가지고 토론하고 말씀으로 서로

---

27) 루서스 존 러쉬두니, 『기독교교육 무엇이 다른가』,(서울: 꿈을 이루는 사람들, 2007), 50.

에게 권면하는 풍토가 형성되어야 한다. 결국 모든 교육적 지혜는 말씀에서 나오지 않으면 인간적인 생각이 지배하고 말 것이기 때문이다.

    기독교학교에 대한 열망을 품은 모든 동역자님들께 부르심과 말씀을 따라 큰 역사가 일어나길 기도드린다.

학교법인 설립의 ABC[28]

김상희(등대국제학교 행정실장, 전 학교법인 중앙학원 기획국장)

1. 학교법인의 정의

학력이 인정되는 사립학교를 설립하기 위해서는 학교법인의 설립이 반드시 선행되어야 한다. 법률적인 의미로 학교법인을 정의해 보면, "학교법인이라 함은 사립학교만을 설치, 경영함을 목적으로 사립학교법에 의거하여 설립된 법인을 말한다.(사립학교법 제2조 2항)"라고 할 수 있다. 이러한 의미에서 학교법인은 설치, 경영하고자 하는 학교에 필요한 재산을 갖추어야 하며, 고유 목적인 사업인 교육 활동에 지장이 없는 범위 내에서 수익사업을 할 수 있다.

2. 학교법인의 설립 절차

학교법인의 설립은 사립학교법 제10조 1항의 규정에 의하여 일정한 재산을 출연하고 대통령이 정하는 바에 의하여 교육과학기술부 장관

---

28) 2008년 기독교학교교육연구소 주최 〈제2회 기독교학교 설립세미나〉에서 수원중앙기독학교 기획국장 재임시절 학교 사례를 들어 발제한 내용임.

의 허가를 받아야 한다.

1) 학교법인 설립인가 허가 신청

학교법인의 설립의 허가 신청은 매년 3월 말일까지 관할 교육청에 신청을 하여야 하며, 학교법인 설립에 필요한 제반 서류는 다음 각 호와 같다.

① 설립취지서 1부

학교법인이 설립하고자 하는 학교에서 지향하는 교육의 방향성을 정확하게 규정한 것으로 법인의 설립이념과 부합하여야 한다.

② 정관 2부

사립학교를 운영하고자 하는 학교법인에 가장 기본이 되는 규정이다. 정관에 규정한 것은 법률적인 보호를 받을 수 있으며, 최초 제정 시에는 관할 교육청의 승인을 받아야 하고, 정관의 변경사유가 발생할 시에는 이사회의 의결을 거쳐 교육청의 변경 허가를 받아야 한다.

③ 재산목록 1부

학교법인이 사립학교를 설립하여 운영하기 위해서는 법률에 의하여 규정된 재산을 보유하여야 한다. 이 재산은 크게 교육용 기본재산과 수익용 기본재산으로 분류된다.

가) 교육용 기본재산

교육용 기본재산은 글자 그대로 교육을 위하여 반드시 있어야 하는 재산으로 학교 설립 시 학교 건물을 짓기 위해서 필요한 토지 등을 말한다. 학교의 교육용 기본재산으로 등록하기 위해서는 해당 토지의 용도를 '학교용지'로 변경하여야 하며, 이 경우 학교법인만이 학교용지로 분류된 토지를 매입할 수 있다. 교육용 기본재산으로 규정된 학교의 교사 및 교지는 학교를 설치 운영하는 법인의 소유이어야 하며, 교지 안에는 학교법인 외의 자가 소유하는 건축물을 둘 수 없다. 교육용 기본재산은 크게 학생들이 수업을 할 수 있는 교사건물과 체육장으로 나눌 수 있는데, 교육용 기본 재산의 확보 기준은 해당 학교의 학생 총 정원수를 기준으로 정해지며, 동일 구역 내에 2개 이상의 학교가 운영될 경우 운영하는 모든 학교의 학생 총 정원을 기준으로 최상급 학교의 기준을 충족하여야 한다.

교사의 기준 면적

(단위 : ㎡)

학교	학생수별 기준 면적		
유치원	40명 이하	41명 이상	
	5N	80+3N	
초등학교·공민학교 및 이에 준하는 각종학교	240명 이하	241명 이상 960명 이하	961명 이상
	7N	720+4N	1,680+3N
중학교·고등공민학교·기술학교 및 이에 준하는 각종학교	120명 이하	121명 이상 720명 이하	721명 이상
	14N	1,080+5N	1,800+4N

학교	계열별	120명 이하	121명 이상 720명 이하	721명 이상
고등학교·고등기술학교 이에 준하는 각종학교	인문계열	14N	960+6N	1,680+5N
	전문계열		720+8N	2,160+6N
	예·체능계열		480+10N	1,920+8N

예: 정원 1,200명인 초등학교 - 1,680 + 3*1,200 = 5,280 m² (약 1,600평)

체육장의 기준 면적 (제5조 제2항 관련)

(단위 : m²)

학교	학생수별 기준 면적		
유치원	40명 이하	41명 이상	
	160	120+N	
초등학교·공민학교 및 이에 준하는 각종학교	600명 이하	601명 이상 1,800명 이하	1,801명 이상
	3,000	1,800+2N	3,600+N
중학교·고등공민학교·기술학교 및 이에 준하는 각종학교	600명 이하	601명 이상 1,800명 이하	1,801명 이상
	4,200	3,000+2N	4,800+N
고등학교·고등기술학교 및 이에 준하는 각종학교	600명 이하	601명 이상 1,800명 이하	1,801명 이상
	4,800	3,600+2N	5,400+N

예: 정원 1,200명 인 초등학교 - 1,800 + 2*1,200 = 4,200 m² (약 1,270평)

나) 수익용 기본재산

수익용 기본재산은 학교 설립 후 학교를 운영하는 데 도움을 주기 위하여 필요한 재원을 조달할 수 있는 일정액 이상의 자산을 의미한다. 부동산이나 동산 모두 가능하며, 학교에 재정적인 지원을 할 수 있는 일정액의 수익을 창출하여야 한다. 이 수익용 기본 재산을 통해 창출된 수익의 80% 이상을 반드시 학교로 지원해 주어야 하며, 현금예금으로 수익용 기본재산을 확보할 경우 법인 산하 학교의 1년 예산 중 법인 전입금과 수익자부담경비를 제외한 총예산의 50%에 해당하는 금액을 확보하여야 한다.

수익용 기본재산
= {총 예산 - (법인전입금+원조보조금+학교운영지원비)} × 50%

④ 재산 출연증서 1부
학교법인에 출연하고자 하는 재산은 출연자로부터 출연하고자 하는 자산의 내역을 공증받아 제출하여야 한다.

⑤ 재산출연자의 인감증명 1부
학교법인에 재산을 출연한 출연자 모두의 인감증명을 제출하여야 한다.

⑥ 재산의 소유권증명(등기부 등본) 1부
기본적으로 학교법인이 운영하고자 하는 학교의 재산은 학교법인의 소유이어야 한다. 단 부득이한 사유로 일부의 토지에 대한 소유권을 확보하지 못한 경우 실제 소유주로부터 사용승인을 받아 관할 교육청에 제출하여야 한다.

⑦ 재산의 평가조서 1부

학교를 운영하기 위하여 출연된 재산의 현재 가치를 정확하게 파악하여야 한다. 토지, 건물 등 부동산의 경우 감정가로 재산의 가치를 평가하여야 하며, 유가증권의 경우 일정 시점의 시가로 평가하여 학교법인의 실재 재산을 평가하는 것이다. 이때 산정된 재산의 평가액은 학교법인 자본금의 개념으로 법인등기부 등본에 재산총액의 기본 자료로 활용한다.

⑧ 재산의 수익조서 1부

수익용 기본재산으로 등록한 재산으로부터 창출될 수 있는 수익 예상액을 근거로 하여 학교의 운영경비도 충당 가능한 금액을 산출하여야 한다.

⑨ 임원의 이력서 1부
⑩ 민간인 신원진술서 5부
⑪ 임원의 취임승낙서 1부
⑫ 임원의 호적등본 2부
⑬ 임원상호간 특수관계부존재각서 1부
⑭ 설립 후 3년간의 사업계획서(예산서 첨부) 1부

학교법인은 설립, 운영하고자 하는 학교의 3년간의 예산서를 첨부하여 계획서를 작성하여야 한다. 이 학교는 이 예산서를 토대로 하여 입학금과 수업료 등을 산정하며, 운영하고자 하는 학교의 전 학년 교육과정에 대한 계획서를 작성하여야 한다. 이 사업계획서에는 교육과정 운영내용 등 학교를 설립하여 운영하는 데 필요한 가장 기본적인 계획을 수립하여야 한다.

2) 학교설립계획승인 신청

학교를 설립하고자 하는 법인은 학교법인설립신청과 동시에 '학교설립계획승인신청'을 하여야 한다. 학교설립계획승인은 학교법인이 법인설립 후 인가를 받아 운영할 학교의 설립에 대해서 사전 승인을 득하여야 하는 절차이다. 이때 관할 교육청은 법인이 설립하고자 하는 학교입지의 적합성과 설립 계획의 타당성을 검토한 후 설립계획승인 및 학교법인 설립허가 통지를 함으로써 학교법인이 학교설립인가 신청을 할 수 있도록 한다. 학교설립계획승인 신청 시 필요한 서류는 아래와 같으며, 구체적이고 정확한 예측이 가능하도록 준비하여야 한다.

- 학교설립계획승인신청 시 구비서류
- 교지확보계획서
- 교사건축계획서
- 소요경비조달계획서
- 설립자의 이력서 및 재산명세서 및 재산확보계획서
- 수익용 기본재산 확보계획서
- 학교헌장(특성화고, 특목고) 해당
- 교육과정 내용 및 학교운영계획에 대한 서류

3) 학교설립인가 신청

학교법인은 법인설립 허가와 학교설립계획 승인을 득한 후 개교 예정 6개월 전까지 광역시, 도 교육청에 학교설립인가신청서를 접수하여야 한다. 학교설립인가의 절차는 학교설립계획승인신청 때 제출했던 자료들을 근거로 하여 계획이 실제적으로 진행되고 있는지, 추가적으로 보완이 필요한지 등을 검토한 후 학교설립인가여부를 결정하는데, 관할 교육청은 정부에서 발행하는 관보에 사립학교 설립인가에 관한 사항을 게재하는 '지정, 고시'의 과정을 거친 후 학교 개교 예정일 3개월 전에 학교설립인가를 할 수 있다.

- 사립학교 설립인가신청 시 구비서류
- 교지확보명세서 1부
- 교사건축 및 확보계획서 1부
- 교지의 지적도 1부
- 교사(체육장 포함)의 배치도·평면도 1부
- 수익용 기본재산 확보명세서 1부
- 교육시설·설비 등 확보현황 및 확보계획 1부
- 운영경비와 유지방법에 관한 서류 1부
- 교직원확보현황 및 확보계획 1부
- 학칙 1부
- 학교헌장 1부
- 기타참고자료
- 교육계획서(안) 1부
- 교육과정편성·운영계획 1부

3. 학교법인의 필요성

학교를 설립·운영하기 위하여 학교법인의 설립은 반드시 선행되어야 한다. 학교법인의 상설기구인 이사회가 사립학교를 운영하기 위한 최고 의사결정기관이기 때문이다. 일반적인 사립 중, 고등학교는 교육청으로부터 교직원들의 인건비 전액을 지원받고 있다. 그리고 학생들에게 일정한 금액의 수업료나 학교운영지원비를 징수하고 있다. 그러나 교육청에서 지원받고 있는 인건비나 학생들에게 징수하고 있는 수업료만으로는 사립학교를 효과적으로 운영하기 어려운 것이 현실이다. 학교법인의 역할은 운영하고 있는 학교의 부족한 재정적 필요를 채워 주고, 학교운영에 필요한 지원을 하는 것이다. 이러한 현실에서 학교법인은 사립학교운영을 위하여 반드시 필요한 법률적 기관이다. 학교법인의 존재는 학교를 설립자의 학교설립취지대로 교육할 수 있게 하기도 하고, 학교운영의 구심점이 되기도 한다.

교회 내에 〈학교설립준비위원회〉를 만들 때 고려할 점들

이종철(기독교학교교육연구소 연구원, 전 높은뜻숭의교회 기독교학교 준비부 총무)

1. 학교설립을 위한 중장기 계획

교회가 기독교학교를 설립한다고 할 때, 그 학교는 그냥 '학교를 위한 또 하나의 학교'가 되어서는 안 될 것이다. 교회 건물이 있다고 '교회'가 아닌 것처럼, 학교도 '견고한 교육공동체'가 되지 못하면 그냥 그런 학교에 머무르고 만다. 우리가 꿈꾸는 학교는 그런 학교가 아니라, 주님 안에서 참 교육의 모습을 회복한 학교이고, 학교구성원들이 진정한 교육공동체를 이룬 학교이며, 한국사회와 한국교회의 미래를 준비하는 학교이다. 그러하기에 이러한 학교를 세워갈 때, 체계적인 중장기 계획이 필요하다. 새롭게 생겨나는 기독교학교들 중에는 충분한 준비 없이 설립되어 몇 년을 넘기지 못하고 문을 닫거나, 큰 혼란을 겪는 학교들도 있는데, 그로 인해 아이들이 입을 피해를 생각하면 이는 너무 무책임한 행동이 아닐 수 없다. 그러므로 교회가 설립할 기독교학교는 충분한 준비과정을 거쳐서 시작해야 한다. 우리 주님도 어떤 일에 뛰어들고자 할 때, 충분한 준비로 계산해 보고 행할 것을 말씀하고 계신다(눅

14:28-30). 이 글에서는 준비과정에서 어떤 것들을 해야 하는지 하나씩 구체적으로 다루고자 한다.

1) 학교의 목적을 분명하게 하기

"하나님께서 우리에게 주신 소명은 무엇인가? 누구를 대상으로 어떤 학교를 할 것인가?"

기독교학교의 설립은 '하나님께서 이 학교에게 주신 특별한 부르심이 무엇인지를 명확하게 하는 것'에서부터 시작한다. 한 개인이 일생에서 소명을 발견하는 것이 중요한 것처럼, 학교도 마찬가지다. 모든 선하고 옳은 일이 다 우리의 소명이 아니기 때문에, 하나님께서 특별히 구별하여 우리에게 맡기신 소명이 무엇인지를 분명히 하고 그것에 집중하는 것이 옳다.

기독교학교의 스펙트럼이 매우 넓기 때문에, 다양한 필요와 목적이 학교에 요청될 수 있다. 학교의 소명이 무엇인지에 대한 명확한 구분이 없으면, 다양한 필요들이 학교에 계속 더해져 학교의 목적을 흐리게 만들 수 있으며, 서로 상치되는 목적이 동시에 추구되어 종국에는 학교가 갈 길을 잃어버릴 수도 있다. 예를 들어, '장애인을 위한 학교'에 대한 소명을 받은 학교가, 또 다른 필요, 예를 들어 '조기영어교육에 대한 필요'를 발견했다고 하면, 두 가지 학교의 목표를 병행할 수도 있지만, 이로 인해 본래의 목적이 흐려지거나, 두 목표가 상치되어 공존하기 어려워지는 상황에까지 이를 수도 있다. 학교구성원들의 생각도 다양하기 때문에, 학교의 목적을 분명하게 하지 않으면, 계속해서 여러 가지 옳은 (그러나 학교의 소명은 아닌) 제안들이 쏟아지게 되는 것이다.

소명은 설립의 출발점일 뿐만 아니라, 의사결정의 근간이기도 하다. 여러 가지 현실적인 문제들을 맞이할 때마다, '그 소명에 확신을 지닌 공동체'는 '소명-중심적 결정'을 담대히 내릴 수 있고, 학교를 '소명-중심의 학교'로 흔들림 없이 세우게 된다.[29]

이 소명을 구성하는 중요한 요소 중의 하나는 바로 '교육의 대상을 정하는 것'이다. 대상에 따라 앞으로 세워질 학교의 '교육과정'과, 초빙될 '교사'의 성격과, '건축 양식' 등이 달라진다. 특히 어느 연령대를 대상으로 할 것인가 하는 문제에 주목할 필요가 있는데, 일관된 교육을 위하여 12학년제를 모두 한다고 하더라도, 최초에 어느 연령대에서 시작해서 어디까지를 대상으로 할 것인지, 교회 자원의 한계를 고려하여 결정하여야 한다. 이 결정이 조기에 요구되는 이유는 이것이 그 이후에 준비해야 할 많은 것들의 방향을 결정하기 때문이다. 한 교회에서 세운 학교의 경우, 이 연령대를 '중등학교'로 생각하고 수년간 학교를 준비해 오다가, 마지막에 개교 1년도 채 남기지 않고 '초등학교'로 조정하여 개교하는 바람에, 그 준비정도가 충분하지 못하게 되어 학교가 여러 어려움을 겪기도 하였다. 성급한 학교의 개교는 학교구성원 모두에게 '학교의 교육철학에 대한 이해 부족'을 가져왔고, '교육과정 준비 부족'의 결과를 낳아, 후에 갈등의 원인이 되었다.[30]

이처럼 학교가 구체적으로 섬기고자 하는 대상을 명확히 하고, 학교가 '할 일'과 '하지 않아도 될 일'을 명확히 구분하는 것이 매우 중요하다. 이 학교를 통해 모든 것을 할 수는 없다는 것을 인식하는 것은 지혜로운 일이며, 집중해야 할 소명을 붙드는 것은 견고한 교육공동체

---

29) 신기영(2001), "2001 비영리단체 경영 컨퍼런스 - 교육법인에 대한 나눔" 원고에서 발췌.
30) 기독교학교교육연구소(2007), '한국교회 100교회 초청 기독교학교 설립세미나' 자료집. p. 20, p. 23.

에 필수적인 일이다. 학교를 설립하고자 한다면, 이 질문에 대한 답을 가장 먼저 분명하게 하기를 권하고 싶다.

2) 소명의 확산과 공유

기독교학교의 소명은 학교의 존재이유와 목적을 결정하는 중요한 요소이다. 그리고 '이 소명이 어떻게 계승되며 유지되는가?' 하는 것은 기독교학교의 존립을 결정한다. 소명이 명확하고, 그 소명이 학교공동체 안에서 역동적으로 작용하며, 구성원들이 한결같이 이 소명을 공유한다면, 생명력 넘치는 학교가 될 수 있다. 이 소명이 학교구성원들과 이를 지원할 교회에 확산되고 공유될 때, 진정 견고한 교육공동체로 준비되는 것이다. 님의 소명으로 살아산다는 것이 얼마나 힘든 일인가? 이 학교의 소명이 단순히 이사장의 소명이거나, 초대 교장의 소명에 머무르지 않도록 하여야 한다.

이 소명이 없으면 기독교학교의 정체성은 상실되고(잠 29:18), 교육의 방향은 혼란스러워진다. 실제로 학부모의 세속적인 믿음, 교회로부터의 부당한 간섭, 부실한 학교 재정, 학교 내의 세속적 가치 증대, 동일한 신앙을 고백하지 못하는 교사들, 학교의 소명과 학부모의 생각의 충돌, 학교장의 소명의식 허약 등으로 학교의 소명은 약화된다. 이렇게 되면 학교는 기독교학교로서 마땅히 감당해야 할 책무를 수행하기보다는 일반학교처럼 세속적인 가치를 추구하는 일에 몰두하게 된다. 교사들은 매너리즘에 빠지게 되고, 교육적 열정은 점차로 식어진다. 이런 교사들의 모습은 물론 아이들의 삶에 영향을 끼친다. 학교의 정체성 상실은 바로 이 소명의 결여에서부터 비롯된다.[31]

---

31) 기독교대안교육협의회(2004), "기독교학교 설립 매뉴얼", 기독교대안교육협의회. pp. 22-23

그러므로 기독교학교의 성패를 좌우하는 가장 핵심적인 요소는 분명한 학교의 소명이며, 그 소명에 사로잡혀 기독교학교를 기독교학교답게 만들어 갈 수 있는 학교구성원들이다. 그중에서도 '교사', '학교행정가', '학부모'의 준비가 필수적이며, 학교를 지원하는 '교회와 목회자들'도 같은 마음으로 준비되어야 한다.

① 교사

학교에서 교육되는 모든 진리는 교사라는 인격을 통해서 아이들에게 교육되고, 아이들은 교사의 인격과 세계관, 가치관이 담겨 있는 가르침을 통하여 창조주 하나님에 대한 경외심과 감사와 사랑, 봉사를 깊이 경험한다. 따라서 기독교사 없이는 기독교교육이 이루어지지 않을 뿐만 아니라, 기독교학교도 존재하지 않는다. 그러므로 성경적 세계관에 무장된 교사는 기독교학교의 필수요소이다.[32]

그중에서도 특히 학교의 교육철학과 목표에 공감하고 헌신되어 있는 준비된 교사들이 하나의 팀워크를 갖춘 후에 학교를 시작하는 것이 필요하다. 두레교회에서 세운 두레학교의 경우가 좋은 예가 될 수 있는데, 이 학교의 모태는 '두레기독교사모임'이었다. 교사들이 함께 모여 관련된 책을 읽고 토론하며, 그들이 꿈꾸던 학교와 유사한 외국 학교들을 탐방해 보는 과정을 통해서, 하나의 온전한 팀워크를 구축해 나갔다. 그러했기에 그들은 초등교사라는 안정된 직업을 누리고 있었음에도 불구하고, 모든 권리를 내려놓고 학교를 사직하여 이 학교에 헌신을 할 수 있었던 것이다. 이것이 두레학교 교사들의 '소명에 대한 헌신'을 보여 주는 대표적인 모습이라고 할 수 있다.[33] 성공적인 기독교학교 설

---

32) ibid, pp. 27
33) 신현호(2007), "예수님의 가르침 그대로 - 두레학교", 기독교학교교육연구소 주최 '한국교

립을 위해서는 두레학교 교사들과 같이 기독교사들이 한 소명으로 준비되는 과정이 필수적이다. 개교 직전에 교사들을 선발하여 개교 이후에 팀워크를 만들어 가려고 하는 많은 학교들이 겪는 어려움을 생각해 볼 때, 두레학교의 사례는 더욱 우리에게 귀감이 된다.

② 리더십의 결정

소명의 확산과 공유과정에서 자연스럽게 결정되어야 할 것은, 이러한 학교의 철학을 가장 잘 이끌어 갈 수 있는 학교의 리더를 결정하는 문제이다. 사실 대부분의 기독교학교들은 강력한 리더에 의해 좌우되고 있다고 해도 과언이 아니다. 두레학교에는 정기원 선생님이라는 리더가 있고, 중앙기독초등학교에는 김요셉 목사님이라는 리더가 있으며, 부산 지구촌고등학교에는 신기영 박사님이라는 리더가 있다. 기독교학교설립준비위원회가 각 학교를 조사하고 살펴본 결과, 그분들의 '교육'과 '학교'에 대한 생각이 학교 구석구석에 녹아나 있는 것을 확인할 수 있었다. 리더는 이들처럼 영적으로, 인격적으로, 또 전문적으로도 실질적인 영향력을 나타내는 리더여야 한다. 물론 한 사람의 리더에 지나치게 의존하는 것 역시 좋지 않은 일이지만, 학교 초기에는 리더십이 견고하지 못하면 학교가 중심을 잡지 못하고 요동칠 가능성이 높기 때문에 확실한 리더를 얻는 일만큼 학교설립 준비에서 중요한 일은 없다.

학교의 소명을 명확히 하는 과정에서 리더십을 결정하는 것이 좋다. 마땅한 리더를 찾기 어렵기 때문에, 리더 결정을 '교사'와 '교육과정'을 준비하는 일 이후로 유보하고 싶은 욕구를 느낄 수도 있다. 최대한 마지막까지 리더 결정을 미루고 싶을지도 모른다. 그러나 이미 '교사'와

회 100교회 초청 기독교학교 설립세미나' 자료집. pp. 29-31

'교육과정'을 준비하는 동안에 (그 정도가 미미할지 몰라도), 누군가의 생각이 전체를 이끌고 있는 것이기 때문에, 그 이후에 리더를 결정하게 되면, 결정된 리더에 의해 '교사'와 '교육과정'이 다시 조정되어, 두 번 일을 하는 셈이 된다. 많은 경우 '학교설립을 주도하던 사람들'과 실제로 '학교에서 일하는 사람들'이 불일치하여 생기는 문제를 생각할 때, 리더의 선정은 좀 더 빠르게 이루어질 필요가 있으며, 그 리더가 '교사훈련'과 '교육과정 개발'을 주도하여야 한다.[34]

교회와 학교를 매우 긴밀하게 연결하여 운영한다 하더라도, 학교의 리더는 교회 목회자이기보다는 학교의 비전에 견고히 서 있는 교육전문가로 임명하는 것이 더 좋다. 리더는 성경적 통찰력을 지니며, 모범적인 그리스도인의 삶을 살 뿐만 아니라, 기독교학교의 기본, 목적, 실천에 대한 충분한 이해를 지니고 있어야 한다. 또한 3년에서 5년 정도의 장기와 1년의 단기간 내에 어떤 일이 학교에서 일어나기를 원하는가에 대한 비전과 통찰력을 지녀야 하며, 학교구성원들과 원활한 교류를 통해 기독교적 학교 풍토를 조성하고, 학교를 공동체로 세워 갈 수 있는 사람이어야 한다.[35]

③ 목회자 그룹

두레학교를 준비하고 설립·운영하는 과정에서 중요한 역할을 한 모임으로 '두레기독교사모임' 외에 '두레교회 교육목회팀'이 있었다. 보통 교회가 기독교학교를 세운다고 했을 때, 한 사람의 목회자에게 이 일을 전담하여 맡기기 쉽다. 그러나 두레교회의 경우는 달랐다. 한 사람

---

[34] 제임스 W. 브랠리 엮음, 한국기독교교육진흥원 옮김, 『기독교학교를 어떻게 시작할 것인가?』, (2006, CUP), pp. 170-171.
[35] 기독교대안교육협의회(2004), "기독교학교 설립 매뉴얼", 기독교대안교육협의회. pp. 101-102

의 목회자가 아니라 목회자 그룹이 이 일을 맡았기 때문에, 혹시 생길 한 사람의 공백에 영향을 받지 않을 수 있었고, 목회자 그룹이 일을 같이 진행했기 때문에, 교회 교역자들 사이에서 기독교학교가 공통된 관심사가 될 수 있었다. 뿐만 아니라 그들은 단순한 서포터가 아니라, 학교에 대한 비전에 공감하고 실제로 이 비전을 같이 만들어 간 사람들이었다는 점을 주목할 필요가 있다. 학교를 영적·정신적으로 이끌어 줘야 할 교회 목회자 그룹이 형성된다면, 한 사람의 목회자가 학교준비의 일을 맡는 것보다 훨씬 효과적일 것이다.

④ 교회(예비학부모 포함)

목회자 그룹뿐만 아니라, 교회의 목표도 기독교학교와 연결되어야 한다. 그러기 위해서는 먼저 기독교학교가 그 비전과 철학을 교회의 그것에 기초하여 세울 필요가 있다. 그랬을 때, 교회 내에 기독교학교의 필요에 대한 공감대가 형성되기 쉬우며, 교회 내의 예비학부모들도 같은 비전을 품을 수 있게 된다.

일반적으로 학부모들은 기독교학교의 필요에 일차적으로 동의하지만, 사실은 '기독교학교'를 원한다기보다, '성적을 잘 내는 학교'를 원하는 경향이 있다. 이는 훗날 학교의 방향을 흔드는 중요한 원인이 되므로, 교회는 성도들에게 학교의 비전에 대하여 철저하게 교육할 필요가 있다. 샘물교회의 경우는 교회 전체가 이러한 학교의 필요성에 대해 교육받고, 공감하는 시간들을 오래 가졌다. 그래서 학부모의 기독교학교에 대한 인식수준이 높은 상태에서 학교가 시작되었다. 사실 교회보다 앞서서 기독교교육의 필요성을 인식하고 깊은 연구를 진행한 성도 내의 자체적 그룹이 존재하기도 하였다. 박은조 담임목사님은 국내의 여러 기독교학교 지도자들과 함께 각종 세미나를 교회 내에 개최하였을 뿐만 아니라, 수없는 설교를 통해 기독교교육의 필요성과 기독교학교의 중요성을 교인들에게 전파하였다. 이런 과정에서 샘물학교는 '교회와 함께하는 학교', '학생과 학부모가 같이 자라가는 학교'로 그 모습을 설정하였으며, 그래서 더욱 든든히 서 갈 수 있었다.[36] 그러므로 학교가 본격적으로 준비되는 때부터는 교회 안에 기독교학교에 대한 충분한 공감대가 형성될 수 있도록, 담임목사님의 설교를 통해 교육하고, 국내외 기독교학교 지도자들을 모시고 전교인 대상 세미나를 여는 등의 노력이 필요하다.

3) 교사훈련과 교육과정 준비

학교의 철학을 세우고, 그것을 이끌어 갈 수 있는 리더를 결정하고 나면, 이제 이 학교의 철학에 기초하여 '교육과정'을 만들고, 그것을 가르칠 수 있는 '교사를 훈련하는 일'을 해야 한다. 학교의 필수 요소라면, 역시 '교사(가르칠 사람)'와 '교육과정(가르칠 내용)'을 들 수 있는데, 사실 이 둘은 따로 떼서 설명하기가 어렵다. '교사'가 곧 '교육과정'이기 때문이다. 예수님께서도 가르침을 받는 자들에게 말씀하실 때, 너희가 '내가 가르친 교육과정'과 같이 될 것이라 하지 않으시고, '나(예수=교사)'와 같이 되리라고 하셨다.[37]

'교육과정'에 대한 준비는 '기독교학교'를 준비하는 데 있어서 필수적이다. '교육목표'와 '교육과정' 사이의 괴리는 사실 많은 기독교학교들의 큰 약점이다. 미션스쿨들은 이 둘의 관계가 매우 형식적이며, 기

---

36) 임경근(2007), "신앙교육의 대안, 샘물기독학교", 기독교학교교육연구소 주최 '한국교회 100교회 초청 기독교학교 설립세미나' 자료집. pp. 65-69.
37) 리차드 에들린, 『기독교교육의 기초』, (그리심, 2004)..

독교학교들은 목표는 그럴듯하게 설정하지만, 교육과정이 그것을 따라가지 못한다. 그러므로 교사들의 '기독교적 교육과정 연구'는 학교설립 준비의 핵심 중의 핵심이다.

많은 학교들이 '기독교적 교육과정'의 필요성을 인식하면서도 마땅한 자료를 찾지 못하여 이 단계를 생략하고, 외국의 기독교학교 교과서를 그냥 가져오거나, 공교육의 교육과정을 그대로 사용하거나, 다른 기독교학교들의 사례를 조합하여 바로 학교를 개교하는 경향이 있다.[38] 그러나 그렇기 때문에 학교들이 초기에 많은 혼란을 겪게 된다. 가르칠 내용이 충분히 준비되지 않았기 때문이다. 오랫동안 학교의 비전을 견고하게 한 것으로 판단되는 한 학교의 경우에도, 그 비전을 준비한 기간에 비해 교육과정을 준비한 시간이 너무 적었다는 자평을 내리고 있으며, 또 다른 학교는 교육과정에 대한 다양한 연구와 시도를 하였지만, 최근 다시 교육과정 전체를 손보는 상황에 와 있다. 대표적인 기독교 대안학교들이 그렇다면, 다른 학교들은 말할 필요도 없다. 그런 의미에서 학교설립에 있어서 교육과정은 중요하기에 오랜 시간을 두고 준비해야 하는 것이다. 학교의 교육과정을 준비하는 방법은 여러 가지가 있을 수 있지만, 학교의 분명한 철학 위에, '국가 교육과정을 기독교적 관점으로 재해석'하여 사용하는 것을 제안하고 싶다. 기독교학교의 아이들에게 비기독교적인 내용은 빼고 가르치는 것보다 일반 학교에서 배우는 것들을 그대로 가르치면서도 그것을 기독교적으로 보고 해석하고 적용할 수 있는 힘을 길러 주는 것이 더 좋다고 여기기 때문이다. 성경적 관점을 따른 기독교학교는 인간의 삶을 배타적인 두 개의 영역으로 나누는 이원론적인 관점을 거부하기 때문에, 하나님이 배제된 세계관에서

---

38) 류은정(2007), "기독교 대안학교의 현황 분석", 기독교학교교육연구소 주최 '한국 기독교 대안학교의 현실과 과제' 세미나 자료집.

형성된 지식체계를 다시 성경과 하나님을 중심으로 재조직할 필요가 있다. 이화여대 부속초등학교에서 '창의적 문제 해결력'이라는 주제로 정규 교육과정을 재구성한 사례라든지, 명지고등학교에서 교사들이 직접 '교과서 새로 쓰기'를 한 것과 같은 사례에서 우리는 '교육과정 재구성'의 성공적인 결과들을 배울 수 있다. 힘든 과정이겠지만 교육과정을 다시 쓰면, 교사들의 전문성이 증가하며, 그 학교만의 고유한 교육과정을 만들 수 있다는 점에서 큰 유익이 있다.

교회가 기독교학교를 설립하고자 할 때, 교회가 지니고 있는 큰 장점 중의 하나는 교회 내에 교사 자원이 많다는 것이다. 교회가 이들과 함께 '기독교교육'과 '기독교학교', 그리고 '기독교적 교육과정'에 대해 연구해 가면서, 이 학교의 비전에 공감하고 헌신할 사람들을 찾아내고 키워 간다면, 이 과정을 통해서 '교사훈련'과 '교육과정 준비'가 동시에 이루어질 수 있다.

이렇게 교육과정을 준비하면서, 교사들과 함께 '계절(단기)학교' 혹은 '주말학교'를 실시해 보는 것도 좋을 것이다. 이는 교사들이 만든 교육과정을 검증하는 절차가 되기도 하고, 취학연령대의 아이를 키우고 있는 부모들에게 이 학교의 모습을 시범적으로 보여 주는 홍보의 효과를 내기도 한다. 이 일은 학교의 리더가 중심이 되어 '기독교학교 설립 준비위원회'에서 교회와 연계하여 실시하는 것이 좋겠다.

훗날 학교에서 일할 교사들이, 이 교육과정을 만드는 일에 동참하는 것이 좋다. 앞에서 언급한 것처럼 사실 '교육과정을 만드는 것'은 그 자체 이상의 효과를 지니기 때문이다. 교육과정을 만드는 과정에서, 교사들은 '교육과정'으로 빚어져 간다. 이렇게 하지 않고, '만들어진 교육과정'을 '새롭게 선발된 교사들'에게 교육해서 가르치게 한다면, 이중적인 일이 될 뿐만 아니라, 단기간에 교육과정이 교사 안에 내면화되지 않을 가능성이 높다. 앞에서 말한 명지고등학교의 경우, 박성수 교장이 부임하자마자 교사들과 함께 '교과서 다시 쓰기'를 시작하였다. 그 결과 '어렵고 함축적이었던 교과서'를 교사들이 세세하게 풀어내어 '두껍지만 친절한 교과서'로 바꿨다. 그래서 '명지고등학교만의 교과서'가 탄생하였고, 학생들은 이를 '보조 교과서'로 사용하면서 수업에 임하게 되었는데, 교사들은 이 과정을 거치면서 본인들이 가르치는 내용에 대해서 더 깊이 이해하게 되었고, 학생들은 교과서의 저자에게 직접 강의를 듣게 되면서 교사들을 신뢰하고 따르기 시작했고, 이로써 수업 효과가 달라졌다.[39] 이것이 바로 '교사'와 '교육과정'이 하나가 된 좋은 예라고 할 수 있다. 우리 교사들이 성경적인 세계관 위에 교과서를 다시 쓰는 과정을 같이 해 나갈 수만 있다면, 그것은 명지고등학교에서 얻은 효과 이상의 중요한 의미를 갖게 될 것이다.

4) 실제적인 준비

학교의 비전을 견고히 하고, 그 비전에 기초하여 교육과정을 준비하고, 교사를 훈련한 후에는 좀 더 실제적인 준비에 들어갈 수 있다. 앞에서 이미 논의한 것이지만 순서적으로 다음 절차는 '교회에 공감대를 형성하는 일'이다. 그동안의 노력의 결과들을 가지고 성도들에게 학교의 설립에 대해 구체적으로 알리고 성도들이 한 마음으로 이 일에 동참할 수 있도록 돕는 일을 진행해야 한다.

뿐만 아니라, 교회 내에 기독교학교 설립에 대해 명확한 관심을 표명한 가정의 수가 얼마인지, 학교가 설립될 지역의 다른 교회들의 관심

---

39) 임장혁 기자, "학교를 바꾼 리더십 ⑦ 서울 명지고 박성수 교장", 중앙일보 2007년 4월 28일 기사.

도와 지원 가능성은 어느 정도인지를 조사하고 확인할 필요도 있다. 필요하다면 성도들과 지역사회 주민들을 대상으로 설문조사를 실시할 수도 있다.

만약 정부 인가 학교가 되고자 한다면, '학교법인'을 세워야 하며, '학교인가'를 위한 공식적인 절차들을 밟아야 한다.[40] 이 과정에서는 해당 교육청과의 협의가 필요하다. 우리가 꿈꾸는 학교를 하기 위해서는 '학생선발권'과 '교육과정 편성권'을 가질 수 있어야 하기 때문에, 인가를 받고자 할 때 할 수 있는 학교의 경우가 제한적이며,[41] '기독교교육'을 표방하는 학교를 정부로부터 인가받는 것은 쉽지 않고, 시간이 오래 걸릴 수도 있다. 사립초등학교 개교에 대하여 해당교육청에 문의해 본 결과, 현재 있는 초등학교들도 학생 수가 부족하여 문을 닫는 상황이고, 또한 이미 의무교육이 되어 있어서 공립학교들로도 모든 학생들을 수용할 수 있는 상황이어서 사립초등학교 설립의 필요성을 못 느낀다는 부정적인 답변을 얻은 바 있다. 그러나 하나님께서 우리에게 주시는 소명이 분명하다면, 이러한 어려움들은 극복해 나갈 수 있을 것이라 생각된다.

학교의 건축은 앞에서 논의한 바와 같이 지역사회의 필요를 잘 반영한 형태로 설립하는 것이 좋겠다. 예를 들면 학교 내의 음악당, 체육관 시설, 학교 조경 등을 잘 조성해서 문화적 환경이 척박한 지역사회를 섬길 수 있을 것이다. 또한 공교육 내 학교로 설립한다면 당연한 일

---

40) 가장 기본적으로 인가를 위해서는 '교육용 기본재산'과 '수익용 기본재산'을 확보하여야 한다. '교육용 기본재산'은 학교건물을 짓기 위해 필요한 토지 등 교육을 위해 반드시 있어야 하는 재산을 말하며, '수익용 기본재산'은 학교 설립 후에 학교를 운영하는 데 도움을 주기 위해 필요한 재원을 조달할 수 있는 일정액 이상의 자산을 의미한다.
41) 사립 초등학교, 특성화 중고등학교, 자립형 사립 고등학교, 자율형 사립 고등학교, 비평준화 지역의 중등학교 등이 그나마 자율성을 확보가 유용한 경우의 수라 여겨진다.

이겠지만, 혹시 대안학교로 개교하더라도, 건축 시 학교 시설물에 대한 정부의 기준을 만족시키는 것이 좋겠다. 이것은 학생의 학습권과 관련되는 것으로, 아이들이 뛰어놀 운동장이라든지, 학생의 체형에 맞는 좋은 책걸상, 학생의 시력을 보호할 수 있는 적합한 조도 등이다.

학교 규모는 작을수록 좋다. 인격적인 교육이 가능하도록 하기 위해서는 1,000명 규모의 학교보다 300명 규모의 학교가 더 효과적이다.[42] 부득이하게 학교의 규모가 커진다면, 중앙기독초등학교와 같이 학년별로 학교를 나누어 운영하는 미니스쿨제도를 활용하는 것이 좋겠다. 미니스쿨 시스템은 학교의 실질적인 운영의 주체를 작은 단위로 나누어서 보다 전문적으로 교육하고 학교를 운영하고자 하는 것으로, 학교 전체를 대표하는 교장, 교감 제도가 있지만, 학년별로 필요한 교육 프로그램은 각각의 미니스쿨 팀장들에게 최종적인 결정 권한과 책임을 부여하는 방식이다.[43]

교회의 동의, 학교의 인가가 끝나고 건축에 들어가면, 본격적으로 이 학교에서 일할 '교사를 선발'하면 된다. 이때 앞에서 이미 훈련되고 교육과정을 같이 만든 경험이 있는 교사들 가운데 준비된 교사들을 중심으로 선발하는 것이 좋겠다.

학교에 관심을 가지는 학부모들을 위한 '학교홍보물'과 '전단지'를 만들고, 다양한 각도로 홍보하는 것도 중요하다.

이상을 종합하여 요약하면 아래 [표 1]과 같다.

---

42) 박은조(2007), "샘물기독학교 설립 이야기", 기독교학교교육연구소 주최 '한국교회 100교회 초청 기독교학교 설립세미나' 자료집. pp. 13. 참조.
43) 김상희(2007), "중앙기독초등학교 사례발표", 기독교학교교육연구소 주최 '한국교회 100교회 초청 기독교학교 설립세미나' 자료집. pp. 55-56.

업무	1	2	3	4	5	6	7
① 기독교학교 관련 연구, 자료 탐색 및 기본방향 수립	→	→	→				
② 학교설립을 위한 준비보고서 작성 및 중장기 계획 수립		→	→				
③ 학교철학, 교육이념, 인간상, 학교목표, 학교단계, 리더십 결정			→	→			
④ 학교에서 일할 예비교사 교육			→	→	→	→	→
⑤ 국가교육과정 분석 및 기독 교육과정 연구 및 수립			→	→	→	→	→
⑥ 주제별 교육캠프(계절학교) 실시			→	→	→	→	→
⑦ 법인설립 및 학교인가				→	→	→	

⑧ 학교설계 및 건축								→	→	→
⑨ 최종 교사 선발 및 신입생 선발								→	→	
⑩ 개교									→	→

⟨표1 기독교학교 설립의 중장기계획 제안⟩

2. 학교설립과 운영을 위한 교회의 지원

마지막으로 '학교의 설립과 운영을 위한 교회의 지원'에 대해서 논하고자 한다. 제일 중요한 것은 교회와 학교의 관계를 설정하는 일이다. 교회는 학교설립이 주체이며, 지속적인 영적·물질적 후원자가 되어야 하고, 학교는 미래 한국 사회 및 교회의 일꾼을 양성하여야 한다.[44]

교회와 학교의 관계를 주님 안에서 부모와 자식의 관계라 칭하여도 좋을지 모르겠다. 부모는 자식을 낳고 장성하게 키우는 일을 해야 한다. 그리고 궁극적으로는 독립할 수 있도록 도와야 한다. 부모는 자식에게 많은 투자를 하지만, 그렇다고 자식을 자기의 소유로 생각해서는 안 된다. 궁극적으로 우리 모두는 하나님의 소유이기 때문이다. 또 자식이 부모를 위해서만 존재하도록 해서도 안 된다. 자식이 하나님의

---

44) 강영택(2007), "기독교 대안학교의 향후 과제", 기독교학교교육연구소 주최 '한국 기독교 대안학교의 현실과 과제' 세미나 자료집.

통로로 잘 쓰임받는다면 부모는 그것으로 부모의 기쁨을 삼아야 한다. 오늘날 교회가 설립한 기독교학교의 문제 중의 하나는, 개교회의 이익을 위해 학교를 하는 경우가 많다는 것이다. 기독교학교를 교회성장의 도구로 생각하거나, 교회 성도들을 위한 서비스로만 생각해서는 안 된다. 좀 더 크고 넓게 하나님의 영광을 위해서, 세상을 위해서 교회는 학교를 키우고 지원해야 한다.

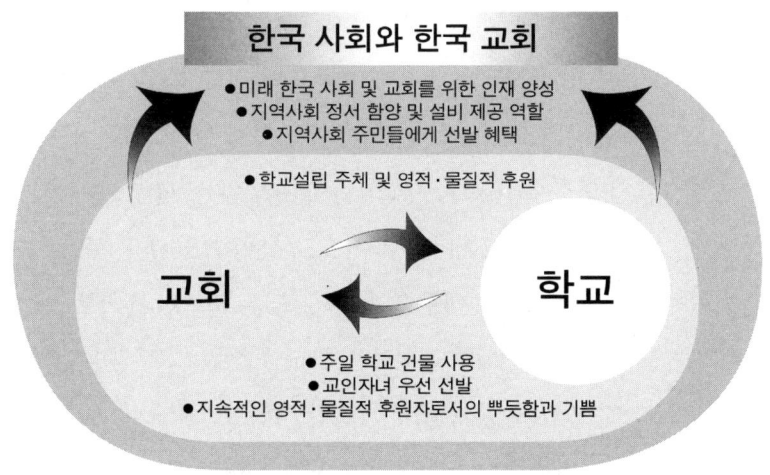

〈그림 1 학교설립 교회, 학교, 한국사회 및 한국교회의 관계〉

교회는 다음과 같은 사항에 대하여 학교를 지원할 필요가 있다.

첫째, 교회는 학교의 지속적인 영적·정신적 후원자이므로 학교를 교회의 공식 후원기관으로 공인한다. 그래서 성도들이 지속적인 기도 후원을 할 수 있도록 한다. 뿐만 아니라 교목 및 성경교사 약간 명을 교회가 월급을 지급하여 고용해서 파송해 주는 것이 좋다. 이들이 주일에는 교회에서도 일부 사역을 감당하도록 하여, 교회와 학교의 중요한 가

교역할을 할 수 있게 하는 것이 좋다. 또 교회는 학교 이사회의 1/3 이상의 이사를 파송하여, 학교를 관리·감독하고 지원하는 것이 좋다.

둘째, 교회는 학교를 건축하여야 한다. 설립 이후 건물은 교회가 아닌 학교법인의 소유로 하는 것이 좋다. 또한 교회가 주말에 학교건물을 같이 사용하고, 이에 대한 사용비 명목으로 학교에 관리비를 지원해 주는 것이 좋다.

셋째, 교회는 전체 학교운영을 위한 재정의 20% 이상을 지원하는 것이 필요하다. 아래 [표 2]에서 보는 바와 같이, 연간 학교를 운영하는데 대안학교는 5-10억, 사립 초등학교는 연 50억 정도, 특성화 학교는 15억 정도, 사립 고등학교는 50억 이상, 자립형 사립 고등학교는 85억 가까이 필요한 것으로 판단된다. 학교의 주요 수입원은 '학부모부담금', '정부지원금', '재단전입금', '기타수입' 등으로 볼 수 있는데, 정부가 지원하지 않는 학교유형일 경우, 대부분의 재정부담은 고스란히 학부모에게 맡겨진다. 그러므로 교회에서 운영하는 학교의 경우, 그 부담의 상당부분을 교회가 질 필요가 있다. 이에 자립형 사립 고등학교에 정부가 제안한 재단전입금 비율 20% 이상을 제안하는 바이다. 정부로부터 간섭받지 아니하는 기독교교육을 실시하기 위해서는 정부로부터 간섭받을 만한 재정을 받지 않는 것이 좋다. 이렇게 될 때, 학교재정의 상당부분은 학부모로부터 나와야 하기 때문에, 교회가 학교운영 재정의 20% 이상[45]을 지원해 주는 것이 도움이 된다. 20%를 교회가 지원하고, 학교가 자체적으로 '후원의 밤'과 '자체수익사업'으로 약간의 펀드레이징을 한다고 해도, 사실 학부모의 부담비용은 높은 편이라 할 수 있어, 그 비용을 감당치 못하는 저소득층의 자녀들에게는 학비가 진입장벽이 될 수

---

45) 이 비율은 정부가 자립형 사립고에 요구하는 재단 전입금 권장 비율이다.

있다. 그러므로 학교는 장학제도가 튼튼할 필요가 있다. 따라서 앞에서 논의한 20%의 학교운영 지원비와는 별도로 교회에서 장학금으로 지원해 주는 것이 좋겠다. 이를 위하여 교회 헌금 항목에 '기독교학교 장학금'을 표시하는 것도 한 가지 방법이라 여겨진다.

이때 학교가 교회에 줄 수 있는 혜택이라고 하는 것은 '주말 학교 시설 사용'과 '학교 학생 선발 시 교인 자녀 우선선발 비율 확보' 정도라고 할 수 있지만, 사실 이 학교의 든든한 후원자로서 학교 발전의 뿌듯함과 기쁨을 공유할 수 있다는 혜택이 더욱 크게 느껴지기를 기대한다.

(단위 : 천 원)

	A초	B초	C초	D초	E초
기준	2006 결산	2006 결산	2007 예산	2006 결산	2006 결산
학교 특성	대안	대안	사립초등	사립초등	공립
	교회 O	교회 O	교회 O	교회 X	교회 X
	건물 X	건물 X	건물 O	건물 O	건물 O
사용료 및 수수료[46]			3,161,295	2,617,280	1,030,040
			53.3	62.0	
학교운영 지원비[47]			2,000,445	1,374,121	
			33.7	32.6	
(학부모)	80.7	46.8	87.0	94.6	62.9
전입금 (법인)			613,078	36,335	0
	6.0	36.6	10.3	0.8	0
원조보조금 (정부)			103,269	77,102	588,355
	0	0	1.7	1.8	35.9

---

46) 입학금, 수업료 등
47) 수익자부담경비 - 특기적성교육, 급식, 교통, 기숙사 등 포함

기타수입[48] (후원)			50,000	17,836	12,385
	13.3	16.6	0.8	0.4	0.8
이월금			0	96,649	6,289
			0	2.3	0.4
세입합계 (1년운영비)	830,000	600,000	5,928088	4,219,323	1,637,069
	8억 3천	6억	59억	42억	16억

	F고	G고	H고	I고
기준	2006 예산	2005 예산	2006 결산	2005 결산
학교 특성	특성화고	사립 고등	자립형 사립고	자립형 사립고
	교회 X	교회 O	기업	기업
	건물 O	건물 O	건물 O	건물 O
사용료 및 수수료	225,223	2,351,899	1,340,047	1,393,103
	15.5	30.6	15.5	16.1
학교운영 지원비	418,831	3,459,347	2,133,225	5,089,524
	28.9	45.0	24.8	58.7
(학부모)	44.4	75.6	40.3	74.8
전입금 (법인)	10,259	140,871	5,035,111	2,117,949
	0.7	1.8	58.4	24.4
원조보조금 (정부)	792,110	1,717,288	99,702	8,879
	54.7	22.4	1.1	0.1
기타수입 (후원)	2,208	7,800	10,294	52,224
	0.2	0.1	0.1	0.6
이월금	1	3,000	6	10,294
	0	0	0	0.1
세입합계 (1년운영비)	1,448,632	7,680,205	8,618,385	8,671,972
	14억	76억	86억	86억

〈표 2 주요 학교 수입원 분석〉

---

48) 후원의밤 포함

3. 기독교학교 설립준비위원회 경험 나누기

2005년 6월 교회 안에 '기독교학교 설립준비위원회'가 최초로 구성되었다. 위원회는 2005년 9월 '높은뜻숭의교회 기독교학교 설립을 위한 세미나'를 개최하여, 교회 안에 관심 있는 성도들과 접촉하는 기회로 삼았다. 이 세미나는 김동호 목사님의 '학교설립에 관한 생각', 박상진 교수님의 '왜 기독교학교인가?'와 관련된 발표, 그리고 먼저 시작한 샘물교회의 '샘물기독학교 준비현황'에 대해 듣고 토론하는 시간으로 구성되었다. 기독교학교 위원회는 이날 세미나에 참석한 성도들을 대상으로 기독교학교 설립준비위원회(이하 '기학준')를 구성하였는데, 목회자, 교육학 전문가, 현직 교사, 대안학교 교사 등이 포함되었다. 이렇게 결성된 기학준은 2005년 11월 첫 모임을 시작하여, 2006년까지는 월 2회, 2007년부터는 매주 만나서 (모인 횟수는 총 50여 회에 이른다) 우리가 꿈꾸는 학교의 모습을 논의하였다. '북스터디', '관련 기관에서 주최하는 각종 세미나 및 컨퍼런스 참여', '기존의 기독교학교 탐방', '김동호 목사님과의 간담회', '학교에 대한 집중토론', '최종보고서 작성을 위한 프로젝트(기독교학교교육연구소에 의뢰, 책임연구: 강영택 박사)' 등으로 모임을 해 왔으며, 2008년부터는 '차세대 교육부' 아래 '기독교학교 준비부'를 만들어 교회 제직부서로 편입하였고, '높은뜻 기독교사 아카데미'를 시행하였다.

1) 기독교학교 설립준비위원회가 한 일

☞ 북스터디

책을 같이 읽으면서 공부하고 토론하는 시간, 기독교학교와 교육에 대한 기본적인 생각의 틀을 공유하는 데 도움이 된다.

① 『기독교 교육의 기초』(리처드 에들린)
② 『기독교적 세계관』(양승훈) ③ 『니고데모의 안경』(신국원)
④ 『크리스천 베이직』(김동호) ⑤ 『내게 행복을 주는 사람』(김동호)
⑥ 『두레학교 가는 길』(두레학교 출판부)
⑦ 『우리가 꿈꾸는 기독교학교』(기독교학교연구회) 등

☞ 담임목사님과의 만남

지난 4월 23일 기독교학교 설립준비위원회는 10가지 항목(학교의 교육철학과 기초, 학생선발, 교육과정, 학교규모와 재정, 학교와 교회의 관계, 학교와 지역사회의 관계, 등록금 및 장학금 문제, 학교와 학부모의 관계, 목사님과 학교의 관계, 기학준의 역할)에서 33가지 질문을 만들어 김동호 목사님과의 만남을 가졌다. 어떤 사람을 키우는 학교였으면 하는지에 대한 목사님의 말씀을 들었고, 구체적인 질문에 대한 답은 준비팀에서 해 달라고 하셨다.

☞ 기존 기독교학교 탐방과 학교 부지 방문

· 4월 27일 : 수원중앙기독초등학교 방문(수원중앙침례교회, 원천침례교회 설립)
→ 공교육 사립 초등학교, 이미 10여 년 역사와 전통이 있고, 인기가 있어 해마다 학생선발 시기에 경쟁률이 높다.
· 6월 3일 : 두레학교 방문(두레교회 설립)
→ 기독교 대안학교, 공교육을 포기하고 나온 현직 초등교사들이 중심이 되어 만들었다는 특징이 있다.
· 5월 20일 : 학교 부지방문 예배
→ 학교가 지어질 곳으로 예상되는 곳에 가서 예배를 드리고 왔다.

☞ 각종 세미나 참석

- 2006. 1. 6-7 : 기독교대안학교연맹 주최 컨퍼런스 참여
- 2006. 5. 22-23 : 기독교학교교육연구소 주최 ACSI 초청 세미나 참여
- 2006. 6. 27 : 기독교학교교육연구소 주최 에들린 초청 세미나 참여
- 2006. 8. 10-12 : 기독교학교교육연구소 주최 제1회 기독교사 컨퍼런스 참여
- 2006. 9. 23 : 기독교대안학교연맹과 기독교학교교육연구소 공동주최 세미나, 〈기독교대안학교평가, 어떻게 할 것인가?〉 참여
- 2006. 10. 21 : 기독교학교교육연구소 주최 학술대회 〈1907년 평양대부흥운동과 기독교학교〉 참여
- 2007. 1 : 기독교대안학교연맹 주최 컨퍼런스 참여
- 2007. 3. 31 : 기독교학교교육연구소 주최 세미나 〈한국 기독교 대안학교의 현실과 과제〉 참여
- 2007. 5. 7 : 기독교학교교육연구소 주최 세미나 〈기독교학교 설립 세미나〉 참여

☞ 우리가 꿈꾸는 '(가칭) 높은뜻 기독초등학교' 토론(워크숍)

- 2006. 2. 18 : 『기독교교육의 기초』(에들린) 4,5,11장 북스터디 후 첫 워크숍
  → 우리가 꿈꾸는 학교의 모습에 대해 토론
- 2006. 7. 15 : 『두레학교 가는 길』(두레학교 출판부), 『내게 행복을 주는 사람』(김동호), 『우리가 꿈꾸는 기독교학교』(기독교학교연구회) 북스터디 후
  → 우리가 꿈꾸는 높은뜻 기독초등학교(안) 발표 후 토론

☞ 교회에 제출할 '학교설립보고서' 제작

강영택 박사(기독교학교교육연구소 연구교수)와 함께 교회에 제출할 보고서를 작성하는 일에 착수함.

1장. 교회가 기독교학교를 설립해야 하는 필요성과 목적

    1) 성경적, 신학적 관점
    2) 한국 역사적 관점, 미국 역사적 관점
    3) 한국 사회적 관점

2장. 기독교학교의 교육철학과 목표

    1) 기독교학교의 교육철학
    2) 기독교학교의 교육목표

3장. 기독교학교의 교육과정

    1) 교육과정 구성의 방향
    2) 교육과정 구성의 방침
    3) 교육과정 편성 방안
    4) 교육내용 및 방법

4장. 기독교학교의 교사
    1) 기독교학교 교사관
    2) 기독교학교 교사 선발
    3) 기독교학교 교사 교육

6장. 기독교학교와 교회와의 관계

7장. 기독교학교와 사회와의 관계

    1) 학교와 사회와의 관계의 중요성
    2) 지역사회와 함께하는 기독교학교

8장. 학교설립의 로드맵

    1) 학교설립을 위한 중장기 계획
    2) 학교설립과 운영을 위한 교회의 지원

부록 2

대안학교 관련 법

꿈의학교 학생들

『초·중등교육법』 제60조의3

제60조의3 (대안학교)

① 학업을 중단하거나 개인적 특성에 맞는 교육을 받고자 하는 학생을 대상으로 현장 실습 등 체험 위주의 교육, 인성 위주의 교육 또는 개인의 소질·적성 개발 위주의 교육 등 다양한 교육을 실시하는 학교로서 제60조 제1항에 해당하는 학교(이하 '대안학교'라 한다)에 대하여는 제21조 제1항, 제23조 제2항·제3항, 제24조 내지 제26조, 제29조 및 제30조의4 내지 제30조의7의 규정을 적용하지 아니한다.

② 대안학교는 초등학교·중학교·고등학교의 과정을 통합하여 운영할 수 있다.

③ 대안학교의 설립기준·교육과정·수업연한·학력인정 그 밖에 설립·운영에 관하여 필요한 사항은 대통령령으로 정한다. [본조신설 2005.3.24]

_대안학교의 설립·운영에 관한 규정

[시행 2010.11.2] [대통령령 제22467호, 2010.11.2, 타법개정]

제1조 (목적) 이 영은 「초·중등교육법」 제60조의3에 따른 대안학교의 설립·운영에 관하여 필요한 사항을 규정함을 목적으로 한다.

제2조 (다른 법령과의 관계) 「고등학교 이하 각급 학교 설립·운영 규정」은 대안학교의 설립·운영에 대하여 적용하지 아니한다.

[전문개정 2009.11.5]

제3조 (시설·설비기준)

① 대안학교의 설립·운영에 필요한 시설·설비기준은 다음 각 호와 같다.

1. 안전·방음·환기·채광·소방 및 배수 등의 면에서 교수·학습에 적합한 교사[校舍(교실, 도서실 등 교수·학습활동에 직·간접적으로 필요한 시설물을 말한다)]

2. 배수가 잘 되는 옥외체육장

3. 학생의 통학에 지장이 없는 곳에 위치한 교지[校地(교사용 대지와 옥외체육장용 대지를 합한 용지를 말한다)]

4. 학습에 필요한 도서·기계·기구 등의 교구

5. 수질검사 결과 위생상 무해하다고 판명된 급수시설 및 온수를 공급할 수 있는 시설

② 제1항의 교사 및 옥외체육장의 기준 면적은 각각 별표 1 및 별표 2와 같다.

[전문개정 2009.11.5]

제3조의2 (사립 대안학교 교사·교지 등의 소유주체 등)

① 사립 대안학교의 교사 및 교지는 해당 대안학교를 설립·경영하는 자의 소유이어야 한다.

② 제1항에도 불구하고 대안학교의 정원을 기준으로 특별시·광역시·도 또는 특별자치도 교육감(이하 '교육감'이라 한다)이 정하여 고시하는 비율 이상의 「북한이탈주민의 보호 및 정착지원에 관한 법률」 제2조 제1호에 따른 북한이탈주민 및 그 자녀, 「다문화가족지원법」 제2조 제1호에 따른 다문화가족의 자녀, 「재한외국인 처우 기본법」 제2조 제1호에 따른 재한외국인의 자녀 또는 「초·중등교육법」(이하 '법'이라 한다) 제28조에 따른 학습부진아등을 교육대상으로 하는 대안학교를 설립하려는 자가 다음 각 호의 건물·시설 또는 부지를 교육감이 정하여 고시하는 기간 이상 임대하는 경우 그에 해당하는 교사와 교지의 요건을 갖춘 것으로 본다.

▫ 북한이탈주민의 보호 및 정착지원에 관한 법률

제2조 (정의) 이 법에서 사용하는 용어의 정의는 다음과 같다.

1. '북한이탈주민'이라 함은 북한에 주소·직계가족·배우자·직장 등을 두고 있는 자로서 북한을 벗어난 후 외국의 국적을 취득하지 아니한 자를 말한다.

▫ 다문화가족지원법

제2조 (정의) 이 법에서 사용하는 용어의 뜻은 다음과 같다.

1. '다문화가족'이란 다음 각 목의 어느 하나에 해당하는 가족을 말한다.
   가. 「재한외국인 처우 기본법」 제2조 제3호의 결혼이민자와 「국적법」 제2조에 따라 출생 시부터 대한민국 국적을 취득한 자로 이루어진 가족
   나. 「국적법」 제4조에 따라 귀화허가를 받은 자와 같은 법 제2조에 따라 출생 시부터 대한민국 국적을 취득한 자로 이루어진 가족

□ 초·중등교육법
제28조 (학습부진아등에 대한 교육) 국가 및 지방자치단체는 학습부진 또는 성격장애 등의 사유로 정상적인 학교생활을 하기 어려운 학생 및 학업을 중단한 학생들을 위하여 대통령령이 정하는 바에 의하여 수업일수 및 교육과정의 신축적 운영 등 교육상 필요한 시책을 강구하여야 한다.

1. 「폐교재산의 활용촉진을 위한 특별법」 제2조 제1호에 따른 폐교

□ 폐교재산의 활용촉진을 위한 특별법
제2조 (정의) 이 법에서 사용하는 용어의 정의는 다음 각 호와 같다.
  〈개정 2002.12.5, 2007.1.3, 2007.4.11〉
  1. '폐교'라 함은 「초·중등교육법」 제2조의 규정에 의한 학교로서 학생 수의 감소, 학교의 통폐합 등의 사유로 폐지된 공립학교를 말한다.

2. 교육감이 안정적 사용이 가능하고 교육상 지장이 없다고 판단하

는 건물이나 시설

③ 제1항에도 불구하고 대안학교를 설립하려는 자가 제3조의 기준에 적합한 국가나 지방자치단체의 일반재산을 분할 납부하는 조건으로 매입하는 경우 제1항의 요건을 갖춘 것으로 본다.

④ 제1항에도 불구하고 「도시공원 및 녹지 등에 관한 법률」 제2조 제1호에 따른 공원녹지 또는 국·공립 체육시설 등의 체육장 대용시설을 임대 등을 통하여 확보하는 경우로서 교육감이 안정적 사용이 가능하고 교육상 지장이 없다고 판단하는 때에는 제3조 제1항 제2호의 옥외체육장을 갖춘 것으로 본다.[본조신설 2009.11.5]

▫ 도시공원 및 녹지 등에 관한 법률

제2조 (정의) 이 법에서 사용하는 용어의 정의는 다음과 같다.

〈개정 2008.2.29〉

1. '공원녹지'라 함은 쾌적한 도시환경을 조성하고 시민의 휴식과 정서함양에 기여하는 다음 각목의 공간 또는 시설을 말한다.

   가. 도시공원·녹지·유원지·공공공지(공공공지) 및 저수지
   나. 도시자연공원구역
   다. 나무·잔디·꽃·지피식물(지피식물) 등의 식생(이하 '식생'이라 한다)이 자라는 공간
   라. 그 밖에 쾌적한 도시환경을 조성하고 시민의 휴식과 정서함양에 기여하는 공간 또는 시설로서 국토해양부령이 정하는 공간 또는 시설

제4조 (설립인가)

① 법 제4조 제2항에 따라 사립 대안학교의 설립인가를 받으려는 자는 다음 각 호의 사항이 기재된 서류를 갖추어 교육감에게 신청하여야 한다. 이 경우 교육감은 「전자정부법」 제21조 제1항에 따른 행정정보의 공동이용을 통하여 교지의 지적도를 확인하여야 한다. 〈개정 2008.12.31, 2009.11.5, 2010.5.4, 2010.11.2〉

1. 목적
2. 명칭
3. 위치
4. 학칙
5. 학교헌장
6. 경비와 유지방법
7. 설비
8. 삭제 〈2008.12.31〉
9. 교사(체육장을 포함한다)의 배치도·평면도
10. 개교연월일
11. 병설학교 등을 둘 때에는 그 계획서
12. 설립자가 법인인 경우에는 등기 및 출연금 등에 관한 서류
13. 설립자가 사인인 경우에는 경비지급 및 변제능력에 관한 서류
14. 교육과정 운영계획서
15. 교직원 배치계획서

② 교육감은 제1항에 따라 대안학교를 설립인가하는 경우 해당 학교의 교육과정 운영계획을 고려하여 그 대안학교를 졸업한 자에게 인정할 수 있는 학력을 설립인가서에 표시하여야 한다. 〈신설 2009.11.5〉

③ 법 제4조 제2항에 따라 사립 대안학교의 설립인가를 받으려는 자가 필요한 시설·설비를 갖추기 전에 대안학교 설립계획서를

교육감에게 제출하는 경우에는 교육감은 설립인가의 가능성 등 대안학교 설립을 위한 협의에 성실히 응하여야 한다. 〈신설 2009.11.5〉

□ 초·중등교육법

제4조 (학교의 설립 등)

① 학교를 설립하고자 하는 자는 시설·설비 등 대통령령이 정하는 설립기준을 갖추어야 한다.
② 사립학교를 설립하고자 하는 자는 특별시·광역시 또는 도 교육감(이하 교육감이라 한다)의 인가를 받아야 한다.
③ 사립학교를 설립·경영하는 자가 학교를 폐지하거나 대통령령이 정하는 중요사항을 변경하고자 하는 경우에는 교육감의 인가를 받아야 한다.

□ 검토결과

설립계획서 제출 : 「고등학교 이하 각급학교 설립·운영 규정(제15조 제2항)」 및 동 시행규칙(제2조)의 규정에 근거하고 있으나, 「대안학교의 설립·운영에 관한 규정」제2조 규정에 따른 적용 대상이 아님.

따라서 '설립계획서' 제출은 설립인가 신청인의 자율이며, 설립인가 신청만으로도 대안학교 설립이 가능.

④ 제3항에 따른 대안학교 설립계획서에 포함하여야 할 사항 등 협의에 필요한 사항은 교육감이 정하여 고시한다. 〈신설 2009.11.5〉

제5조 (대안학교설립운영위원회의 구성·운영)

① 대안학교의 설립·운영에 관한 중요사항을 심의하기 위하여 교육감 소속하에 대안학교설립운영위원회(이하 '위원회'라 한다)를 둔다.

② 위원회는 위원장, 부위원장 각 1명을 포함한 7명 이상 9명 이하의 위원으로 구성하되, 대안교육관련 전문가가 과반수가 되도록 하여야 한다.

③ 위원회의 위원장은 관할 시·도 교육청의 부교육감이 되고, 위원은 교육감이 위촉하며, 부위원장은 위원 중에서 호선(互選)한다.

④ 위원회는 위원장이 소집하고, 재적위원 과반수의 출석과 출석위원 과반수의 찬성으로 의결한다.

⑤ 위원회는 다음 각 호의 사항을 심의한다. 〈개정 2009.11.5〉

    1. 대안학교의 설립인가·변경인가 및 인가취소에 관한 사항
    2. 대안학교의 교육과정 운영 및 제4조 제2항에 따른 인정학력에 관한 사항
    3. 대안학교의 평가 및 운영 등에 관한 사항
    4. 이 영에서 심의하도록 한 사항
    5. 그 밖에 교육감이 필요하다고 인정하는 대안학교의 설립·운영에 관한 사항

⑥ 위원회의 구성·운영에 관하여 그 밖에 필요한 사항은 교육감이 따로 정한다.

제6조 (학력인정)

국·공립 대안학교를 졸업한 자와 제4조에 따라 설립인가를 받은 대안학교를 졸업한 자는 국·공립 대안학교의 설립 시 계획된 학교 급별 또는 사립 대안학교의 설립인가 시 표시된 인정학력에 따라 법 제2조의 초등학교·중학교 또는 고등학교 졸업 학력이 있는 것으로 본다.

[전문개정 2009.11.5]

제7조 (학기운영 및 학년제)

① 대안학교의 학기 운영은 학교교육과정을 고려하여 학칙으로 정한다.

② 대안학교의 장은 교육과정 운영상 필요한 경우에는 학년 구분 없이 교육과정을 운영할 수 있다.

제8조 (수업연한 및 수업일수)

① 대안학교의 수업연한은 법 제39조, 제42조 및 제46조 본문에 따른다. 〈개정 2009.11.5〉

> □ 초·중등교육법
>
> 제39조 (수업연한) 초등학교의 수업연한은 6년으로 한다.
>
> 제42조 (수업연한) 중학교의 수업연한은 3년으로 한다.
>
> 제46조 (수업연한) 고등학교의 수업연한은 3년으로 한다. 다만, 제49조의 규정에 의한 시간제 및 통신제과정의 수업연한은 4년으로 한다.

② 대안학교의 수업일수는 매 학년 180일 이상으로 한다.

제9조 (교육과정)

대안학교의 교육과정은 대안학교의 장이 학칙으로 정한다. 다만, 「초·중등교육법 시행령」 제43조에 따른 교과 중에서 국어 및 사회(중학교와 고등학교 과정의 사회 교과는 국사 또는 역사를 포함한다)를 교육과학기술부장관이 정한 교육과정상 수업시간 수의 100분의 50 이상을 운영하여야 한다.

[전문개정 2009.11.5]

> ▫ 초·중등교육법 시행령
>
> **제43조 (교과)**
> 법 제23조 제3항의 규정에 의한 학교의 교과는 다음 각 호와 같다.
> 〈개정 2001.1.29, 2003.1.29, 2008.2.29〉
> 1. 초등학교 및 공민학교 : 국어, 도덕, 사회, 수학, 과학, 실과, 체육, 음악, 미술 및 외국어(영어)와 교육과학기술부장관이 필요하다고 인정하는 교과
> 2. 중학교 및 고등공민학교 : 국어, 도덕, 사회, 수학, 과학, 기술·가정, 체육, 음악, 미술 및 외국어와 교육과학기술부장관이 필요하다고 인정하는 교과
> 3. 고등학교 : 국어, 도덕, 사회, 수학, 과학, 기술·가정, 체육, 음악, 미술 및 외국어와 교육과학기술부장관이 필요하다고 인정하는 교과
> 4. 특수학교 및 고등기술학교 : 교육과학기술부장관이 정하는 교과

제10조 (교과용 도서)

① 대안학교의 장은 「교과용도서에관한규정」에 따른 국정도서, 검정도서, 인정도서 중에서 선택하여 사용할 수 있다.

② 대안학교의 장은 자체 개발한 도서를 교과용으로 사용할 수 있다. 다만, 이 경우에는 해당 도서를 학교에 갖추어 두어야 한다.
 〈개정 2009.11.5〉

제10조의2 (교직원의 배치기준)

① 초등학교 과정의 대안학교에는 교장·교감을 포함하여 학급마다 교사 1명을 배치한다.

② 중·고등학교 과정의 대안학교에는 교장·교감 외에 3학급까지는 학급마다 2명의 교사를, 3학급을 초과할 때에는 1학급이 증가할 때마다 1명의 비율로 교사를 더 배치한다.

③ 학생 수가 100명 이하이거나 학급 수가 5학급 이하인 대안학교의 경우에는 교감을 두지 아니할 수 있다.

④ 법 제60조의3 제2항에 따라 통합하여 운영하는 대안학교의 경우에는 각 학교 급별 배치기준을 합한 기준을 적용하되, 학교운영 및 교육에 지장이 없는 범위에서 교직원을 겸임하게 하는 경우 각각의 교직원이 있는 것으로 본다.

⑤ 법 제19조 제2항에 따라 대안학교에는 직원을 1명 이상 둔다.

⑥ 초등학교 과정의 대안학교를 설립인가 하는 경우 교육감은 제1항에도 불구하고 대안학교의 소재지역, 교육대상 등을 고려하여 특히 필요한 경우에는 교육과학기술부장관과 협의하여 교직원의 배치기준을 완화할 수 있다.

⑦ 제1항부터 제4항까지의 규정에도 불구하고 그 배치기준에 따라 필요한 교원정원의 3분의 1 이내의 수를 법 제22조에 따른 산학겸임교사 등으로 대치할 수 있다.

[본조신설 2009.11.5]

□ 초·중등교육법 시행령

제19조 (교직원의 구분)

① 학교에 두는 교원은 다음 각 호와 같다. [개정 99·8·31]

1. 삭제 [2004.1.29 법률 제7120호(유아교육법)] [시행일 2005.1.30]
2. 초등학교·중학교·고등학교·공민학교·고등공민학교·고등기술학교 및 특수학교에는 교장·교감 및 교사를 둔다. 다만, 학생 수 100명 이하인 학교 또는 학급 수 5학급 이하인 학교 중 대통령령으로 정하는 일정규모 이하의 학교에는 교감을 두지 아니할 수 있다. [시행일 2000·3·1]
3. 각종학교에는 제1호 및 제2호의 규정에 준하여 필요한 교원을 둔다.

② 학교에는 교원 외에 학교운영에 필요한 행정직원등 직원을 둔다.

③ 학교에 두는 교원과 직원(이하 교직원이라 한다)의 정원·배치 기준 등에 관하여 필요한 사항은 대통령령으로 정한다.

제11조 (학교생활기록 및 건강검사기록 유지) 대안학교의 장은 다음 각 호 사항이 기록된 것으로서 학교의 학업 성취도 등 학생 생활에 관한 기록 및 「학교보건법」 제7조의3 제1항에 따른 건강검사기록 중 학생의 진학이나 전학에 필요한 내용을 적절한 방법으로 기록·관리할 수 있다.

  1. 인적사항
  2. 학적사항
  3. 출결상황
  4. 자격증 및 인증취득상황
  5. 교과학습발달상황
  6. 행동특성 및 종합의견

□ 학교보건법

제7조의3 (건강검사기록)

① 학교의 장은 제7조에 따라 건강검사를 하였을 때에는 그 결과를 교육과학기술부령으로 정하는 기준에 따라 작성·관리하여야 한다. 〈개정 2008.2.29〉

② 학교의 장이 제1항에 따라 건강검사 결과를 작성·관리할 때에 「초·중등교육법」 제30조의4에 따른 교육정보시스템을 이용하여 처리하여야 하는 자료는 다음과 같다. 〈개정 2008.2.29〉

　1. 인적사항
　2. 신체의 발달상황 및 능력
　3. 그 밖에 교육목적을 이루기 위하여 필요한 범위에서 교육과학기술부령으로 정하는 사항

③ 학교의 장은 소속 학교의 학생이 전출하거나 고등학교까지의 상급학교에 진학할 때에는 그 학교의 장에게 제1항에 따른 자료를 넘겨주어야 한다. [전문개정 2007.12.14]

제12조 (국·공립 대안학교의 위탁운영)

① 국·공립 대안학교의 설립자는 위탁운영계약을 통하여 「사립학교법」 제2조 제2항에 따른 학교법인과 그 밖에 안정적으로 대안교육을 실시할 수 있다고 판단되는 자에게 대안학교의 운영을 위탁할 수 있다.

② 국·공립 대안학교의 설립자가 대안학교를 제1항에 따라 위탁하여 운영하려는 때에는 위탁업무의 범위, 수탁법인의 선정절차 등이 포함된 위탁운영계획을 수립하고 이를 공고하여야 한다.

③ 제2항의 위탁운영계획을 수립할 때에는 다음 각 호의 사항이 달

성될 수 있도록 하여야 한다.
1. 대안학교운영의 안정적이고 계속적인 이행이 가능할 것
2. 대안학교운영의 책임체제가 명확할 것
3. 학생의 개인정보가 보호될 수 있도록 할 것

④ 공립 대안학교의 설립자가 제2항의 위탁운영계획을 수립할 때는 위원회의 심의를 거쳐야 한다.

⑤ 국·공립 대안학교의 설립자는 제1항에 따라 대안학교의 운영을 위탁하는 경우에는 다음 각 호에 관한 사항을 위탁계약의 내용에 포함하여야 한다.
1. 운영 위탁 대안학교의 명칭
2. 위탁 대상 업무 등 위탁의 범위
3. 위탁 계약기간
4. 위탁 계약기간의 수정·갱신에 관한 사항
5. 위탁계약의 해지에 관한 사항
6. 위탁계약 해지 시 업무처리에 관한 사항
7. 위탁운영 비용 지급에 관한 사항
8. 회계 구분에 관한 사항
9. 공무원인 교직원을 위탁운영하는 대안학교에 파견하는 경우 그 업무 구분에 관한 사항

⑥ 국·공립 대안학교의 설립자는 위탁운영계약을 체결하는 경우 수탁법인의 명칭, 위탁업무의 범위, 위탁운영 개시일자 등을 고시하여야 한다. 위탁계약이 해지되거나 변경된 때에도 또한 같다.

[본조신설 2009.11.5]

제13조 (다른 학교 학생의 위탁교육)

① 대안학교는 재학생 외에 다른 학교 학생을 위탁받아 대안교육을 할 수 있다.

② 제1항에 따른 위탁교육기간은 학교장 간 협의에 따라 정한다.

③ 제1항에 따라 위탁교육을 받은 학생은 위탁교육기간이 종료된 후 재학 중인 학교로 복귀하여야 한다.

④ 제3항에도 불구하고 위탁교육을 받은 학생이 원하는 경우 학교장 간 협의에 따라 위탁교육을 받은 대안학교로 전학할 수 있다. 이 경우 위탁교육을 받은 학생이 「교육기본법」 제8조에 따른 의무교육 대상자인 경우에는 보호자의 행방불명 등 부득이한 사유가 없으면 보호자의 동의가 있어야 한다.

□ 교육기본법

제8조 (의무교육)

① 의무교육은 6년의 초등교육과 3년의 중등교육으로 한다.

② 모든 국민은 제1항에 따른 의무교육을 받을 권리를 가진다.

---

⑤ 제1항부터 제4항까지에서 규정한 사항 외에 위탁교육을 받을 학생의 선정기준, 학사관리에 관한 사항 등 대안학교의 위탁교육에 필요한 사항은 교육감이 정하여 고시한다. [본조신설 2009.11.5]

제14조 (입학전형 등) 대안학교의 장은 입학전형 및 학생 선발시기에 관하여 필요한 사항을 학칙으로 정한다.

[본조신설 2009.11.5]

제15조 (보고) 대안학교의 장은 교육과학기술부장관 또는 교육감이 정하는 바에 따라 매년 4월 1일 현재의 시설·설비 및 교원 등의 보유 현황을 4월 30일까지 교육과학기술부장관 또는 교육감에게 보고하여야 한다.

[본조신설 2009.11.5]

부칙 〈제20116호, 2007.6.28〉
제1조 (시행일) 이 영은 공포한 날부터 시행한다.

제2조 (설립절차에 관한 경과조치)
① 2008학년도 제1학기 개교를 예정으로 이 영에 따른 대안학교를 설립하고자 하는 자는 고등학교 이하 각급학교 설립·운영에 관한 법령에 따른 시한에 불구하고 개교예정일 4개월 이전까지 학교설립계획서 제출과 학교법인 설립허가신청 및 학교설립인가신청을 함께할 수 있다.
② 교육감은 제1항에 따라 학교설립인가신청 등을 받은 때에는 고등학교 이하 각급학교 설립·운영에 관한 법령에 따른 시한에 불구하고 해당 학교의 개교 예정일 1개월 이전까지 승인·허가 및 인가여부를 신청인에게 통보하여야 한다.

제3조 (다른 법령의 개정) 초·중등교육법 시행령 일부를 다음과 같이 개정한다.

제96조 제1항에 제4호를 다음과 같이 신설한다.

4. 「대안학교의 설립·운영에 관한 규정」 제6조에 따라 초등학교 학력인정 지정을 받은 대안학교를 졸업한 자

제97조 제1항에 제6호를 다음과 같이 신설한다.
6. 「대안학교의 설립·운영에 관한 규정」 제6조에 따라 중학교 학력인정 지정을 받은 대안학교를 졸업한 자

제98조 제1항에 제8호를 다음과 같이 신설한다.
8. 「대안학교의 설립·운영에 관한 규정」 제6조에 따라 고등학교 학력인정 지정을 받은 대안학교를 졸업한 자

부칙 〈제20740호, 2008.2.29〉 **(교육과학기술부와 그 소속기관 직제)**
제1조(시행일) 이 영은 공포한 날부터 시행한다.
제2조부터 제6조까지 생략
제7조(다른 법령의 개정) ①부터 〈21〉까지 생략
〈22〉 대안학교의 설립·운영에 관한 규정 일부를 다음과 같이 개정한다.
제9조 제1항 단서 중 '교육인적자원부장관'을 '교육과학기술부장관'으로 한다.
〈23〉부터 〈102〉까지 생략

부칙 〈제21215호, 2008.12.31〉
(행정정보의 공동이용 및 문서감축을 위한 개별소비세법 시행령 등 일부개정령)
이 영은 공포한 날부터 시행한다.

부칙 〈제21809호, 2009.11.5〉

제1조 (시행일) 이 영은 공포한 날부터 시행한다.

제2조 (경과조치) 교육감은 이 영 시행 당시 종전의 규정에 따라 설립인가를 받은 대안학교가 제9조의 개정규정에 따른 교육과정을 충족하는 경우 제4조 제2항의 개정규정에 따라 해당 대안학교를 졸업한 자에게 인정할 수 있는 학력을 설립인가서에 표시하여 이를 재교부하여야 한다.

제3조 (다른 법령의 개정)
① 고등학교 이하 각급학교 설립·운영 규정 일부를 다음과 같이 개정한다.
제1조 중 '각종학교'를 '각종학교(대안학교는 제외한다)'로 한다.
② 초·중등교육법 시행령 일부를 다음과 같이 개정한다.

제96조 제1항 제4호 중 '초등학교 학력인정 지정을 받은 대안학교를 졸업한 자'를 '초등학교 과정 학력인정을 받은 자'로 한다.
제97조 제1항 제6호 중 '중학교 학력인정 지정을 받은 대안학교를 졸업한 자'를 '중학교 과정 학력인정을 받은 자'로 한다.
제98조 제1항 제8호 중 '고등학교 학력인정 지정을 받은 대안학교를 졸업한 자'를 '고등학교 과정 학력인정을 받은 자'로 한다.

별표2의 산학겸임교사란의 제1호 중 '특성화중학교 및 특성화고등학교'를 '특성화중학교, 특성화고등학교 및 대안학교'로 한다.

□ 초·중등교육법 시행령 [별표 2]

산학겸임교사	1. 전문대학 졸업자 또는 이와 동등 이상의 학력이 있는 자로서 산업체·공공기관·비영리기관 및 사회단체(특성화 중학교, 특성화 고등학교 및 대안학교의 경우에는 종교단체를 포함한다)에서 담당과목과 관련되는 분야의 직무에 3년 이상 근무한 자 2. 국가기술자격법에 의한 기술·기능분야의 산업기사 이상, 서비스분야 중 사업서비스의 전문사무분야 자격증소지자 또는 기타 서비스분야의 산업기사 이상의 자격증 소지자(자격기본법에 의한 민간자격소지자로서 임용권자가 이와 동등한 능력이 있다고 인정하는 자를 포함한다)로서 산업체에서 담당과목과 관련되는 분야의 직무에 3년 이상 근무한 자 3. 임용권자가 인정하는 국제대회 및 국내대회(문화예술·체육·기능 분야) 입상자로서 담당과목과 관련되는 분야의 직무에 3년 이상 근무한 자 4. 중요무형문화재의 보유자·전수교육 조교, 명장 등으로서 담당과목과 관련되는 분야의 전문성이 인정되는 자 5. 제1호 내지 제4호와 유사한 자격이 있는 자로서 교육감이 따로 정하는 자격기준에 해당하는 자
명예교사	학교운영위원회에서 정하는 자격기준에 해당하는 자. 다만, 학교운영위원회가 설치되지 아니한 학교의 경우에는 학칙 또는 학교법인의 정관 등이 정하는 자격기준에 해당하는 자
강사	1. 대학(유치원의 경우에는 전문대학을 포함한다)졸업자 또는 이와 동등 이상의 학력이 있는 자로서 담당과목과 동일 또는 유사한 과목을 전공한 자 2. 전문대학 졸업자 또는 이와 동등 이상의 학력이 있는 자로서 담당과목과 관련되는 분야에 2년 이상 실무경력이 있는 자 3. 고등학교 졸업자 또는 이와 동등 이상의 학력이 있는 자로서 담당과목과 관련되는 분야에 4년 이상 실무경력이 있는 자 4. 제1호 내지 제3호외의 자로서 교육감이 따로 정하는 자격기준에 해당하는 자

[별표 1] 〈신설 2009.11.5〉

교사의 기준 면적 (제3조 제2항 관련)

(단위 : ㎡)

학교	학생수별 기준 면적	
초등학교 과정 대안학교	120명 이하	121명 이상
	3.5×총학생 정원	120+2.5×총학생 정원
중학교 과정 대안학교	60명 이하	61명 이상
	7×총학생 정원	210+3.5×총학생 정원
고등학교 과정 대안학교	60명 이하	61명 이상
	7×총학생 정원	180+4×총학생 정원

비고

1. 총학생 정원은 각급학교의 전 학년의 학생정원을 말한다.
2. 「초·중등교육법」 제60조의3 제2항에 따라 통합하여 운영하는 대안학교의 경우에는 각 학교 급별 기준 면적을 합한 면적을 적용한다.

[별표 2] 〈신설 2009.11.5〉

옥외체육장의 기준 면적 (제3조 제2항 관련)

(단위 : ㎡)

학교	학생수별 기준 면적	
초등학교 과정 대안학교	120명 이하	121명 이상
	1,500	1,350+0.5×총학생 정원
중학교 과정 대안학교	60명 이하	61명 이상
	2,000	2,025+0.5×총학생 정원
고등학교 과정 대안학교	60명 이하	61명 이상
	2,000	2,325+0.5×총학생 정원

비고

1. 총학생 정원은 각급학교의 전 학년의 학생정원을 말한다.
2. 수영장·체육관·강당·무용실 등 실내체육시설이 있는 경우 실내체

육시설 바닥면적의 2배 면적은 제외할 수 있다.
3. 「초·중등교육법」 제60조의3 제2항에 따라 통합하여 운영하는 대안학교의 경우에는 총학생 정원을 최상급학교의 학생정원으로 보아 적용한다.

_시·도 교육청별 세부기준 예시: 서울시 교육청[49]

■ 서울특별시교육청고시 제2011-5호

「대안학교의 설립·운영에 관한 규정(대통령령 제22467호)」제3조의2(사립 대안학교 교사·교지 등의 소유주체 등), 제4조(설립인가), 제13조(다른 학교 학생의 위탁교육)에 의한 『서울특별시교육청 대안학교의 설립·운영 등에 관한 세부기준(서울특별시교육청고시 제2010-5호, 2010.3.18)』 일부를 붙임과 같이 보완 고시합니다.

2011년 7월 25일
서울특별시교육감

대안학교의 설립·운영 등에 관한 세부기준

제정 2010. 2.26   고시 제2010-4호
개정 2010. 3.18   고시 제2010-5호
개정 2011. 7.25   고시 제2011-5호

제1조(목적) 이 고시는 「대안학교의 설립·운영에 관한 규정」(이하 '규정'이라 한다) 제3조의2(사립 대안학교 교사·교지 등의 소유주체 등), 제4조(설립인가), 제13조(다른 학교 학생의 위탁교육)에서 정하는 기준을 정함을 목적으로 한다.

제2조(비율) 규정 제3조2 제2항에 따른 교육대상은 정원의 80% 이상이어야 한다.

---

49) 각 시, 도 교육청 홈페이지에서 검색이 가능하며, 교육청별로 약간의 차이가 있다.

제3조(임대기간) 규정 제3조2 제2항에 따른 임대기간은 10년 이상으로 한다.

제4조(설립계획서 포함사항) 규정 제4조 제4항에 따라 설립계획서에 포함할 사항은 [별표 1]과 같다.

제5조(위탁교육 대상자 선정) 규정 제13조 제5항에 따라 서울특별시교육청 관내 중·고등학교 재학생으로서 다음 각 호에 해당 되는 학생은 대안학교에서 위탁교육을 받을 수 있다.

1. 「초·중등교육법」 제28조에 근거해서 학습부진·성격장애 등의 사유로 정상적인 학교생활을 하기 어려운 학생 및 학업을 중단하고자 하는 학생
2. 학교 규정에 의하여 퇴학 처분의 징계를 받은 학생
3. 학교장이 교육 목적상 위탁교육이 필요하다고 인정하는 학생
4. 기타 세부 사항은 서울특별시교육청 「대안교육 대상 학생 위탁교육 운영 지침」을 따른다.

제6조(위탁교육 대상자의 학사관리 등) 규정 제13조 제5항에 따라 위탁교육 대상자의 학사관리 등은 서울특별시교육청 「대안교육 대상 학생 위탁교육 운영 지침」을 따른다.

부 칙

이 기준은 고시일로부터 시행한다.

[별표 1] 대안학교 설립계획서

대안학교 설립계획서

신청자 (설립 대표자)	① 성명	(한자)		
	② 주민등록번호	(직업)		
	③ 주소	(우)　　(주소)		
	④ 전화번호	(사무실)　　(자택)		
신청내용 (학교의 종별· 명칭 및 위치)	⑤ 학교종별	□ 초등학교　□ 중학교　□ 고등학교　□ 기타학교		
	⑥ 학교명칭	(가칭)　　　학교　(한자)		
	⑦ 학교위치	(우)　　(위치)		
	⑧ 전화번호	(주간)　　　　　(야간)		
	⑨ 법인명칭	학교법인　　학원　(한자)		
	⑩ 개설과정 및 학생 총정원	과 정	학급 수	학생총정원	비고
				입학정원	총정원	
	⑪ 개교예정일	년　월　일		

대안학교의 설립·운영에 관한 규정 제4조에 의하여 학교설립계획서를 제출합니다.

년　월　일

신청인　　　(서명 또는 날인)

서울특별시교육감 귀하

[붙임]

1. 학교 설립 목적
   ※ 별첨 서류
   - 설립자(법인대표자) 이력
   - 법인은 이사회 회의록(사본)
2. 학칙
3. 학교 헌장
4. 소요경비 조달 계획서
5. 운영경비와 유지방법 계획서
6. 교지 확보 계획서
7. 교사(校舍) 건축 계획서
8. 시설 확보 계획서
9. 교구·설비 확보 계획서
10. 교육과정 운영 계획서
11. 교직원 확보 계획서
12. 교육환경 평가서

1. 학교 설립 목적

```
                    (구체적으로 명기)
```

※ 별첨 서류

- 설립자(법인대표자) 이력
- 법인은 이사회 회의록(사본)

2. 학칙

학칙
○○ 학교
○○ 학교 학칙
제1장 총칙
제1조(목적) 제2조(명칭) 제3조(위치)
제2장 수업연한·학년·학기 및 휴업일
제4조(수업연한) 제5조(학년) 제6조(학기) 제7조(휴업일)
제3장 학급편제 및 학생 정원
제8조(학급 수) 제9조(학생정원)

제4장 교육과정, 교과·수업일수 및 고사와 과정 수료의 인정

제10조(교육과정)
제11조(교과·수업일수)
제12조(고사 및 과정 수료의 인정)

제5장 입학·재입학·편입학·전학·휴학·퇴학·수료·졸업 및 그 절차 등

제13조(입학)
제14조(재입학)
제15조(편입학)
제16조(전학)
제17조(휴학)
제18조(퇴학)
제19조(수료·졸업)

제6장 수업료, 입학금, 기타의 비용징수, 장학금

제20조(수업료, 입학금, 기타 비용징수)
제21조(장학금)

제7장 교원의 자격 및 임무에 관한 사항

제22조(교장 임무)
제23조(교원의 임용 기준 및 면직)

제8장 학생 포상 및 징계

제25조(징계)
제26조(퇴학처분)

제9장 보칙

제27조(학칙개정)
제28조(시행세칙) 이 학칙 시행에 필요한 사항은 학교장이 따로 정한다.

부칙

제1조(시행일) 이 학칙은   년   월   일부터 시행한다.

3. 학교 헌장

> 학교의 건학이념, 교육프로그램 등 학사운영계획, 교직원 인사행정, 재정운용 방안, 교육시설·설비확보계획, 교직원 및 학생의 복리후생, 학생지도, 학교의 장기발전계획 등을 포함

※ 고등학교이하 각급학교 설립·운영 규정 제16조 참조

4. 소요경비 조달 계획서

가. 총괄

(단위 : 천 원)

구 분	연도별 확보계획						비 고
	년		년		년		
	소요액	조달방법	소요액	조달방법	소요액	조달방법	
토지매입비							
토목공사비							
교사건축비							
실험실습 설비비							
교재교구 구입비							
체육장 시설비							
도서 및 비품 구입비							
계							

※ 조달방법은 별첨으로 기술하고 관계증빙서류 첨부

나. 소요금액 및 조달방안

(단위 : 천원)

구 분	소요금액	조달방안				
		현금	유가증권	부동산	기타	계
토지매입비						
토목공사비						
교사건축비						
실험실습 설비비						
교재교구 구입비						
체육장 시설비						
도서 및 비품 구입비						
.						
.						
.						
계						

※ 기타재산은 구체적인 재산내역 표시

다. 조달방안 재산내역

□ 현금 및 유가증권

(단위 : 천 원)

예금종류	금액	예금주	예치기관	잔고일시
계				

□ 부동산

(단위 : ㎡, 천 원)

소재지	지번	지목	지적	소유자	평가액	비고
계						

※ 별첨 : 예금잔액증명서, 감정평가서 및 공시지가 조서, 등기부등본, 재산출연증서 및 출연용 인감증명서, 각서 등 증빙서류

① 재산목록 : 별도 작성 첨부
② 소요경비 조달계획 합계액 ≥ 소요경비 내역 합계액

5. 운영경비와 유지방법 계획서

가. 유지방법 계획

나. 증빙서류 1 : 학교예산서 (3개년간)

□ 세입예산

관	항	목	년	년	년
계					

□ 세출예산

관	항	목	년	년	년
계					

다. 증빙서류 2

1) 설립자가 법인인 경우는 등기 및 출연금 등에 관한 서류
2) 설립자가 사인인 경우에는 경비의 지급 및 변제능력에 관한 서류

6. 교지(옥외체육장 포함) 확보 계획서

확보계획 토지현황					확보계획 면적 (m²)					지가 (천원)	근저당 등 설정액
소재지	지번	지목	등기상소유자	면적 (m²)	확보명의	확보방법			계		
						증여	매입	임대			
계											

[붙임]
1. 지가 산출기초 : 부동산가격공시 및 감정평가에 관한 법률에 의한 개별공시지가 또는 감정평가법인의 감정평가액, 지방세법에 의한 시가표준액 중 택일
2. 토지등기부등본, 토지대장, 토지이용계획확인서

7. 교사 건축 계획서

시설명	건물구조 개요	건축계획(㎡)		건축소요 추정금액 (천원)		비고
		건축면적	연면적	㎡당 단가	총소요액	
계						

[붙임]
교사배치도 및 평면도, 교사내용별 세부 확보계획, 시설·설비 확보계획

8. 시설 확보 계획서

구분	시설명	면적	소요 기준	연도별 확보계획		
				년	년	년

※ 보통교실 기준 면적 및 소요기준
 1. 보통교실 최소 기준 면적 : 25㎡ 이상(15명 기준)
 2. 소요기준 : 학급당 1실 이상
※ 보통교실을 제외한 기타 시설은 우리교육청에서 고시한 각급학교별「학교 교구·설비 기준」을 따를 것을 권장함
- 고시번호: 서울특별시교육청 제2004-5, 제2004-6, 제2004-7

9. 교구·설비 확보 계획서

교구명	규격	연도별 확보계획		
		년	년	년

※ 교구·설비 종목은 학교실정에 따라 설치하되 우리교육청에서 고시한 각급 학교별「학교 교구·설비 기준」참고
- 고시번호: 서울특별시교육청 제2004-5, 제2004-6, 제2004-7

[별첨] 대안학교 시설 및 교구·설비기준

가. 시설 기준

□ 공통

번호	시설명	면적(㎡)	소요기준	수용인원 (명)	비고
1	체육장				
2	보통교실	25 이상	학급당 1실 이상	실당 15명 기준	
3	특별교실 그 준비실				권장
4	시청각교실 그 준비실				권장
5	도서실				권장
6	보건실				권장

※ 체육장 면적은 대안학교의 설립·운영에 관한 규정을 따름

□ 공통 시설 외 시설기준은 학교 과정에 따라 초등학교·중학교·고등학교 '학교 교구·설비기준'에 준하여 권장하되, 학교 과정 운영에 필요한 시설은 인가조건으로 협의할 수 있다.

나. 교구·설비 기준

학교 과정에 따라 초등학교·중학교·고등학교 '학교 교구·설비기준'에 준하여 권장하되, 학교 과정 운영에 필요한 교구·설립은 인가조건으로 협의할 수 있다.

10. 교육과정 운영계획서

11. 교직원 확보 계획서

가. 총괄

구분 연도별	교원					사무직원	
	정원	확보현황(계획)				정원	확보현황(계획)
		교장	교감	교사	계		
년							
년							
년							
계							

나. 교원

구분 연도별	교원확보현황(계획)			
	교사 자격증 소지자	산학겸임교사	강사	계
년				
년				
년				
계				

12. 교육환경평가서

■ 근거법령

- 학교보건법 제6조의 2
- 학교보건법시행령 제9조
- 학교보건법시행규칙 제8조 (별표 7)

교육환경평가대상별 평가기준(제8조 관련)

1. 위치
   - 가. 일반사항
   - 나. 학생의 통학범위
   - 다. 학생 수용계획
   - 라. 도로 접근성 등

2. 크기 및 외형
   - 가. 적정면적
   - 나. 길이와 폭의 비

3. 지형 및 토양환경
   - 가. 경사도 등
   - 나. 풍수해 등 우려
   - 다. 토지의 과거 이용력
   - 라. 토양환경 등

4. 대기환경
   - 가. 대기, 소음 및 진동
   - 나. 일조량

5. 주변 환경
   - 가. 학교환경위생정화구역 내 금지행위 및 시설
   - 나. 인근 300미터 이내의 위험요소 등 조사

6. 공공시설 등